新常态背景下中国国际服务贸易发展研究

杨文婧 ◎ 著

吉林科学技术出版社

图书在版编目（CIP）数据

新常态背景下中国国际服务贸易发展研究 / 杨文婧
著 . -- 长春 ：吉林科学技术出版社，2021.6
ISBN 978-7-5578-8055-2

Ⅰ．①新… Ⅱ．①杨… Ⅲ．①国际贸易－服务贸易－
贸易发展－研究－中国 Ⅳ．① F746.18

中国版本图书馆 CIP 数据核字（2021）第 099134 号

新常态背景下中国国际服务贸易发展研究

著	杨文婧	
出 版 人	宛 霞	
责 任 编 辑	丁 硕	
封 面 设 计	舒小波	
制 版	舒小波	
幅 面 尺 寸	185 mm×260 mm	
开 本	16	
印 张	10.25	
字 数	220 千字	
页 数	164	
印 数	1-1500 册	
版 次	2021 年 6 月第 1 版	
印 次	2022 年 1 月第 2 次印刷	

出 版 吉林科学技术出版社
发 行 吉林科学技术出版社
地 址 长春市福祉大路 5788 号
邮 编 130118
发行部电话 / 传真 0431-81629529 81629530 81629531
81629532 81629533 81629534
储运部电话 0431-86059116
编辑部电话 0431-81629518
印 刷 保定市铭泰达印刷有限公司
书 号 ISBN 978-7-5578-8055-2
定 价 45.00 元

改革开放 30 多年来，我国经济以相当于同期世界平均增速 3 倍多的高增长，创造了人类经济发展史上的"中国奇迹"，占全球经济总量的份额由不足 2%，上升到 13% 以上，昂首跨向中高收入国家行列。随着近年来支撑经济粗放扩张的要素条件发生转折性变化，我国经济开始告别"旧常态"、转向"新常态"，进入到一个新的发展阶段。同样，也在最近几年，我国服务业发展接连迈上新台阶，不仅成为国民经济第一大产业，而且服务业总规模也跃居世界第二位。进一步促进服务业规模壮大、水平提高、比重上升，既是经济向新常态过渡的重要标志，同时也是促成经济新常态的迫切要求。

本书从中国国际服务贸易发展特点入手，分析服务业与服务贸易发展现状与存在的问题，设想在经济新常态背景下，未来中国服务贸易的发展趋势与环境，研究中国服务贸易逆差的影响因素。并建立服务业开放与服务业竞争力之间关系的理论和标准框架，对标国际经验，探讨了服务业对外开放负面清单管理模式，同时总结了入市以来，我国服务业与服务贸易的发展史和我国国内自贸区服务业领域开放试点经验与创新措施，对新常态下我国服务业开放与服务贸易发展的战略选择提出建议。

本书由河北工程技术学院杨文婧独立完成。由于时间和水平所限，不足之处在所难免，请各位读者和专家提出宝贵意见。

目 录 CONTENTS

第一章　导论

第一节　研究背景

经过改革开放 40 多年的持续快速发展，支撑我国长期高增长的内在条件和外部环境发生了根本变化，增长速度由过去 10% 的高速向 7% 左右的中高速转换。在当前"三期叠加"的背景下，我国经济发展已开始显露"新常态"的端倪，并带有长期趋势性特征。与"旧常态"相比，"新常态"意味着发展动力、经济结构等方面的深刻变革。而这其中，服务业规模快速扩张并占据国民经济的半壁江山，是重要的动力转换和结构优化特征。未来经济实现"新常态"，离不开服务业的发展，需要在继续壮大服务业规模的同时，着力提升服务业发展质量和水平。而要推动服务业扩量增质发展，就需要锐意攻坚、主动作为，为服务业发展松绑，最大限度地释放改革红利，增添发展活力和创造力。

一、对经济新常态的认识和把握

1. 深刻认识把握新常态大逻辑

"十三五"时期，中国经济发展的显著特征就是进入新常态。而要谋划和推动我国经济社会持续健康稳定发展，实现决胜全面建成小康社会的重大历史任务，打赢结构性改革攻坚战，就要把适应新常态、把握新常态、引领新常态作为贯穿发展全局和全过程的大逻辑，因势而谋、因势而动、因势而进，破解发展难题、积聚发展动力，才能奋力开拓发展新境界。而对处于转型升级攻坚阶段和关键节点的传统产业而言，只有深刻认识并把握新常态这一经济发展大逻辑，才能科学把握转型发展的内涵要求和根本规律，切实找到适合产业发展需求和特色的转型发展实践路径。

2015 年 12 月，习近平总书记在中央经济工作会议上指出，认识新常态、适应新常态、引领新常态，是当前和今后一个时期中国经济发展的大逻辑，这是我们综合分析世界经济长周期和中国发展阶段性特征及其相互作用做出的重大判断。显然，"经济发展的大逻辑"这一界定，对于怎么认识新常态、怎么适应新常态提出了明确的要求。

（1）突出三个特征认识新常态

正确认识中国经济发展的阶段性特征，准确把握中国经济发展的演进规律，是认识新常态、适应新常态、引领新常态的重要基础。中国经济进入新常态，主要表现为三个最为突出的阶段性特征：①经济增速从高速增长转为中高速增长；②经济结构不断优化升级，第三产业消费需求逐步成为主体，城乡区域差距逐步缩小，居民收入占比上升，发展成果惠及更广大民众；③从要素驱动、投资驱动转向创新驱动。

（2）紧扣三个节点适应新常态

习近平总书记在2016年1月召开的省部级主要领导干部学习贯彻十八届五中全会精神专题研讨班上，对中国经济发展阶段做出了重要判断，指出中国经济发展面临"速度换挡节点、结构调整节点、动力转换节点"。从2014年2月习近平总书记首次提出经济增长速度换挡期、结构调整阵痛期、前期刺激政策消化期"三期叠加"，到2016年提出"三个节点"，表明中国经济发展已经进入关键时期的关键节点。如何跨越这三个节点，保持经济社会平稳较快健康发展，既面临前所未有的重要战略机遇，也面临前所未有的复杂风险挑战。在下行压力不断加大的情况下，要坚持以经济建设为中心，坚持发展是硬道理的战略思想，变中求新、新中求进、进中突破，推动中国经济社会发展不断迈上新台阶。

（3）避免三个误区适应新常态

习近平总书记在2014年首次提出新常态时，正值中国经济发展进入深度转型、结构调整进入深度攻坚、发展动力进入转换阶段的深层次问题凸显、矛盾叠加的复杂严峻形势背景，关于中国经济前景的展望、问题的分析、发展的预判等相关讨论，不仅是国内从政府到民众关注的重点，也是全球经济讨论的热点。要实现稳增长、保态势的调控目标，必然需要首先对经济发展阶段及其特征有一个科学而准确的判断和认识。新常态的概念一经提出就备受关注，各界纷纷展开分析和讨论，其内涵和特征也在不断丰富完善，对认识与实践的指导意义也在不断加强。但是同时，认识、适应新常态的过程中也出现了一些误区。2016年5月，习近平总书记在省部级主要领导干部学习贯彻党的十八届五中全会精神专题研讨班上的讲话中，特别强调"认识新常态要注意克服几种倾向"，是新常态不是一个事件，不要用好或坏来判断；二是新常态不是一个筐子，不要什么都往里面装；三是新常态不是一个避风港，不要把不好做或难做好的工作都归结于新常态，似乎推给新常态就有不去解决的理由了。

新常态不是一个事件，新常态是对中国经济发展表现出的阶段性、规律性的新状态、新特征的重大战略判断，是综合分析中国经济进入了一个新的发展阶段并在综合考虑与世界经济长周期相互影响相互作用下，对中国经济发展在今后一个时期内进入了一个新的发展阶段的综合判断。简单地用好或坏来判断新常态则会进入片面、狭隘的认识误区。新常态的"新"即意味着在进入这发展新阶段后，在问题叠加、矛盾凸显的背景下面临着一系列更为复杂严峻的新的发展难题需要破解，下行压力不断增大，国际市场持续疲软，供需错配问题必须解决，资源环境亟待改善，民生诉求日益多元，传统粗放型增长动力已经难以为继，问题和困难不断增多。但是同时更要看到，经济发展新常态下中国仍然处于一个发展的重要战略机遇期。全球正在进入新一轮科技革命和产业变革，无论是发达国家还是发展中国家都在积极推进科技创新和产业升级，中国也在大力推进创新发展、实施"中国制造2025"等，力争在本轮发展中不缺席不掉队。绿色发展、低碳发展、可持续发展的理念已经被广为接受，国内从生产、消费到文化理念等各层面各领域都深刻认识到绿色转型的重要性和必要性，发展的可持续性正在不断提升。尤其是要看到在新常态下，在速度换挡的同时，经济发展方式转变的步伐不断加快，经济结构不断优化，全面深化改革、创新、开放不断释放出新的发展动力活力，经济发展保持了良好的态势。

新常态不是一个筐子，新常态主要表现在经济领域，是从经济增长速度、经济发展动力、经济发展结构等主要经济现象和经济特征出发提出的新思想，是贯穿发展全局和全过程的大逻辑，是做好经济工作的出发点。不能滥用新常态概念，把新常态过度扩大化，进而出现社会新常态、文化新常态、政治新常态等引申到各领域各层面的新常态，这样就容易导致新常态的概念模糊、特色淡化，甚至把一些不好的现象都归入新常态。对于新常态怎么理解、怎么看待，应该站在特定的形势、背景和阶段性特征中，充分认识到新常态是中国在发展阶段转换的历程中出现的一个新的阶段，是对经济发展演进和螺旋式上升过程中鲜明特色的总结提炼。

新常态不是一个避风港，不要把不好做或难做好的工作都归结于新常态。习近平指出，新常态不是不干事，不是不要发展，不是不要国内生产总值增长，而是要更好发挥主观能动性、更有创造精神地推动发展。面对新常态下的新形势新问题，畏难情绪、懈怠意识都要不得。必须摒弃不作为、不努力等的错误观念，要充分认识到新常态下中国经济发展长期向好的基本面没有改变，经济韧性好、潜力足、回旋余地大的基本特质没有改变，经济持续增长的良好支撑基础和条件没有改变，经济结构优化调整的良好发展态势没有改变，要因势而谋、因势而动、因势而进，更加注重提升发展质量和效益，更加注重创新创业，更加注重扩大改革开放，更加注重保障和改善民生，更加注重发挥主观能动性，更加注重务实求效发展，积极主动地去适应、把握、引领新常态。

2. 把握经济发展新常态

把握经济发展新常态，需要抓住创新、产业、城镇以及开放等几个经济发展的关键维度，分析几个重要方面在发展中面临的新形势、新特征和新问题，不断深化对新常态从更多维度更多层面的理解，指导认识和实践，把握经济发展新常态。

（1）从创新发展出发把握经济发展新常态

从创新发展出发把握新常态，关键是要不断强化并发挥国家自主创新示范区的载体平台作用，加快推进融合式创新、协同式创新、开放式创新，全面提升创新能力和水平。①要加快推进示范区在科技金融结合、科技成果转化、高端人才引进等方面先行先试政策的落地实施，培育并强化示范区的创新增长极作用。②要坚持需求导向和产业化方向，加快推动创新链与产业链、人才链的融合发展，以国家自主创新示范区科技成果转化引导基金等引导激励政策为带动，集聚培育一批在行业科技前沿具有国际视野和能力的优秀创新人才，以人才优先发展带动科技成果转化应用，更多靠产业化的创新来培育和形成新的增长点。③要着力推动以创业促进创新，以创造有利于激发创业创新活动的体制环境为重点，全面推进众创众包众扶众筹，以大众创业万众创新激发活力。④要在探索业态创新、模式创新上积极探索、抢占先机，加快推动新技术、新产业、新业态、新商业模式、新组织方式和新兴企业发展壮大，形成经济增长的持续动力。⑤要加快推动开放式创新，积极探索战略合作、并购、战略投资以及孵化器等多元化开放式创新路径，以开放式创新聚资源、增能力。

（2）从产业发展出发把握经济发展新常态

从产业发展出发把握新常态，关键是要以先进制造业大省、高成长服务业大省、现代农业大省、网络经济大省建设为重点，以存量优化升级、增量培优育强为路径，做好"加减法"，加快推进产业体系重构，加快培育现代产业体系竞争力新优势。①以去产能为重点，加快淘汰煤炭、钢铁等过剩产能。②以高端化、服务化、智能化、绿色化为重点，以发挥比较优势、挖掘潜在优势、培育竞争优势为导向，大力培育发展高端装备制造业、电子信息、生物医药等新兴产业，打造特色优势产业集群。③以高成长性服务业为重点，以适应消费需求向智能、绿色、健康、安全方向升级为导向，不断提升生产性服务业和生活性服务业发展水平，积极发展养老、健康、教育培训、文化体育等服务消费，积极扩大网络信息、智能家居、个性时尚等新兴消费。④以打造网络化、智能化、服务化、协同化的"互联网＋"产业生态体系为导向，促进互联网与传统产业加速融合，推动互联网由消费领域向生产领域拓展，加快发展智能制造，加速提升产业发展水平，努力形成网络经济与实体经济协同互动的发展格局。

（3）从城镇发展出发把握经济发展新常态

从城镇发展出发把握新常态，关键是要加快推进现代城镇体系建设，以提升城镇发展质量为核心，以中原城市群为引领，持续探索产业融合发展新途径、城乡统筹发展新模式、产城互动发展新路子，促进城乡区域协调发展，不断增强城镇体系的综合承载力和凝聚力。①要加快谋划推动城市群建设发展，加快推动区域资源共享、产业互补、生态共建、各具特色和协调发展，打造推进新型城镇化建设的龙头。②大力推动以人为核心的新型城镇化，引导农业转移人口融入企业、子女融入学校、家庭融入社区、群体融入社会，促进农业转移人口市民化；推动城乡居民基本养老保险、基本医疗保险并轨，逐步实现城乡基本公共服务均等化。③优化城镇化布局和形态，统筹规划建设管理三大环节、生产生活生态三大布局，不断提升中心城市的综合实力和带动作用，积极培育中小城市、特色小城镇，加快建设美丽乡村，构建更加科学合理的现代城镇体系。④加快新型城市建设，以提高和谐度、宜居度为重点，大力发展智慧城市、人文城市、绿色城市、海绵城市，加强城镇基础设施和公共服务设施建设，创新城市治理，让居民在新型城镇化推进中有更多获得感。

（4）从开放发展出发把握经济发展新常态

从开放发展出发把握新常态，关键是要以主动融入"一带一路"建设为着力点，不断拓展开放广度和深度。①要以深度融入"一带一路"建设为引领，以设施融入、产业融入、经贸融入等为多元化融入路径，积极推进与沿线国家和地区多领域的互利共赢务实合作，以钢铁、建材以及文化、旅游等为重点，更好地推动优质产能和优势装备"走出去"。②要积极推进自贸区建设发展，加快跨境电子商务综合试验区建设，不断提升主要节点城市开放水平。③要稳步提升开放招商水平，主动适应开放新形势，积极创新招商引资模式，推进链式招商、基地式招商、集群式招商等优质高效招商。④要更加注重推进高水平双向开放，以优进优出为导向，加速进口、出口结构优化升级从低端劳动力制造输出，向质量、技术、品牌输出升级；从引进落后技术设备，向引进高端装备、先进技术升级，培育开放竞争新优势。⑤要全面优化开放发展环境，进一步推进互联互通建设，尽快打通空中通道、口岸通道、铁路通道；加快推动开放体制机制创新，营造法治化、国际化、便利化的营商环境，全面增强河南开放发展的承载力、吸引力和竞争力。

3. 引领经济发展新常态

认识新常态、适应新常态、引领新常态，是当前和今后一个时期中国经济发展的大逻辑。随着对于新常态的认识更加深入、适应更加主动，中央提出的一系列治国理政新理念新思想新战略为引领新常态提供了战略引导和路径遵循。

（1）以新理念新思想新战略引领新常态

以新理念新思想新战略为引领深刻认识把握新常态这一大逻辑，是科学把握发展新阶段新特征，努力实现决胜全面建成小康社会目标的根本保障。党的十八大以来，以习近平同志为总书记的党中央，在治国理政新的实践中，把握时代大趋势，回答实践新要求，顺应人民新期待，形成了一系列治国理政新理念新思想新战略，为我们在新的历史起点上实现新的奋斗目标提供了基本遵循。而要时刻准备应对重大挑战、抵御重大风险、克服重大阻力、解决重大矛盾，一方面要把新理念新思想新战略作为理论指导，以理论创新带动实践创新，既要解决好现代化进程中遇到的普遍问题，也要解决好在不同区域发展中出现的特有问题，不断提升把握大局、审时度势、创新发展的能力；另一方面，要把新理念新思想新战略作为行动指南，引导带领全体人民共同努力，协调、高效推进"四个全面"战略布局，科学、务实落实"五位一体"总体布局，把握发展大逻辑、引领经济新常态，努力增创发展新优势、激活发展新动能、实现发展新突破。

（2）贯彻落实五大发展理念是引领新常态的重要遵循

引领新常态要有新理念。党的十八届五中全会提出创新、协调、绿色、开放、共享的发展理念，是针对中国经济发展进入新常态、世界经济复苏低迷开出的药方，是实现更高质量、更有效率、更加公平、更可持续发展的必由之路。

积极贯彻落实创新发展理念。创新是引领发展的第一动力，要引领经济发展新常态，不仅需要激发以科技创新为核心的新的动力引擎，而且需要新的理论总结、新的政策设计、新的体制机制等涉及各个方面的创新，通过不断推进科技创新、理论创新、制度创新、文化创新、政策创新等，全面深化改革攻坚，不断提升供给体系质量和效率，以创新拉动综合实力和竞争力的有效提升。积极贯彻落实协调发展理念。协调是持续健康发展的内在要求。新常态下如何破解区域发展不协调、城乡发展不协调等发展不平衡问题，是保持中国经济持续健康发展的重点难点。只有积极贯彻落实协调发展理念，积极推动区域协同发展、城乡一体发展，积极推动物质文明精神文明并重、经济建设国防建设融合，不断拉长发展短板、做强薄弱领域、拓展发展空间，发展后劲才能不断增强、发展质量才能不断提升，发展成果才能更多更好更公平地惠及全体人民。

积极贯彻落实绿色发展理念。绿色是永续发展的必要条件和人民对美好生活追求的重要体现。近年来，由于生态破坏问题日益受到重视、资源短缺问题日益突出、环境保护工作压力持续增大，人口、资源与环境和谐发展、可持续发展已经成为影响人类生存命运的重大现实挑战。只有坚持绿色富国、绿色惠民，坚持生产、生活、生态协同、协调发展，推动形成绿色发展方式，大力建设美丽中国，使天更蓝、水更清、空气更清新，让人民群众享有更多更优质的生态产品，顺应人民群众对美好生活的共同向往。

积极贯彻落实开放发展理念。开放是国家繁荣发展的必由之路。随着全球经济一体化不断深入推进，中国经济发展与世界经济运行相互影响、相互交织。必须顺应中国经济深度融入世界经济的趋势，以互利共赢为导向，以内外需协调、进出口平衡、引进来和走出去并重、引资和引技引智并举为重点，以打造对外开放平台、集聚对外开放资源为抓手，不断提升对外开放水平，发展更高层次的开放型经济，拓展更宽领域的开放型经济发展空间，开创对外开放的新局面。

积极贯彻落实共享发展理念。共享是中国特色社会主义的本质要求，是以人民为中心发展思想的重要体现。引领经济发展新常态，必然要求以实现好、维护好、发展好最广大人民根本利益为出发点和落脚点，始终坚持发展为了人民、发展依靠人民、发展成果由人民共享，让全体人民在共建共享发展中有更多获得感、幸福感，朝着共同富裕方向迈进，实现决胜全面建成小康社会的奋斗目标。

二、经济新常态与服务业发展研究

1.经济新常态的结构特征和客观要求

在新常态下，经济结构将发生全面、深刻的变化，其中，服务业规模快速扩张是最为突出的特征。同时，为实现经济新常态，也迫切需要进一步促进服务业发展，使服务业成为新常态下可持续发展的动力来源和增长质量提升的重要途径。

（1）服务业发展迈上新台阶是经济转向新常态的重要标志

当前，服务业已成为世界各国综合实力角逐的关键领域，是一国经济社会现代化程度和全球价值链地位的综合反映。改革开放以来，特别是近年来，我国服务业发展最突出的特点就是规模快速扩张，不断迈上新的台阶。

从国内来看，在经济增长平稳减速的背景下，我国服务业发展稳中有进，增长势头显著。2012年，服务业实现增加值243030亿元，占GDP比重达到45.5%，超过第二产业0.5个百分点，一跃成为国民经济第一大产业。这是继2011年服务业上升为吸纳就业最多的产业之后，服务业发展取得的新突破。此后两年，我国服务业保持了7.8%以上的增长，增加值占GDP比重年均提高1.3个百分点左右，到2014年已达到48.1%。与此同时，我国服务业规模的增长也令世界瞩目。在2009年GDP总量超过日本跃居第二后，2013年服务业增加值突破4.4万亿美元，同样超过了日本，跻身全球第二，与居于首位的美国的差距也在迅速缩小。

（2）推动服务业扩量增质是促成经济新常态的迫切要求

经济增速下台阶是客观规律使然，并不是新常态的全部含义，也不意味着新常态能够自动实现。从本质上看，经济向新常态过渡，是重塑增长动力、重构经济结构的主动作为的过程。这其中离不开服务业的发展，不仅需要继续壮大服务业规模，更重要的是提升服务业发展质量和水平。

1）推动服务业扩量增质是实现制造业转型升级、向制造业强国迈进的紧迫要求。随着经济全球化的发展，一些新兴经济体工业化步伐加快，凭借更低的资源成本和廉价的劳动力优势，与我国加工制造业的同质化竞争愈演愈烈。加之近年来受到国内要素成本全面，上升资源环境约束趋紧的影响，制造业粗放式的增长已难以为继。而推动服务业特别是生产性服务业的更好发展，不仅能够为制造业转型升级提供高质量的中间服务，提升产业附加值，还能够拓展现有分工网络并衍生出新的分工结构，加快向服务型制造，创新驱动转变。

2）推动服务业扩量增质是"稳增长、促就业"的迫切要求。在经济转向新常态的过程中，尽管总体上处于可承受的增长"下限"之，上，但短期下行压力依然不小。这就需要更大限度地激发服务业发展活力和潜力，提升服务业对稳增长的支撑作用。另外，在连续多年不容乐观的就业形势下，扩大就业规模和提高就业质量也需要从服务业，上找更多出路。

3）推动服务业扩量增质还是顺应时代发展趋势的必然选择。在新一轮科技革命和产业变革的影响下，美国提出"第三次工业革命"、德国提出"工业4.0"，都试图加快云计算、物联网、大数据等新一代信息技术的深度应用，大力发展新兴产业，以此增强对高端产业和传统制造业高端环节的控制力。长期来讲，这将对全球产业分工体系与贸易格局产生深刻影响，对我国攀登全球价值链高端也会构成巨大压力。另外，随着我国一些领域的发展越来。

越接近技术前沿，对创新的需求也更为迫切。这些新挑战都要求我国顺应发展大势，充分发挥业已形成的互联网市场规模优势、企业竞争优势、商业模式优势等，与实体产业有机融合，创造新的发展生态。

2. 服务业发展的制度障碍与突破

推动经济转入新常态，需要以改革为动力；而服务业在规模领先后实现高质量增长，同样需要向改革要动力。

服务业发展最大制约是体制机制障碍，迫切需要深化改革释放红利。总体上看，我国服务业仍然是经济社会发展的"短板"，服务业规模的扩大与质量的提升并不同步，明显低于发达国家和部分中等收入国家的水平。其深层次原因在于，现阶段服务业发展还面临诸多体制机制障碍。这其中，市场机制作用、准入与监管体制、多元化市场主体发育和发展、信用制度、税收制度等方面的问题尤为突出。

服务业能否在新的台阶上实现持续健康发展，很大程度上取决于发展的体制机制能否实现新突破，发展的制度环境能否得到显著改善。党的十八届三中全会通过的《关于全面深化改革若干重大问题的决定》（以下简称《决定》），为我国新一轮改革发展做出了清晰可行的战略部署。《决定》中提出的厘清政府与市场的边界，发挥市场配置资源的决定性作用，有利于从整体上完善服务业发展的制度环境，改变以往政府过度干预和缺位，为相关改革的推进奠定基础。同时，《决定》还阐述了多项改革举措，包括完善产权保护制度，发展混合所有制经济；建设统一开放、竞争有序的市场体系；放宽准入，改善监管；促进研发创新，保护知识产权；放松金融管制，改善融资环境；优化治理模式，增强社会组织和中介组织功能；完善税收制度；推进新型城镇化；建立全方位开放新格局；推进社会事业改革创新。这些都从不同侧面描绘了服务业改革的新蓝图，将对未来我国服务业发展产生重大影响。

第二节　研究综述

一、问题的提出

随着经济开放程度的不断加深和产业结构升级步伐的不断加快，中国服务贸易快速增长。与此同时，服务贸易结构不平衡、逆差逐年上升等问题日益凸显。中国服务贸易出口主要集中在旅游、运输和其他商业服务等可以充分利用中国丰富劳动力资源和自然资源的传统服务项目上。中国服务贸易逆差则主要集中在以运输、保险为代表的技术密集型和资本密集型服务产品上。从内部区域结构来看，中国服务贸易主要集中在东部沿海发达地区，中西部和东北地区的服务贸易与东部地区相比有较大差距；从外部区域结构来看，世界服务贸易主要集中在美、日、欧、中国香港等发达国家和地区。中国服务业国际竞争力水平亟待进一步提升。

中国服务贸易发展不均衡需要从供求两方面来分析原因。从供给层面看，作为全球服务市场上的供给者之一，中国在附加值含量更高、对技术水平要求更高的服务业细分行业供给不足，国内服务业竞争力相对较低，国外市场的有效需求尚未形成，这制约了中国服务务贸易出口。从需求层面看，中国内需潜力的极大释放、居民消费收人的稳步提升导致国内服务市场快速发展，在有效供给不足的情况下，大量国内服务需求转向国外，拉动服务贸易进口提升。随着中国服务业开放程度的不断深化，服务贸易的长期非均衡发展显然对服务业进一步对外开放带来了较大的风险。

研究服务业开放和服务贸易发展，是各国融入经济全球化、参与国际竞争合作的重要途径。以信息技术和数字经济为代表的新技术革命和产业变革加速推进，制造与服务融合发展的趋势愈加明显，服务贸易新业态、新模式蓬勃兴起。当前，服务贸易已成为全球贸易和世界经济增长的新动力，在全球价值链中的地位不断提升，对促进经济增长和全球价值链深化日益重要。作为各国发展和全球竞争的重点，服务贸易也成为规则博弈的焦点，面临前所未有的新机遇、新挑战。近年来，我国服务贸易保持平稳较快发展，已成为全球第二大服务进口国和第五大服务出口国，服务贸易结构逐步优化，是我国对外贸易增长的新引擎。但国际竞争力仍有明显不足，主要原因是对外开放不足、国内管制过度、管理部门分散、监管体制创新不力，政策集成性、针对性不足，执行落实难以及时到位等促进服务业发展、提高服务贸易国际竞争力，是我国培育国际竞争新优势的关键环节，是当前我国拓展发展空间、释放增长新动能的重要着力点，是我国促进制造业竞争力提升和外贸转型升级的重要支撑，将为我国参与国际经贸合作、参与高标准国际经贸规则制定奠定基础，对新时期我国实现高质量发展意义重大。

未来，我国服务贸易发展的目标是：促进服务业发展，加快培育国际竞争新优势，推动我国从贸易大国逐步迈向贸易强国，服务我国经济高质量发展，促进我国在全球价值链中的地位持续提升。从发展战略上，要全面提升服务贸易在开放型经济中的战略地位，以抢抓新技术革命和制造业服务化两大机遇为突破点，以加快对外开放。以减少国内管制为着力点，充分发挥我国经济规模和贸易大国等优势，依托产业转型、服务消费升级，充分发挥货物贸易和跨境投资的带动作用，推动我国服务贸易转型升级和国际竞争力提升。在政策举措上，围绕服务贸易全产业链发展需要，加快创新管理体制与监管模式，加大财税金融支持力度，通过进一步完善营商环境和参与国际经贸规则制定，为系统构建有利于服务业和服务贸易发展的产业生态环境和良好外部环境，提供有力的制度保障和政策供给。

二、相关概念的界定

从全球处于不同经济发展阶段的代表性国家的国民经济结构变化趋势看，目前各国国民经济构成的发展趋势基本是以服务业为主，占比超过 60%；工业其次，约占 30%；农业最小，占比不到 10%。这种状况说明，各国国民经济结构整体变化在向服务经济时代发展。服务经济发展具有阶段性特征，其初级阶段主要是以服务业的量的增长为主；经过一定时期量的积累，服务业逐渐成为国民经济的主导力量后，就进人以质取胜阶段。再经过一定时期的结构优化和发展水平的提升，服务业逐渐进人成熟阶段，其主要特征就是服务业对其他部门经济的渗透与融合、发展与提升。在这一阶段，服务业与工业、农业之间的界线日益模糊，形成你中有我、我中有你的态势，具体表现为生产性服务业的快速发展，居民生活日益服务化，最终形成以第三产业为主的服务型经济，并带动服务贸易的发展。

1. 对服务和服务业的理解

"服务"从字面上讲是履行一项任务或是从事某种业务。在有些国家，也赋予了这一概念"为公众做事、替他人劳动"的含义。每一个人可能对"服务"一词都不会陌生，但是如果要求准确地回答服务的内涵却可能有些困难。

（1）服务的内涵

"服务"在古代是"伺候""服侍"的意思，随着时代的发展，服务被不断赋予新的意义。现在，服务已成为整个社会不可或缺的人际关系的基础。社会学意义上的服务是指为别人、为集体的利益而工作或为某种事业而工作，如毛泽东同志提出的"为人民服务"。经济学意义的服务是指以等价交换的形式，为满足企业、社会团体或其他公众的需要而提供的劳务活动，它通常与有形的产品联系在一起。

早在 1977 年，希尔提出了为理论界所公认的服务内涵。他指出："服务是指人或隶属于一定经济单位的物在事先合意的前提下由于其他经济单位的活动所发生的变化……服务的生产和消费同时进行，一种服务一旦生产出来就必须由消费者获得或不能储存，这与其物理特性无关，而只是逻辑上的不可能……"20 世纪 80 年代中期，巴格瓦蒂、桑普森和斯内普相继扩展了希尔的关于服务的内涵，他们把服务分为两类：一类为需要物理上接近的服务，另一类为不需要物理上接近的服务。虽然关于服务的具体定义有所差别，但他们对于服务的描述都涉及其共有的特点。

1）服务的无形性

商品与服务之间最基本也是最常被提起的区别是服务的无形性，因为服务是由一系列活动（而不是实物）所组成的过程。在这个过程中，我们不能像感觉有形商品那样看到、感觉或者触摸到服务。对于大多数服务来说，购买服务并不是等于拥有其所有权，如高铁公司为乘客提供服务，但这并不意味着乘客拥有了高铁上的座位。

2）生产和消费的同步性

大多数商品是先生产，然后储存、销售和消费，而大部分服务却是先销售，然后同时进行生产和消费。这通常意味着服务产生的时候，顾客是在现场的，而且会观察甚至参加到生产过程中来。有些服务是很多顾客同时消费的，即同一个服务由大量消费者同时分享，比如一场篮球比赛。这也说明了在服务的生产过程中，顾客之间往往会有相互作用，因而会影响彼此的体验。

服务生产和消费的同步性使得服务难以进行大规模的生产，服务不太可能通过集中化来获得显著的规模经济效应，问题顾客（扰乱服务流程的人）会在服务提供过程中给自己和他人造成麻烦，并降低自己或者其他顾客的效用满意度。另外，服务生产和消费的同步性要求顾客和服务人员都必须了解整个服务的传递过程。

3）异质性

服务是由人表现出来的一系列行动，而且员工所提供的服务通常是顾客眼中的服务。由于没有两个完全一样的员工，同时没有两个完全一样的顾客，因此就没有两者完全一致的服务。

服务的异质性主要是由员工与顾客之间的相互作用以及伴随着这一过程的所有变化因素导致的，同时它使得服务质量取决于服务提供商不能完全控制的许多因素，如顾客对其需求的清楚表达能力、员工满足这些需求的能力和意愿、其他顾客的到来以及顾客对服务需求的程度。由于这些因素，服务提供商无法确知服务是否按照原来的计划和宣传的那样提供给顾客；有时，服务也可能会由中间商提供，那样更加大了服务的异质性，因为从顾客的角度来看，这些中间商提供的服务仍代表着服务提供商。

4）易逝性

服务的易逝性是指服务不能被储存、转售或者退回的特性。比如一辆 500 座位的动车，如果在某次只搭载 450 名顾客，它不可能将剩余的 50 个座位储存起来留待下次销售；一个律师提供的咨询服务也无法退货，无法重新咨询或者转让给他人。

由于服务无法储存，服务分销渠道的结构与性质和有形产品的差别很大，为了充分利用生产能力，对需求进行预测并制订有创造性的计划就成为了重要和富有挑战性的决策问题。此外，由于服务无法像有形产品一样退回，因而服务组织必须制定强有力的补救策略，以弥补服务失误。尽管顾客无法退回律师的咨询，但咨询企业可以通过更换律师来重拾顾客对企业的信心。

（2）服务与服务业

既然服务产品是一种个体的行为和活动，那么服务业就是生产服务产品的产业部门。

"服务业"的概念最早由英国经济学家柯林·克拉克在 1957 年提出。在其出版的《经济进步的条件》第三版中，他把国民经济结构分为三大部门，即：第一大部门以农业为主，包括畜牧业等；第二大部门包括制造业、采矿业等；第三大部门是服务业，包括建筑业、运输业、通信业、商业、金融业、专业化服务及个人生活服务、政府行政、律师事务和服务军队等。

此前国际理论界通常以"第三产业"来称呼"服务业"。"第三产业"的概念源于西方经济学，早在 17 世纪末，威廉·配第就阐述了有关第三产业的思想。此后，萨伊、西斯蒙第、李斯特、西尼尔以及马克思等经济学家从不同角度对第三产业进行了分析，在不同程度上揭示了第三产业经济范畴所涉及的经济规律。

然而，与"服务"概念类似，作为国际上通行的产业分类概念，"服务业"的定义仍没有取得统一认识。对"服务业"的定义，国内外学者标准各有不同。有的学者将服务业直接理解为第三产业，即除工业、农业以外的所有其他产业的集合；有的学者把服务业定义为生产或提供各种服务的经济部门或企业的集合。西方国家比较通行的服务业定义是"以产出无形产品（非实物产品）为主的产业"。

服务业是随着社会生产力的发展以及商品生产和交换的发展，继商业之后产生的一个行业。商品的生产和交换扩大了人们的经济交往。为了解决由此产生的人的食宿、货物的运输和存放等问题，出现了饮食、旅店等服务业。

服务业最早主要是为商品流通服务的。随着城市的繁荣、居民的日益增多，不仅人们在经济活动中离不开服务业，而且服务业也逐渐转向以人们的生活服务为主。社会化大生产创造的较高的生产率和日趋精细的生产分工，促使生产企业中某些为生产服务的劳动从生产过程中逐渐分离出来，加入了服务业的行列，成为生产服务的独立行业。

服务业从为流通服务到为生活服务，经历了一个漫长的历史过程。服务业的社会性质也随着历史的发展而变化。在前资本主义社会，服务业主要是为奴隶主和封建地主服务，大多由小生产者经营，因此具有小商品经济性质。资本主义服务业以营利为目的，资本家和服务劳动者之间的关系是雇佣关系。社会主义服务业是以生产资料公有制为基础，以提高人民群众的物质文化生活水平为目的，是真正为全社会的生产、流通和消费服务的行业。

（3）服务业的发展原因

现代经济学家们对服务业的发展原因主要集中在以下几个观点。富克斯认为，服务业发展的原因可以大致分为三个：①服务最终需求的增长；②服务中间需求的增长；③服务业人均产出增长较低。钱纳里认为，产业结构变化的主要影响因素为需求因素、贸易因素和技术因素。库兹涅茨认为，一些与经济增长相关的非经济因素也对产业结构的变动产生了影响，如城市化、社会生活方式等。具体来说，服务业发展的原因主要有以下几个。

1）社会分工的不断深化和技术的快速发展

服务业成为一个独立的产业，是生产力不断进步与社会分工不断深化的必然结果。由于生产力的发展，社会分工越来越细，专业化水平逐渐提高，科技水平不断进步，因此交易成本大大降低。作为理性的市场主体，工业企业从机会成本角度发现，社会服务比自我服务更节约成本，更能够发挥企业自身的优势，这就促使生产过程中大量的自我服务转化为社会服务。如原先一些企业的"内置"服务部门，如财务会计.战略方案、科技研发、交通运输等，都出现了外部化趋势，这种趋势为服务业的不断发展提供了可能。

同时，工业的快速发展从供给和需求两方面为服务业创造了条件。从供给角度来说，工业劳动生产率的提高，使得商品得到大量的生产，也使得许多人从直接生产过程中分离出去，这就为服务业的发展提供了强大的物质基础和丰富的劳动力资源。从需求角度来说，只有工业的快速发展、物质产品的丰富，社会生产才会对专业化生产提出更高的要求，需要信息流、资金流、人才流、物流的技术要求与运作方式不断专业化。这就导致这些部门不断地从工业中分离出来，出现专门从事上述业务的服务行业。

2）市场的发育和社会需求的增加

一般而言，一个国家服务业的发展在很大程度上取决于其市场的发育状况和市场化程度。市场的发育是服务业形成的源泉。市场化发育程度越高，服务业数量扩张和质量提高也就越快。从部分国家（地区）服务业增加值占 GDP 比重来看，凡是服务业增加值占 GDP 比重超过世界平均水平的国家（地区），市场化程度都是非常发达的，如美国、英国和中国香港特区等。究其原因，主要有两方面。

一方面是因为市场经济在其形成和发展的过程中必然会推动服务业的发展。具体来讲，①市场经济会导致大批从事服务业的独立劳动者以及服务产品的生产区域的产生；②完善的市场体系会对服务业产生巨大的需求；③市场经济会不断涌现出新的服务行业，使服务业的门类越来越多。

第二个方面是因为市场的发育和市场体系的完善本身就是服务业的发展。历史上最早的市场是商品市场，其基本内容就是物质产品的交换。但是随着市场的不断健全和完善，资金、技术和信息等生产要素也开始有了市场价格，并且比重不断加大。随着资本市场、科技市场 . 信息市场的发展，大量新兴的服务业迅速出现，如保险业、科技服务业、信息咨询业、物流业等，服务业的领域开始不断拓宽。

除市场发育外，社会需求的增加也是服务业发展的重要原因。这里的需求主要包括两个方面，一是消费者对服务产品的最终需求，另一个是生产者对服务产品的中间需求。

先来看消费者对服务产品的最终需求。随着经济的发展，人们收入水平不断提高，需求结构也发生了变化，个人消费逐渐转向一些私人服务，如酒店 . 旅游、休闲等。人们在物质生活得到了极大的满足后，便开始对物质以外的事物进行追求，特别是对自身发展的需求更为重视。因此为自身发展、为提高人的价值服务的各种行业应运而生，如个人形象设计服务、职业规划和咨询服务、各类专业技能培训等。这些最终需求的增加不仅加速了服务业的发展，还扩大了服务业的领域。

再来看生产者对服务产品的中间需求。如前面所说，当生产力发展到一定阶段，生产的专业化就会使得内部很多为生产服务的环节独立出来，就会形成新型的为生产服务的行业。如在工业发展阶段，不断提高的对商品运输的要求，使得物流、交通等原先企业内部的辅助服务独立出来，并迅速扩张。此外还有生产设备维修安装服务、软件服务、信息咨询服务等亦是如此。

随着生产和生活需求的不断变化，服务业俨然成为一个不断发展的产业。生产在不断地发展，生活水平在不断地提高，新的需求就会不断出现，新的服务行业也就会不断产生，每一类服务行业的内容也会不断充实。

3）城市化的发展

生产力的发展、收入的增长、购买力的提高以及各类需求的增长是服务业发展的基础，而上述因素均与城市化水平有着密不可分的联系，可以说，城市化水平的高低对服务业的发展有着直接的影响。只有当一个城市的人口达到一定的数量，成为具有一定规模的城市后，服务业才能盈利，才能作为产业来经营。同时，服务业内部一些高附加值为生产生活服务的新兴行业的发展也往往是和较大城市规模联系在一起的。从服务业发展的现状看，发达国家（地区）服务业增加值占GDP的比重远高于欠发达国家（地区），城市明显高于农村，其原因就是在欠发达国家（地区），人们对服务业的需求还很低，尤其在农村，大量服务与劳务都采取自给自足的方式。所以说，为生活服务的行业的发展必须有相对集中的密集人口，只有在人口集中的地区，这类行业才有发展的基础。为生产服务的行业的发展离不开工业的发展，只有当工业发展到一定程度，才能派生出各类为工业服务的行业。综观世界各国，工业化往往是和城市化建设同步的。

服务业和城市化的发展是相互促进的。城市化建设必然带动基础设施、市政设施建设，带来商业、金融业、交通业、通信业等行业的发展。此外，城市化进程中在解决就业的同时，也提高了人们的收入，从而奠定了服务业发展的物质基础。可以说，城市化的发展对服务业起到了助推作用。另一方面，服务业的发展提高了城市现代化文明程度，提升了城市生活质量和城市人口质量，服务业的发展赋予了城市新的活力，同时，服务业的发展吸纳了大量劳动力，反过来促进了城市化，成为城市化发展的后续动力。

2. 服务贸易的定义

服务贸易又称劳务贸易，是指国家（地区）与国家（地区）之间相互提供服务的经济交换活动。服务贸易有广义与狭义之分，广义的服务贸易既包括有形的活动，也包括服务提供者与使用者在没有直接接触下交易的无形活动。狭义的服务贸易是指一国（地区）以提供直接服务活动的形式满足另一国（地区）的某种需要以取得报酬的活动。一般情况下，服务贸易都是指广义的服务贸易。

国际服务贸易和货物贸易的发展史一样漫长，它随着各国经济特别是国际货物贸易的发展而发展。长期以来，它作为辅助国际货物贸易的补充性角色，在世界经济发展中发挥着越来越重要的作用。

虽然服务业作为一个传统的产业部门已有几千年的发展史，但服务贸易这一概念的提出相对于古老的货物贸易而言，则是近现代的事情。

国际货币基金组织在进行各国国际收支统计时，一直把服务贸易列入"无形商品贸易"一栏中，这种情况直到1993年才得到了调整。中国过去一直把服务贸易称为"劳务贸易"。在1986年9月乌拉圭回合多边贸易谈判之前，服务贸易只是在发达国家的有限范围内开展，还谈不上作为国际贸易的普遍问题引起人们的高度关注。后来，乌拉圭回合多边贸易谈判最终签署了《服务贸易总协定》（GATS），这标志着服务贸易与货物贸易一样，成为世界贸易组织（WTO）多边协定管辖的范围，因此备受世人瞩目。GATS为各国开展别具特色的服务贸易提供了所需的法律基础和行为准则。

下面基于 WTO 的《服务贸易总协定》框架，介绍几种世界市场现行的且具有代表性的定义。

（1）《美国和加拿大自由贸易协定》关于服务贸易的定义

《美国和加拿大自由贸易协定》是世界上第一个在国家间贸易协议上正式对服务贸易进行定义的法律文件。

服务贸易是指由一方或代表其他缔约方的一个人，在其境内或进入一缔约方提供所指定的一项服务。这里的"指定的一项服务"包括：

1）生产、分销、销售、营销及传递一项所指定的服务及其进行的采购活动。

2）进入或使用国内的分销系统。

3）以商业存在（并非一项投资）形式为分销、营销、传递或促进一项指定的服务。

4）遵照投资规定，任何为提供指定服务的投资及任何为提供指定服务的相关活动。这里提供服务的"相关活动"包括公司、分公司、代理机构、代表处和其他商业经营机构的组织、管理保养和转让活动；各类财产的接受、使用、保护及转让以及资金的借贷。

进入一缔约方提供服务贸易包括过境提供服务。缔约方的"一个人"是指法人或自然人。

这种对服务贸易说明性、非规范性的定义，说明了服务贸易活动的复杂性。

（2）联合国贸易与发展会议（UNCTAD）关于服务贸易的定义

联合国贸易与发展会议从过境现象这一视角来阐述国际服务贸易，它将国际服务贸易定义为：货物的加工、装配、维修以及货币、人员、信息等生产要素为非本国居民提供服务并取得收入的活动，是一国与他国进行服务交换的行为。狭义的国际服务贸易是指有形的、发生在不同国家之间的、符合严格服务定义的、直接的服务输出与输入。广义的国际服务贸易既包括有形的服务输入和输出，也包括服务提供者与使用者在没有实体接触的情况下发生的无形的国际服务交换。

一般来说，人们所指的服务贸易都是广义的国际服务贸易，只有在特定的情况下，国际服务贸易或服务贸易才是狭义的国际服务贸易的概念。

（3）传统进出口视角下服务贸易的定义

传统的定义是从传统的进出口角度进行定义的。

当一国（地区）的劳动力向另一国（地区）的消费者（法人或自然人）提供服务，并相应获得外汇收入的全过程，便构成服务的出口；与此相对应，一国（地区）的消费者购买他国（地区）劳动力提供服务的全过程，便形成服务的进口。各国的服务进出口活动就构成国际服务贸易，其贸易额为服务总出口额或总进口额。

这样的定义涉及国籍、国界、居民、非居民等问题，即人员移动与否、服务过境与否及异国国民之间的服务交换等问题。因此，需要注意以下几点：

1）这里的劳动力含义较广，它既可以单个形式提供服务，也可以集体形式提供服务。

2）劳动力在提供服务时，一般要借助一定的工具、设备及手段。

3）劳动力与消费者的不同国籍（地区）问题也应做广义的理解。比如跨国公司在境外设立分支机构，雇佣当地居民并向当地消费者提供服务时，这时的劳动力应理解为该外商机构的股权持有人，单个的本地劳动力在向本地消费者提供服务时是以集体形式，代表外商机构在提供服务。

4）这里的服务进出口是相对的过境，未必发生真正的过境。因为服务贸易一般涉及人员、资本及技术信息的流动，比如电信服务只需要服务过境，而无需国民移动。因此，只要有一种要素发生移动，往往就会构成贸易。

5）对于劳动力的智力成果，也应视作劳动力提供服务。

（4）乌拉圭回合《服务贸易总协定》（GATS）关于服务贸易的定义

关贸总协定乌拉圭回合多边贸易谈判的一个重要成果是在1994年4月15日产生了《服务贸易总协定》（GATS），该协定的第一条第二款将服务贸易定义为通过以下四种方式提供的服务：

1）跨境交付。术语中又称"第一种方式"，即自一成员领土向其他成员领土提供服务，如视听、金融服务等。

2）境外消费。术语中又称"第二种方式"，即在一成员领土内向其他成员的服务消费者提供服务，如旅游、境外就医、留学等。

3）商业存在。术语中又称"第三种方式"，即一成员的服务提供者在其他成员领土内以商业存在提供服务，如银行或保险公司通过设立分支机构向当地的消费者提供服务，某国的一家公司到外国开饭店、零售商店或会计事务所等。

4）自然人流动。术语中又称"第四种方式"，即一成员的服务提供者在其他成员领土内以自然人的存在方式提供服务，如艺人演出，某国教授、高级技术人员或医生到另一国从事以个人身份提供的服务等。

另外，GATS第一条第三款还指出，其所规范的服务是指除行使政府职权时提供的服务之外的包括任何部门的任何服务。

由此可见，GATS中关于服务贸易的定义是相当宽泛的。宽泛的概念规定有利也有弊。其有利的一面表现在：GATS的界定是目前为止对服务贸易的定义中最简单明了、最有助于对服务贸易进行分类和描述的定义，它的确定对服务贸易的发展和管理产生了重要影响。同时，其有弊的一面表现在：这样宽泛的定义会产生一些复杂的问题，比如使人们难以确定交易服务的原产地，这种情况所造成的混乱突出表现在投资方面。

3. 服务贸易的特点

服务贸易作为非实物劳动成果的交易，与货物贸易相比，通常表现出如下不同的特点：

（1）贸易标的的无形性

贸易标的的无形性是服务贸易的最主要特征。由于服务贸易所提供的很多服务产品是无形的，即服务产品在被购买之前，人们不可能去品尝、感觉、触摸、观看、听见或嗅到服务，所以大部分服务产品属于不可感知性产品，消费者对它们的价值很难评估，因为即使在消费或享用之后，顾客也无法根据消费经验感受到这种产品所带来的效用，只能通过服务者提供的介绍和承诺，并期望该服务确实能给自己带来好处。

（2）不可储存性

由于消费者与生产者个体差别的存在，使得服务产品不可能像有形产品那样被储存起来，以备出售。对于服务产品来说，如果服务的生产、消费不是同时进行的，那么服务产品就会受到损失，而这种损失就是机会损失或者价值的贬值。

（3）不可分离性

实物产品贸易从其生产、流通，到最后的消费过程，要经过一系列的中间环节。例如，出口人要将货物交给承运人，承运人要委托海运公司进行托运，最后承运人交给进口人，这中间存在着一系列复杂的过程（如贸易术语的选用、装运、保险、检验、索赔等问题）。

服务贸易与之不同，它具有不可分离的特征，即服务的生产过程与消费过程同时进行。服务发生交易时间，也就是消费者消费服务的时刻，这两个过程同时存在、不可分割。与此同时，顾客在消费者消费服务产品的时候，必须或者只有加入到服务的生产过程中，才能最终消费到服务，而且这种服务特征随着科学技术的发展、全球一体化进程的加快，越来越显示出国际化的趋势。这种不可分离性特征是服务贸易的另一个主要特征。

（4）贸易主体地位的重要性

服务的卖方就是服务产品的生产者，并以消费过程中的物质要素为载体提供相对应的服务。服务的买方往往就是服务的消费者，并作为服务生产者的劳动对象直接参与到服务产品的生产过程中。

（5）贸易保护方式的隐蔽性

由于服务贸易标的物的特点，各国无法通过统一的国际标准或关税进行限制，主要通过国内政策、法令的制定进行限制，比如进口许可证制、国内税、外汇管制、技术性贸易壁垒等非关税壁垒形式。

（6）服务贸易的差异性

服务贸易的差异性表现为，服务生产者生产的服务产品的质量水平不同。对于同一种服务，由于其生产者不同，提供给消费者的产品也可能不同。即使是同一个服务的生产者，由于其不同的服务产品生产周期，也会出现不同质量水平的产品。此外，这种服务产品的质量很难像有形产品一样用其质量标准进行规范，所以很难统一界定。大多数向劳动力要素提供服务产品的服务贸易，至今没有关于其所提供服务产品的统一标准。究其原因，主要有：①服务生产者的自身因素的影响，比如医疗服务人员面对自己的家属，往往表现出与治疗其他普通患者不同的医疗质量水准；②服务产品的消费者，由于其不同的个人偏好，也会直接影响服务的质量与效果。例如，由于患者对医疗人员的偏见或者不信任，往往直接影响其治疗效果。所以，服务质量和效果产生不同的结果，要受两方面因素的影响——生产者和消费者。

（7）服务贸易市场的高度垄断性

国际服务贸易在发达国家和发展中国家表现出严重的不平衡性，主要因为服务市场所提供的服务产品受各国历史特点、区域位置及文化背景等多种因素的影响。例如，医疗工程、航空运输、网络服务及教育等直接关系到国家的主权、安全和伦理道德等敏感领域，也许就受到外界或自身的限制。因此，国际服务贸易市场的垄断性较强，表现为少数发达国家对国际服务贸易的垄断优势以及发展中国家的相对优势。例如，从国际服务贸易总额来看，发达国家与发展中国家的比例约为 3∶1。另外，对国际服务贸易的各种壁垒也比商品贸易多出约 2000 种，从而严重阻碍了国际服务产品进行正常的交易。

（8）国际服务贸易的约束条款相对灵活性

GATS 条款中规定的义务分为两种：一般义务和具体承诺义务。

一般性义务适用于 GATS 缔约国的所有服务部门，不论缔约国这些部门是否对外开放，都对其有约束力，包括最惠国待遇、透明度和发展中国家更多参与。具体承诺义务经过双边或多边谈判达成协议之后才承担的义务，包括市场准入和国民待遇，并且只适用于缔约方承诺开放的服务部门，不适用于不开放的服务部门。

对于市场准入来说，GATS 规定可以采取循序渐进、逐步自由化的办法。例如，允许缔约方初步进行承诺并提交初步承诺书，然后再进行减让谈判，最终到达自由化。对于国民待遇来说，GATS 允许根据缔约方自身的经济发展水平选择承担国民待遇义务。总之，GATS 对于服务贸易的约束是有一定弹性的。

（9）服务产品的营销管理具有更大的难度和复杂性

无论是从国家宏观方面来看，还是从微观方面来看，将国际服务贸易产品的营销管理与实物产品的营销管理相比，都有较大的难度与复杂性。从宏观层面上讲，国家对服务贸易的管理，不仅是对服务产品载体的管理，还必须涉及服务的提供者与消费者的管理，包括劳动力的衣食住行等各项活动的管理，具有复杂性。

另外，国家对服务形式采取的管理方式主要是通过法律的形式加以约束，但立法具有明显的滞后性，很难紧跟形势发展的需要。从微观层面上讲，由于服务本身的特性，使得企业在进行服务产品营销管理过程中经常受到不确定因素的干扰，因而控制难度较大。如前所述，由于服务产品质量水平的不确定性，所以服务产品不可能做到"三包"。

与此同时，商品贸易可以通过供求关系的协调，使其达到供求平衡，从而使消费者与生产者达到均衡；而服务贸易就不可能通过时间的转换来完成或解决供求矛盾，实现供求平衡。

三、本书研究方法与创新点

1. 研究方法

在遵循理论分析、实证分析、政策建议的逻辑的基础上，联系中国企业的实际状况分析，本书采用的研究方法主要有以下三种。

（1）逻辑分析与历史分析相结合的方法

本书以经济新常态为背景，从服务业对外开放和服务业竞争力相互影响的角度出发，分析服务业引进外资以及服务贸易对中国服务业竞争力的促进的具体作用和传导机制，并在此基础上探讨微观经济主体在市场开放过程中行为决策的变化和最终的影响，运用制度的分析对微观经济主体的行为给出一致性的、有逻辑性的解释。此外，本书还从中国外资管理相关体制演进的角度出发，对制度变迁过程中制度因素对服务业外资发展及中国服务业竞争力的影响进行定性分析，分析中国服务贸易非均衡的原因和未来演变趋势，并结合负面清单管理模式相关改革的推进，分析中国服务业未来发展面临的新机遇和挑战，对构建中国服务业开放政策体系框架提出建议。

（2）定性分析与定量分析相结合的方法

在分析有关中国服务提供者竞争力的问题时，本书一方面从服务业外资和相关开放政策、服务贸易等方面给出了理论解释和实证分析，分析现象产生的根源；另一方面，通过运用大量的行业层面数据构建模型进行定量分析，检验结果显示出中国服务业企业竞争力与市场开放之间的关系，为定性分析提供了验证。

（3）国际经验对比分析的方法

在分析中国服务业负面清单管理模式下外资管理体制的改革路径和趋势方面，本书大量借鉴已经采用负面清单管理模式的国家的相关改革经验和做法，尤其是与中国具有可比性的转型国家和发展中国家的经验思路，分析其外资管理体制改革的核心要点和成功经验，为新常态背景下中国下一步相关改革提供借鉴。

2. 创新点

当前中国经济已经步入"新常态"的发展阶段，经济低速增长、劳动力优势逐渐衰减以及资源约束日益明显，这些为服务贸易发展带来了机遇和挑战。如何适应经济"新常态"的发展特征，选择一条卓有成效的发展路径是当前服务贸易亟待解决的问题。本书在分析当前我国服务贸易发展特点的基础上结合经济"新常态"的影响提出了加快对外服务贸易发展的路径。从最核心的问题入手，可以更加清晰地对服务业的改革路径做出预判，并进一步完善相应的程序和措施，这体现了本书在研究我国服务贸易的一点创新。

第二章　新常态背景下中国国际服务贸易发展特点

第一节　中国服务业总体发展态势

服务业发展水平是衡量一国或地区经济发展水平的重要指标，推动服务业发展壮大是中共十八大报告中做出的一项重要战略部署，也是当前和今后一段时间内我国政府工作的重要内容。与经济社会发展阶段和现实需求相比，我国服务业发展水平偏低是学术界的一个普遍看法。经济新常态背景下，我们必须对服务业发展的重要性有一个清晰的认识，一方面采取多种现代化技术与手段，对传统服务业进行升级与改造，另一方面运用现代科学技术孵化新兴的服务行业，推动服务业为国民经济发展和人民生活水平提高贡献更大力量。新常态背景下，中国经济呈现出中高速增长态势，经济结构不断优化升级，创新成为驱动经济发展的重要推动力。

一、我国服务业发展现状剖析

1. 服务业发展总量剖析

改革开放以来，我国服务业取得了显著的发展，具体有几个时间节点：1993 年，服务业生产总值首次超过第一产业；2012 年，服务业占国民经济比重超过第二产业，一跃成为我国第一大产业；2014 年，服务业继续保持 10% 以上的增长率，增加值也大幅攀升，占国民经济比重达到历史最高水平。从近十年三大产业发展走向来看，第一、第二产业增长速度及占国民经济比重持续下降，而服务业在规模总量和产业结构上都有大幅度提升，使传统产业布局得到优化调整，更趋合理。

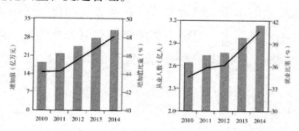

图 2-1　2010-2014 年我国服务业的增加值和就业人数

从图 2-1 中，我国 2010 ～ 2014 年服务业增加值与就业人数的持续增加，能够看出服务业发展水平与质量的提升以及为国民经济发展、人民生活改善所带来的积极影响。

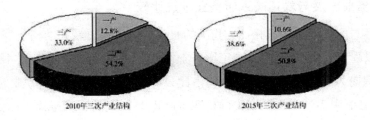

图 2-2　2010-2015 年三大产业结构变化

从图 2-2 中，我们可以看到，从 2010 ～ 2015 年，三大产业结构发生了较为明显的变化，一产、二产所占比重不断下降，第三产业所占比重稳步上升，且上升的幅度较一、二产业下降的速度更快，幅度更大。

2. 服务业内部发展结构剖析

从服务业内部发展结构进行分析，我们也可以发现，在总量呈现快速扩张态势的同时，各个行业也取得了长足的发展与进步。

图 2-3 是我国 2016 年服务业内部金融、信息服务、房地产、交通运输和仓储邮政、批发和零售、住宿和餐饮等几大行业增加值与增速情况对比，这几大方面是我国服务业的重要构成，也是服务业发展的主要动力。

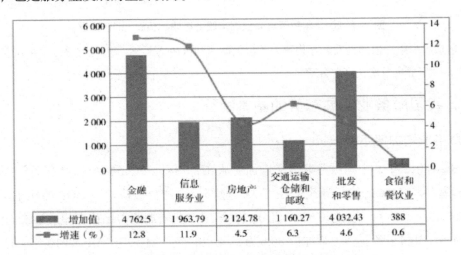

	金融	信息服务业	房地产	交通运输、仓储和邮政	批发和零售	食宿和餐饮业
增加值	4 762.5	1 963.79	2 124.78	1 160.27	4 032.43	388
增速（%）	12.8	11.9	4.5	6.3	4.6	0.6

图 2-3　2016 年服务业内部各行业增加值与增速情况对比

图 2-3 数据显示，2016 年全年，我国金融业发展最为迅速，增加值也最多，远远领先于其他几个行业，紧随其后的是批发和零售业，信息服务与房地产基本持平，住宿与餐饮业则增速缓慢。虽然与前几年相比，我国服务业发展结构有所优化，逐渐趋于合理，但与世界上其他发达国家相比，低端服务业所占比重仍然较低，以知识、技术、信息服务等为

基础要素的现代服务业水平依旧较低，与我国服务业发展的整体趋势不符，这是我们必须面对和解决的重大课题。

3. 我国服务业发展与发达国家服务业发展比较

长期以来，与国外发达国家相比，我国的服务业供给在总量和结构上都存在严重不足。从图 2-4 中可以看到，2013 年发达国家服务业附加值在整个 GDP 中所占比例普遍在 70% 左右，而我国只有发达国家水平的一半，占比只有 46.9%。以金融服务业为例，我国金融服务业在整个 GDP 中不到 6%，同期美国比我国高近 1 个百分点。与国外的金融服务业相比，我国政府对金融业的管制多于实体经济，资本要素很难在市场上自由流动，这使得金融服务业开放程度滞后。新常态经济下，要深刻认识我国服务业发展存在的短板与不足，在保障经济平稳发展的前提下，深化对内对外开放、化解过剩产能的同时要推进服务业发展的国际化水平，促进生产要素的有效流动。

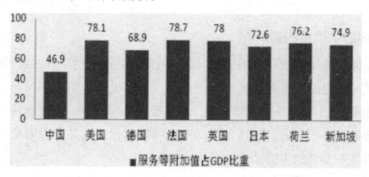

图 2-4 2013 年中国与其他国家服务等附加值占 GDP 比重

注：包括产生附加值的批发和零售贸易（包括酒店和饭店），运输、政府、金融、专业和个人服务，例如教育、医疗卫生及房地产服务等。

二、我国服务业发展态势的基本特征

1. 服务业增加值不断增长

1978 ～ 2013 年，中国服务业名义增加值从 872.5 亿元增长到 262 204 亿元，扣除价格因素保持着年均 11% 的增长速度，在三大产业部门中增长最快，占 GDP 的比重从 23.9% 增加到 46.1%，平均每年上升 0.65 个百分点。第三产业增加值占比首次超过第二产业。

2014 年，中国服务业实现增加值 30.6 万亿元，相当于"十一五"末（2010 年）的 1.7 倍。继 2012 年服务业增加值占 GDP 比重（45.5%）首次超过第二产业、形成"三二一"的产业结构后，2014 年进一步，上升到 48.11%，比"十一五"末提高了 3.91 个百分点。2015 年，服务业增加值占 CDP 比重首次超过一半，达到 50.5%。

2. 服务业成为吸纳就业的主渠道

2011 年，我国服务业就业人数达到了 27 282 万人，超过了当年农业就业人数（26 594

万人）与第二产业就业人数（22 544 万人），成为国民经济中第一大就业部门。2012 年，服务业就业人数达到 27 690 万人，占全部就业人数的 36.1%。从新增就业人数来看，近几年来，服务业每年新增就业人数超过 500 万人，与第二产业新增就业人数相当，服务业成为吸纳就业的主渠道。

截至 2014 年年底，中国服务业就业规模已超过 3.1 亿人，比 2010 年增加 5032 万人，大大高于整个"十一五"时期的服务业就业增量。在 2011 年服务业就业人数占总就业人数的比重（35.7%）首次超过第一产业、成为吸纳就业主渠道的基础上，2014 年又上升至 40.6%，比"十一五"末增加 6 个百分点。

3. 服务业投资持续增长，成为第一大投资产业

服务业的快速增长是以大量投资为前提的。从 1993 年开始，我国服务业投资占全部投资的比例开始超过 50%，之后，这个比例一直保持在 50% 以上，其中在 2001 年达到 65%，之后稍有下降，但仍维持在 55% 左右。2013 年，我国服务业固定资产投资 242 482 亿元，增长了 21.0%，占全部固定资产投资的 55.6%。

4. 服务消费持续增长

在服务业快速发展的同时，我国城乡居民服务性消费支出增长迅速。全国居民人均服务消费支出、城镇居民人均服务消费支出和农村居民人均服务消费支出绝对值显著增加，但城乡居民人均服务消费支出占人均消费支出比重呈现波动状态，特别是 2008 年金融危机之后，这一比重呈下降态势。

5. 服务业成为利用外资的主导产业

2013 年我国服务业实际利用外资 614.51 亿美元，比 2012 年增长 14.51%。服务业利用外资占实际利用外资额的比重达到 52.3%，首次占比过半。自 2011 年我国服务业利用外资金额首次超过制造业以来，连续三年利用外资超过制造业，成为吸引外资的主力军。

6. 服务创新持续加快，新兴行业和业态大量涌现

在物联网、云计算、大数据等现代信息技术的推动下，中国服务业的技术、管理、商业模式创新层出不穷。越来越多传统产业的企业开始线上线下互动融合，一些甚至转型成为供应链集成服务平台，整合标准化的服务要素和资源，形成了丰富多样的"互联网 +"跨界合作模式。各类即时通信应用也成为众多行业企业广泛使用的新平台，增强了消费者的体验和参与度。

同时，随着产业转型升级和居民消费升级步伐的加快，许多新的服务供给应运而生，推动了网购、快递、节能环保、健康服务等新兴行业以及地理信息、互联网金融等新兴业态的兴起和快速成长。以网购为例，2010 年中国网上零售交易额仅有 5131 亿元，2013 年突破 1.8 万亿元，超过美国成为全球最大的网络零售市场，2014 年进一步升至 2.8 万亿元，相当于 2010 年的 5.46 倍。网购的持续高速增长在创造消费新高的同时还带动了快递业的

飞速发展。2014年，中国快递业务量完成139.6亿件，是2010年的近6倍，也一跃成为世界第一。

三、我国服务业发展存在的问题、面临的机遇与挑战

1. 存在的问题

（1）服务业发展比较滞后

从世界经济发展历程看，近10年来不管是我国还是其他国家，服务业在国内生产总值中所占的比重都有所增加。在全球国内生产总值中，服务业增加值约占70%，与我国发展水平相近的中等收入国家印度的增加值占比达到51.3%，高收入国家占比达到78.1%，分别比我国高5个和31个百分点。我国国内生产总值约相当于全球国内生产总值的11.3%，制造业在全球的份额上升到24.2%，而服务业增加值仅相当于全球的7.3%。较大的差距显示出我国经济结构存在的短板，工业的过剩产能制约着经济的发展，服务业短板的存在同样不利于我国经济的发展。服务业发展的滞后，影响着我国服务业的国际竞争力。根据世界银行WDI统计数据显示，2013年我国服务贸易进出额达到5300亿美元，约占同时期是世界服务贸易进出口额的5.7%，我国的服务业贸易还有较大的提升空间。但由于我国服务贸易的增长方式多是由内需拉动的，进口贸易额增长速度远高于出口贸易额，我国服务贸易逆差一直都较大。从1992年开始，我国的服务贸易国际竞争力指数一直都为负，很多在国内生产总量较大的生产性服务行业其国际竞争力指数也是负数，我国服务贸易需要转变发展方式，扭转处于劣势局面的国际竞争形势，提高国际竞争力。

（2）服务业内部结构发展不合理

从总体上看，世界服务业发展已经从低端产业转向高端服务业，从低层次产业转向高水平的服务行业，但我国服务业仍处于低端水平发展，传统行业所占的比重过大，而资金、技术密集型和知识含量高的服务业发展却受到限制，未能完全释放发展潜力。低端行业占比过大，现代服务业发展不足的现状很大程度上制约了我国服务经济与贸易的发展。由于严格的民营企业行业准入门槛，垄断企业的非市场化操作，中小民营企业融资难，服务业对外开放水平低等原因，这导致了我国服务业市场化、产业化、服务贸易的滞后。而近年来，服务贸易的竞争更多地取决于技术和知识的竞争，谁最先创新最先拥有先进的技术，谁就可以在国际竞争中拥有一席之地。在一些知识含量高、资金和技术密集型的服务行业上，开放范围和程度都低于制造服务业，政府管制较多，往往出现很多"越位"、"缺位"现象，这在客观上也不利于服务业市场化改革，不利于资源的合理配置，更不利于产业结构的优化调整，这就使得代表现代服务业发展的高端行业在供给、服务质量和服务手段上难以迅速发展改善。

（3）服务业区域发展不平衡

我国区域服务业发展水平存在巨大差异，而且现在发展格局呈现出强者恒强、弱者

依旧处于缓慢发展的态势。根据国家统计局公布的数据，2014年北京市的服务业增加值是16627.04亿元，约是较低的甘肃省的5.5倍，而二者之间的人均生产总值之比约是3.8倍，差异显著。从服务业增加值占生产总值的比重看，服务业增加值占比最高的北京市为77.9%，中部地区的安徽省只占35.4%，差距非常明显。从大区域看，东部发达省份的服务业生产总值最高约是西部落后省份的3倍，中西部地区差异并不明显。东部地区服务业发展水平最高，中部地区次之，西部地区最低，尤其是西藏、新疆、青海地区更需加以关注。

（4）产业融合发展不足且新兴业态占比较小

服务业与农业、制造业融合发展已成为经济发展的必然要求。随着经济迅速发展，以及信息化、智能化进程的加快，我国经济发展的产业结构必须由第二产业带动转变为以服务业为主三次产业协调发展，同时，经济的带动力量正发生着变化，以前经济的增长过度依赖工业经济，现在服务业已经成为我国第一大产业，制造业与服务业融合发展成为大势所趋。近年来，尽管我国产业结构得到了进一步调整优化，但依靠第二产业带动经济增长的局面尚未显著改善；高新技术及其相关产业向其他产业渗透融合，产业间的延伸融合、产业内部的重组融合在产业融合发展中的巨大作用尚未完全释放。目前，我国三次产业融合发展不充分，服务业发展总量还处于较低水平，在外包服务、产业配套建设、金融保险和服务等领域还有很大的发展空间。

2. 面临的机遇与挑战

（1）机遇

国家政策层面的扶持。随着经济结构的不断调整，服务业日益成为我国经济发展的中坚力量。为了大力扶持服务业发展，国家出台了一系列优惠政策，比如采取多种措施鼓励互联网电子商务的发展，为服务业提供更多发展机遇，扩大其市场份额，推动其转型升级等。此外，降低准入门槛，加大金融扶持，减免税收，简化手续等政策的实施，也为服务业的发展创造了非常便利的条件和环境。诸多重大利好政策的出台，对服务类企业来说，只有充分把握机遇，才能取得更大发展。

技术层面的创新与进步。这主要体现在两个方面：①全球技术革新的不断发展，各种技术层出不穷，这些都为现代服务业的发展提供了很大的空间，只要对这些先进的技术与服务业发展进行很好的结合，就一定能够取得明显的市场竞争优势。比如银行业与互联网技术的结合所带来的电子银行业务，就为消费者们提供了极大的便利，现在无现金消费已经成为一种趋势与潮流。②技术的进步所带来的还有人才素质与能力的提升，这些高素质的人才才是现代服务业发展的核心与中坚力量。相信大批高素质服务业从业人员的涌现，必将为这一行业的发展注入新的动力与活力。

（2）挑战

虽然新常态下，我国服务业迎来重大发展机遇期，但同时也面临着不小的挑战。首先，很多政策法规仍然处于探索阶段，还不十分成熟，造成服务业发展在某些方面不够规范。

我们可以看到，很多服务类企业之间存在着无序竞争的现象，为追求利润最大化，不顾一切采取各种不正当手段，严重阻碍了整个行业的良性发展。其次，企业的服务意识和水平也有待提高，思想观念落后，无法满足消费者需求，无法提供高标准服务，这些问题都会对服务业发展产生直接影响，必须引起重视。

四、新常态下推动服务业发展的策略

当前，我国经济已进入新常态发展阶段，服务业已成为我国最大的产业，是经济增长、带动就业、改善民生的最大动力源，但是这种地位并不稳固，服务业发展仍然存在很多短板，发展总量滞后、内部结构不合理、区域发展不平衡、新兴产业发展落后，可从以下几个方面着手推进我国服务业持续健康发展。

1. 转变发展思维，适应新常态

新常态是我国经济发展到特定阶段出现的一种符合规律的自然现象，是不可逆的，所以企业只有立足自身发展实际，结合当前经济发展环境与趋势，不断调整产业结构，面向国际国内两个市场，围绕消费者需求，增加产品科技含量，借助互联网发展的东风，拓宽业务发展模式，加快转型升级步伐，才能确保在新一轮改革中不被淘汰。

2. 发挥政府引导和市场决定的作用，优化服务业资源配置

服务业由于涉及范围广泛、行业众多，缺乏专门的管理机构和制度约束，长期以来，服务业都没有形成规范化、标准化发展。很多服务行业至今仍缺乏社会组织的管理，本是可以进行商业化经营更大程度满足市场需求的行业，却被当作公益性、福利性的社会事业，这极大地削弱了服务业市场活跃程度。政府的过度干预对促进服务业健康发展是不利的，但若不管不顾，放任自由，又会出现不正当竞争、虚假贸易情况，这需要政府简政放权，进行宏观调控、适度把握。党的十八届三中全会强调要发挥市场在资源配置中的决定性作用，政府的主要职责定位在制定规划、保障公平、宏观引导上。就服务业而言，文化艺术、广播影视、新闻出版、教育、医疗卫生、社会保险、体育等行业和领域中能够实行市场化经营的服务，政府尽可能不要直接参与，而应引导社会力量增加市场，充分保障市场资源的自由流动，提高全要素生产率。

3. 优化产业结构，促进战略新兴产业发展

当前时政热点话题之一就是党中央提出的供给侧结构性改革，旨在适度扩大需求的同时，提高全要素生产率，提升竞争力促进经济发展，明确了"去产能、去成本、去杠杆、降能耗、补短板"的五大任务。其中，补短板就是要加快七大战略新兴产业、现代服务业的发展，大力发展以技术和知识为主的金融服务业、信息网络业、商务服务业、节能环保业、科技研发、教育为主的现代服务业，调整服务业内部产业结构。这依赖于政府简政放权，降低市场准入，使其适应市场自由发展，鼓励民营资本进入，增加有效供给，提高市场资

源的流动性和利用率。可以看到，如果这些短板行业的需求普遍得到满足，行业规模增大，将会进一步增加市场活力，激发潜在的增长能力，而这种增长潜力将会以成倍的动力刺激经济的发展。

4. 优化企业格局，统筹行业发展

经济全球化是世界经济发展的大趋势，现在已经有越来越多的中国企业"走出国门，与世界做生意"，那么对服务业来说，也必须加快走出去步伐，既要保持自身特色与优势，又要注重积极借鉴外国企业经验与做法，在立足行业发展的基础上，不断优化企业格局与发展战略。只有这样，才能在风云变幻的市场经济环境中，保持健康持续稳定发展。

5. 深化制度改革，释放服务业发展潜力

不同于传统的农业、制造业提供的是有形的产品，服务业提供的大多是技术、知识、劳务或者是无形的服务，交易市场中存在很多的不确定性因素，因而需要良好的交易环境和市场制度做保障。因此，制度设计和政策安排是关键，只有制度设计和政策安排改变后，各个层面的思想认识才能彻底转变过来。所以，促进服务业有序发展，更深一个层面要进行政策和制度改革，重建激励约束机制，形成一套确实有利于服务业产业结构调整升级的制度安排和政策体系，这需要用制度机制来引导和促进供给侧灵活性和创新性的提高。具体而言，①要进一步打破垄断与市场限制，促进生产要素自由流动，提高资源配置效率；②要改变分配关系，不仅要使那些有需求、有市场、发展前景好的产业能够确实从市场上获得应有的利益，还应在必要时给予一定的优惠；而对于那些需要限制或淘汰的行业则取消政策上的优惠，增强成本约束，进一步优化服务业内部产业结构。

6. 有序推进城镇化建设，为服务业提供发展空间

城镇化与服务业发展历来都是相互促进的，二者之间可以形成良性互动。不同于制造业的地域集聚，服务业更具有空间集聚性，尤其是金融、保险服务业。服务业的发展推进了城镇化进程，但也不得不看到城镇化作为一种产业结构及其空间分布的转化，因其聚集着众多的人口和各种要素资源，以及广阔的市场，提供了巨大的服务需求和规模效应，成为了服务业发展的理想空间。由于城镇具有更好的教育、医疗等社会资源，通过这些又可以促进社会主体之间进行学习和竞争，从而能够提供更高的服务质量和资源利用效率。因而，在新的经济形势下，积极有效地推进城镇化建设，从各个层面满足人民群众的需求，刺激消费，可以为服务业发展创造有利的环境，通过市场竞争可以提升服务业的发展品质，这无疑是一种促进服务业发展的良好途径。

7. 立足创新，实现创新带动发展

创新驱动发展是党的十八大提出的一项重要发展战略，习近平总书记对这一发展战略提出四点基本要求，即：紧扣发展，牢牢把握正确方向；强化激励，大力集聚创新人才；

深化改革，建立健全体制机制；扩大对外开放，全方位加强国际合作。对此，传统型企业必须坚持创新理念，积极营造内部创新环境，大力培养创新人才，利用创新的力量，提升发展质量。同时，随着"一带一路"国家战略的大力推进与发展，企业还必须积极探索"走出去"路径，通过与周边国家开展多种形式的交流与合作，寻找发展机遇。

8. 重视政策法规，创建有利于服务业发展的政策环境

服务业的发展不仅需要以信息和通讯技术为核心的基础设施等"硬件"建设，还需要政策、法规等"软件"的配套。因此，我国应该创建有利于服务业发展的政策环境。（1）创建更加灵活的行政管理环境，降低企业进入市场的门槛，便于有潜力、高效率的创新型服务企业的创业。鼓励中小型服务企业的进入，由于服务业的特点，服务业的中小型企业比制造业中小型企业规模更小，但中小型服务企业也可以创新，而且随着全球产业链碎片化趋势以及产业升级换代趋势，中小服务型企业可以抓住有利时机参与产业链的某个过程，而不是提供一个完整的服务产品。（2）创建有利于服务型企业创新和发展的法制环境，服务业的创新不同于制造业的创新，通常是电子形式，容易被盗版，因此，服务业的知识产权保护尤为重要，只有这样，才能鼓励服务业的创新。同时，服务业的无形特征，使服务业合同的执行很难保证，因此，加强服务业的合同执行力度，才能保证服务业的健康发展，才能有利于新的服务企业的进入。（3）创建有利于服务业企业竞争的市场环境。服务型企业只有在竞争的压力下才能提高劳动生产率，才能培育创新型服务企业，在竞争中，只有高效率的企业才能胜出。竞争不仅来自本地企业之间，也来自 FDI 的企业，FDI 企业不仅能促进竞争，还能把技术转移给当地企业，所以，我国在制定吸引 FDI 的产业政策时，重点放在吸引知识密集型的服务企业如商业服务、通讯等，优先选择吸引高科技研发实验室、跨国公司总部或决策中心在当地落户。在创建竞争环境中，也要注意保护本地企业的生存和发展，应逐步放开本地市场，让本地服务型企业有逐渐适应和调整过程，避免本地企业因外地企业的进入而被摧毁。（4）创建有利于服务业发展的劳动力供给环境。服务业涵盖的领域非常广泛，既有餐饮、零售、理发等劳动密集型部门，又有金融、通讯、保险等技术密集型部门，因此，服务业不仅需要低技能工人，也需要高技能工人，我国在促进服务业发展过程中，应鼓励低技能工人在服务部门工作，以创造就业。同时，通过教育和培训以及终身学习政策，培养适合新技术快速发展的高技能工人。

第二节　中国服务贸易发展现状和问题

随着各国服务业的发展，国际服务贸易规模逐年扩大，2013 年全球服务贸易进出口总额达 9.21 万亿美元，从全球平均水平来看，服务业增加值在 GDP 占比 70%，服务贸易在全球贸易中占比为 20%。1990~2013 年，大部分年份国际服务贸易出口增速超过全球 GDP

增速，而且超过货物贸易增速。近十年来，经济转型的国家、发展中国家服务贸易出口增速已经超过了发达国家。这些都充分证明了发展服务贸易对于促进一国经济转型，产业结构调整，吸引就业，促进国内经济增长有着至关重要的作用。

一、我国服务贸易发展的总体情况

服务贸易是指一国的法人或自然人在其境内或进入他国境内向外国的法人或自然人提供服务的贸易行为，贸易的主体是服务。狭义上包括加工服务、维修和维护服务、运输服务、旅游服务、建筑服务、保险和养老金服务、金融服务、知识产权服务、电信计算机和信息服务、个人文化和娱乐服务、其他商业服务、部分政府服务等；广义上还包括与服务提供双方没有直接接触下的无形服务，如承包劳务、卫星传播等。20 世纪 70 年代以前，跨国贸易主要还是以实物贸易为主，服务贸易尚未引起关注。进入 70 年代以来，服务贸易每年呈倍数增长，至 80 年代的十年间增长了 5 倍多，此后每年仍以 5% 的指数增长。

从 20 世纪 90 年代开始，我国加入 WTO 并且开放领域由货物贸易拓展到服务贸易领域，贸易的对象也从传统服务服务业如运输、通信、旅游等逐步转变为现代服务业，如保险、金融等，并且不断扩大贸易领域，进一步推动服务贸易的开放水平，成为全球第二大服务贸易经济体。但是服务贸易领域存在的问题不可忽视，虽然我国服务贸易的发展势头良好，增长速度超过货物贸易，但是仍然达不到发达国家的发展水平。

1. 服务贸易占对外贸易总额的比重持续上升

随着中国经济结构转型升级，我国发展越来越重视第三产业，服务业规模不断扩大，带动服务贸易进入快速发展期，服务贸易进出口总额从 2007 年的 2509 亿元攀升至 2014 年的 6043.4 亿美元，7 年时间里增长了 1.4 倍。自十八大以来，我国服务贸易额大幅度增长：2012 年我国对外服务贸易总额仅居世界第四位；2013 年便跃升至第三位；2014 年服务贸易进出口总额达 6043.4 亿美元，增速比我国货物贸易高出 8.4%，占世界比重的 6.2%，成为世界第二大服务贸易国；2017 年我国实现服务贸易进出口 5.8% 的增幅，总额达到 6956.8 亿美元，连续四年位居全球第二。

2. 服务贸易逆差进一步扩大

2014 年，中国服务贸易逆差接近 1600 亿美元，同比增长 35%，其中旅游贸易逆差为 1078 亿美元，增长率为 40%，占服务贸易逆差总额的 67.5%，是服务贸易逆差的最大来源。其次是运输服务、专有权利使用费和特许费逆差额分别为 579 亿美元，219 亿美元，均比 2013 年略有增长。虽然近几年我国服务贸易逆差情况有所缓和，但是总体上仍处于贸易不平衡的状况，这会使得我国外汇大量流出，对人民币汇率稳定性造成冲击，导致资本市场和金融市场的波动，不利于我国经济长期健康发展。

3. 我国服务贸易正由传统行业向现代服务业转型

2014 年，中国三大传统服务（旅游、运输和建筑服务）进出口合计超过 3700 亿美元，占服务贸易总额的 62%，三大服务出口合计增长 10.7%，占服务出口总额的 50.4%，其中旅游出口增长 10.2%，占服务出口总额的比重 25.6%，居各类服务之首；运输服务出口同比增长 1.7%，占比降至 17.7%，位居第二。虽然传统服务贸易进出口总额仍然占据服务贸易进出口总额的半壁江山，但是所占比重逐年下降，咨询业，金融业的比重逐年提高，这表明我国服务贸易正处于转型阶段，朝着现代服务业的方向发展。

4. 高附加值新型服务进出口增长迅速

2014 年，中国高附加值进出口快速增长，金融服务、通信服务、计算机和信息服务进出口增速分别达到 59.5%、24.6%、25.4%。其中金融服务出口大幅增长 57.8%，达 46 亿美元；计算机和信息服务出口增长 19%。高附加值服务进出口的快速增长为资本技术密集型企业发展提供了助力，推动了中国经济转型升级。

5. 服务外包产业发展成效显著

据商务部统计，2014 年中国承接服务外包合同金额首次超过 1000 亿美元，同比增长超过 10%。云计算、大数据、移动互联等技术快速普及应用，推动中国服务外包产业向价值链高端延伸。离岸服务外包市场多元化趋势日益显现。与此同时，中国与"一带一路"沿线国家服务外包合作发展迅速，大量承接沿线国家服务外包合同金额超过 125 亿美元，同比增长 25.2%。

二、我国服务贸易发展缓慢的根源分析

1. 我国服务贸易发展起步晚、基础薄弱

当前，国际服务贸易主要集中在欧洲，美国和东亚，而且发达国家是主要支柱。由于中国服务贸易开始的晚，该行业目前仍处于起步阶段，发展缓慢，行业基础薄弱，大多数从事服务贸易的公司还没有形成相应的规模。而且，我国科技实力还不够强大，传统服务业占主导地位，国内服务贸易机制不够成熟，导致我国服务业在国际市场上处于劣势，国际竞争力相对较弱，阻碍中国服务业的快速增长。

2. 我国服务贸易创新能力不够

创新是引领一国经济发展的第一动力，是建设现代化经济体系的战略支撑。坚持创新发展，是我们应对环境变化、增强发展动力、把我发展主动权，更好引领新常态的根本之策，抓住了创新，就抓住了经济发展全局的关键。创新是推动我国服务贸易转型升级的关键一招。如今已经是大数据的时代，相比于其他发达国家，由于我国服务贸易发展较晚，还未形成健全的服务贸易体系，服务业的创新需要大量的资金支持与人才储备。而我国目前的研发经费不足，高端专业人才缺乏导致现代服务贸易发展缓慢，与发达国家的服务贸易发

展水平仍存在不容忽视的差距。

3.缺乏专业的服务贸易领域的人才

虽然我国是劳动力人口大国，拥有丰富的劳动力资源，但是由于各高校培养方案与实际情况的脱节，我国在金融服务业、知识产权使用费方面仍存在较大的人才空缺，人才是最活跃的因素，缺乏了高端专业人才将导致我国服务贸易领域的发展缺少了潜力和后劲，这成为了制约我国服务业向全球价值链转型升级的瓶颈。

三、我国服务贸易发展面临的问题与解决对策

1.面临的问题

（1）行业结构不合理

我国的服务贸易行业结构不合理，服务贸易中占比重大的主要集中在一些劳力密集型产业。表2-1显示了2017年的我国服务贸易分行业的统计情况，运输、旅游两项在出口额中分别占371亿美元和387亿美元，远远大于其余各项，进口额也是如此，说明我国在这些行业的优势明显。然而，知识产权仅为48亿美元，保险仅为40亿美元，金融只有37亿美元，这些行业都是一些具有很高回报率的行业，能够给我们带来很高的利益，这就说明我国在这些行业方面比较弱势，一些西方发达国家在这些产业所占份额则比较高，这就造成我们在与其交往中处于不利地位。从表中我们也可以看出，像建筑、金融、计算机等与去年相比都是增长的，建筑的增长率更是达到89%，而加工和旅游行业的比重则下降不少，旅游类同比减少了近13%，这从侧面说明我国开始对资金和技术密集型的这些产业加强发展。但是由于总体的不均衡，这种不合理的格局仍然存在，对我国服务贸易的发展也是非常不利的。

表2-1　2017年我国服务贸易分行业统计（单位：亿美元）

服务类别	进出口		出口		进口		贸易差额
	金额	同比（%）	金额	同比（%）	金额	同比（%）	
总额	6957.0	5.1	2281.0	9.0	4676.0	3.4	-2395.0
加工服务	183.0	-2.7	181.0	-3.0	2.0	12.3	179.0
维护和维修服务	82.0	16.1	59.0	18.0	23.0	12.4	36.0
运输	1300.0	13.7	371.0	10.0	929.0	15.3	-558.0
旅行	2935.0	-3.9	387.0	-13.0	2548.0	-2.4	-2161.0
建筑	325.0	55.2	240.0	89.0	86.0	3.6	154.0
保险和养老金服务	145.0	-15.3	40.0	-3.0	104.0	-19.4	-64.0
金融服务	53.0	1.3	37.0	15.0	16.0	-20.5	21.0
知识产权使用费	333.0	32.6	48.0	308.0	286.0	19.2	-238.0
电信、计算机和信息服务	469.0	20.0	278.0	5.0	192.0	52.5	86.0
其他商业服务	1044.0	3.0	615.0	6.0	429.0	-1.3	186.0
个人、文化和娱乐服务	35.0	21.8	8.0	2.0	28.0	28.6	-20.0
别处未提及的政府服务	52.0	26.3	17.0	41.0	35.0	20.3	-18.0

（2）竞争力较弱

我国服务贸易在国际上的竞争力还是比较弱的。在国际贸易转型升级的前提下，新兴

服务部门或者产业的竞争占据主导地位，而我国在这方面恰恰是比较薄弱的。接下来我将根据历年数据结合两大贸易指数来揭示我国的服务贸易弱的事实。一般地对一国服务贸易对外水平实证分析都是通过贸易竞争力指数即 TC 指数来反映的，公式为：$TC=(X_{ef}-M_{ef})/(X_{ef}+M_{ef})$。其中，$X_{ef}$ 和 M_{ef} 分别表示一国服务贸易的进口额和出口额。其计算结果接近于 0 则表示接近于世界平均水平，越接近于 1 表示竞争能力越大，当计算结果等于 1 时表示某国属于出口型；与此相反，越接近于 -1 表示竞争力越小，当结果等于 -1 时表示某国属于进口型。

表 2-2 显示了 2009 年至 2017 年我国服务贸易各行业竞争力 TC 指数情况。从表中我们可以看出，这 8 年来我国服务贸易 TC 指数大致都是负数，这也就说明我国服务贸易竞争力总体不强。而占比高的运输类也是一直小于 0，旅游业前几年稍微好点，由于受到 2014 年经济下滑影响，从 2014 年开始变弱，2015 年进一步下降。一些高附加值的服务业更是连年竞争力趋弱，像专有权利使用费和特许费连续 10 年低于 0，说明该行业缺乏竞争力，但是像通讯、建筑、金融等近年来有竞争力增强的趋势，这缘于我国近年来开始逐渐重视高新服务产业。从整体来看，虽然竞争力不是很高，但是传统的服务产业依然具有相当的优势，其他产业则相对较弱。

表 2-2 2009-2017 年我国服务贸易各行业 TC 指数

年份	2009	2010	2011	2012	2013	2014	2015	2016	2017
总体	-0.08	-0.08	-0.07	-0.05	-0.05	-0.03	-0.04	-0.1	-0.07
运输	-0.41	-0.4	-0.34	-0.29	-0.24	-0.16	-0.13	-0.33	-0.32
旅游	0.14	0.07	0.15	0.15	0.17	0.11	0.06	-0.05	-0.06
通讯服务	0.08	0.2	-0.03	-0.1	-0.02	0.04	0.19	0	0.02
建筑服务	0.13	0.04	0.05	0.23	0.15	0.3	0.41	0.23	0.44
保险服务	-0.88	-0.87	-0.88	-0.85	-0.88	-0.84	-0.8	-0.75	-0.82
金融服务	-0.28	-0.21	-0.2	-0.04	-0.72	-0.41	-0.28	-0.27	0.33
计算机服务	-0.3	0.03	0.13	0.06	0.26	0.33	0.33	0.34	0.48
专有权利使用费	-0.92	-0.94	-0.9	-0.94	-0.94	-0.92	-0.9	-0.93	-0.88
咨询	-0.34	-0.22	-0.2	-0.07	-0.03	0.03	0.15	0.16	0.2
广告、宣传	-0.03	0.03	0.1	0.20	0.18	0.06	0.07	0.16	0.12
电影、音像	-0.53	-0.35	-0.62	-0.06	0.08	0.35	0.24	-0.5	-0.63
其他商业服务	0.28	0.4	0.31	0.28	0.27	0.19	0.06	0.14	0.3

我们接下来利用 RCA 指数进行分析，显示我国与国际水平的差距。RCA 指数也叫显性比较优势指数，计算公式为：$RCA=(X_{ij}/Y_j)/(X_{iv}/Y_v)$。其中 X_{ij} 表示 j 国 i 种产品的出口，Y_j 表示 j 国服务业总出口额；X_{iv} 表示国际上 i 种产品出口额，Y_v 表示国际服务贸易总出口额。计算出来的 RCA 指数大于 1 表示该国在这种产品上是占优势的，小于 1 表示处于劣势地位。

可以看出，运输 RCA 指数除了 2011 年其他年份均大于 1，旅游行业也是在 1 左右。由此可见，我国服务贸易的传统行业在国际上还是具有一定竞争力的（见表 2-3）。

表 2-3 2010-2014 年我国服务贸易主要行业 RCA 指数对比表

年份	运输	旅游	其他
2010	1.017	1.157	7.543
2011	0.994	1.116	7.832
2012	1.009	1.041	7.326
2013	1.234	1.157	7.657
2014	1.272	0.653	7.964

（3）高素质人才的缺乏

我国在运输、旅游等传统服务行业虽然有大量员工，但这些员工普遍职业素养不高，专业水平低。而在一些高技术含量的产业，大都层面果高级人才和专门人才。像计算机行业，需要高级工程师、编码员、程序员等；通晓国际贸易和法律的，越需要相关人才的地方越是出现空缺。统计数据得出每年服务贸易行业的就业率缺口相当大，平均每年都有 60% 以上的企业招不满员工，一些高级技术人才，像高级建筑师、高级金融师、高级工程师等更是奇缺，这些问题导致我国的服务贸易缺乏转型升级的力量。缺乏创新，质量跟不上国际高水平。

（4）相关法律不完善

我国在服务贸易上也曾有过一些立法，比如《中华人民共和国对外贸易法》等，但是相关部门的立法还不完善，甚至有些行业至今还未立法，而且相关的法律法规与国际相比还存在着一定的差距。在促进服务贸易这方面，我国至今仍未出台相关完善的法律法规，而国外特别是一些发达的西方国家早已经通过相关立法来促进本国的服务贸易的发展。相关部门的职责不明确，在协调关系上缺乏统一领导，同时有些法律法规在某些规定上也存在漏洞。我国服务贸易的相关法律不是很健全，在通信等行业上立法较完善，而在运输、旅游、金融等方面的法律则较为薄弱，这样就容易导致一些无序竞争、权利滥用等。

（5）对外开放水平不高

改革开放以来，服务业的开放晚于其他行业，上世纪 90 年代后才逐渐开始。这有多方面的原因，主要是由于我国的服务产业基础设施落后，市场竞争力不够造成的。至今有些部门如新闻、银行、铁路、电信等产业仍处于半开放状态，对外企有严格的准入政策，甚至有些企业是完全禁入的。这就使得我国服务企业参与国际竞争形成了很高的门槛，无法获得海外市场，同时又使国外资金和技术无法流入到我国。服务业市场化程度不高，市场在其中所起的配置作用有限，再加上一批规模庞大垄断企业制约了服务贸易相关产业的发展，一些有实力、有潜力的中小企业生存在夹缝中，这都对我国服务贸易整体行业的水平的提高产生阻碍。只有提高了整体行业的水平，才能增强我国服务贸易的竞争力，才能在对外服务贸易交往中取得有利地位。

（6）出口和需求不均衡

由于我国东西部经济发展存在差距，使得我国服务贸易一些产业和服务的主要出口地为东部地区，这也是因为我国的东部地区是服务需求的大区。然而在广大中西部地区大多为一些小型的服务企业，在管理上不到位，技术水平不过关，服务产品质量不高，缺乏与东部地区的竞争力。而中西部地区人口众多，区域城乡间经济发展又颇为不平衡，直接制约其对服务的需求，这种格局造成了除东部地区外的服务业发展缓慢，水平不高。同时，在满足本国居民需求的基础上向外提供服务的能力也就大打折扣，且主要销往地更是比较单一，从而带来更多的风险。一些垄断企业也会导致地区服务失衡、质量问题等弊端。

2. 解决服务贸易问题的对策建议

（1）优化整合服务贸易行业

我国服务贸易整体失衡导致我国的经济发展跟不上世界发展水平。要改变这种现状，我们就要加快服务行业的优化升级，将传统产业的优势转向发展高新技术产业，加大其在我国服务贸易行业中的总比重。①加大对现代技术服务产业的投入。现代信息技术的发展使得服务贸易的重心位移，其带来的高附加值也成为各国竞相争夺的重要因素。我国要善于利用传统产业带来的价值投入到新兴产业当中，优化服务行业。②吸引外资，培育更多新的服务行业。我国应充分利用加入WTO带来的优惠吸引大量的外资重点建设新兴服务部门。③首先在大型企业进行升级转型，以此来带动一些中小企业的发展，直至整个行业的转型升级。只有通过这些措施，才能加快转变服务贸易的行业结构，优化整合服务贸易行业，带来更多相关的经济效益。

（2）加强整体竞争力

我国服务贸易以一些劳力密集型和资源密集型的产业为主，这使得我们在对外服务贸易交往中处于不利地位，且常常受到西方国家的反倾销调查和制裁。所以，通过转变经济发展方式来提升整体竞争力迫在眉睫。首先，通过加大对高回报率产业投入来提高在服务贸易中的比重，以此来适应世界大格局的需求；其次，重点发展一些高附加值产业，打破一些大企业对市场的垄断，同时在这些行业降低准入条件，调动社会积极性；再次，在我国现有劳动密集型产业优势的条件下，将其优势投入到资本密集型产业来，以促进优势互补。通过这些手段，就是要推动我国服务贸易的优化升级，以此来适应世界发展趋势，加强对外发展的整体竞争力，在对外经济交往中取得有利地位。

（3）培养相关的高素质人才

相关高素质专业人才缺乏，制约了一些产业的发展。因此，人才培养是我国发展服务贸易必须重视的问题，应加快制定完善人才引进机制。首先，高校的服务贸易专业方面的人才培养是首选，然而近年来我国各大高校对这方面的重视不够，政府应当尽量支持有能力的高校提升这方面的专业水平，培养高素质的人才，用于补充我国相关部门人才的缺乏；其次，企业方面也要加大对自己员工的素质培养，投入一定的培训经费，同时要制定出符合实际的吸引人才和激励机制，通过各种手段来调动员工的积极性，吸引相关专业高水平人才进入；再次，国家相关部门应当制定合理的政策，加大对高素质人才的培养，通过优惠的政策条件挽留国内的专业人才，同时也要降低门槛，吸引海外的优秀专业人才，促进服务贸易的发展。

（4）完善行业相关法律法规

我国服务贸易相关法律法规的不合理以及缺乏也是制约我国服务贸易发展的重要因素，很多以前制定的相关制度已经跟不上世界发展的趋势，因此政府对相关法律法规的更新迫在眉睫。为保证服务贸易正常发展，我们应根据WTO的相关法律规范和GATS的要求制定出同时适应本国及世界的相关法律法规，这样才能使我国的服务贸易有法可依，同时又不至于落后于世界。政府应当在现行的法律法规基础上充分考虑服务贸易行业的透明度要求，将以前不适应国际竞争的一些条文加以修改，尤其在立法相对薄弱的一些行业，比如旅游、劳务、对外工程等，尽快出台完善的法律。在加强立法工作前提下，我们也要提高我们的行政司法能力，对相关不符贸易法规的违法行为做出坚决打击。当然，在一些涉及国家主权和安全问题的服务部门要制定比较严厉的法规加以保障。以上措施的施行，都是为了使我国服务贸易立法无序现象得到有效根治。

（5）提升整体对外开放水平

我国的服务贸易发展离不开世界市场的支持，现阶段我国一些服务项目保持着半封闭或者全封闭状态，这对我国发展服务贸易是完全不利的。我们要在保护我国权利的主权的基础上进一步提高相关产业的对外开放程度，同时要逐渐加强国际间的交流。我国要放宽市场准入条件，替用一些大型交易会推广我们的服务产品，也能吸引外资的投入。同时我们也要保护国内市场防止外资比例过高，影响本国企业的发展。我国应在国际服务贸易法律基础上加强国际方面的交流，积极拓展国外市场，也要加强对一些密度高的市场的开发，政府还要积极鼓励本国企业接受国际委托。通过交流，我们能吸引到大量人才和技术，同时又能拓展海外市场，这对我国服务贸易的发展具有一定的帮助。同时，政府可以给予一些企业优惠政策，让它们能够不断发展自己、尽快达到国际水平，在加强自己对外交往能力的过程中也不忘提高自己的企业形象，从而在国际上赢得较好的声誉，这也是我国对外交往中软实力的增强。

（6）促进国内服务需求

在加强国际交流的同时，我们也要重视国内市场，提高国内服务贸易的需求。我们要根据国际上的一些相关的政策来整治我们国内的一些相关企业，使他们能够更加符合国际水平，同时通过政策鼓励大家投资服务贸易相关的产业，加大服务贸易中非公有制经济的比重，逐步开放一些受垄断的行业，由普通投资者注资经营。同时加大对新兴产业的投资，国家在一些条件上给予优惠，鼓励大家投资新兴的服务产业，同时鼓励一些高回报率、高科技、技术性服务产业的发展。

四、新常背景下促进我国服务贸易发展的路径选择

1. 促进服务产业生产要素全方位的积累

为了全面提升我国服务贸易的水平，我国应从全方面、宽领域考虑促进服务业所使用的生产要素的水平提升以及质量优化，主要包括人力资本，资金投入以及技术研发。（1）基于国际竞争优势理论以及当代新要素理论可知，人力资源是一国的动态优势之一。填满服务业所需要的人才缺口需要社会成员的共同努力。首先各高校应制定符合实际情况、与时俱进的人才培养方案，注重理论和实际相结合，建立完整的人才培养机制。其次企业要重视对员工的培训，充分发挥"干中学"效应，通过完善的鼓励机制鼓励员工不断提高自我学习、创新的能力，同时还要注重适当引进外部复合型人才，为企业的成长注入新鲜的血液，在引入人才的同时也要提高自身留住人才的能力，促进服务贸易行业的协调发展。（2）加大对服务业资金的投入。充足的资金支持是服务贸易立足于当今这个瞬息万变的时代的战略支撑，当前我国金融业发展迅猛，应当使得资本市场为服务贸易领域提供更多融资渠道，与此同时，适当引进外资，缓和我国内部资金紧张的压力，完善基础设施以及通讯业的发展，让人民享受更加美好便捷的生活，促进我国服务贸易向国际范围延伸。（3）注重创新能力的培养。首先在全社会培育创新风潮，继续坚持"大众创业，万众创新"的方针，让创新之风吹遍中国的每一寸土地。其次企业应该与高校合作，通过各种方式激励青年人投身于创新事业之中，增加技术投入，拥有长远的目光，培育核心技术，力图在某一领域抢先占领最高点。最后政府应该通过政策措施，鼓励创新型服务企业的成长，如减税降费，为中小企业提供融资，同时还要加强对知识产权的保护，做到严格执法，违法必究。通过全社会成员共同努力推动我国服务贸易行业积极融入全球价值链，在全球服务贸易领域占据举足轻重的地位。

2. 充分利用我国自主建设平台发展服务贸易

"一带一路"即 21 世纪海上丝绸之路和丝绸之路经济带，其沿线基础设施项目的建设将为中国服务业打开新的市场，并为中国传统服务业的经济增长提供突破性机会。丝绸之路经济带主要通过中亚和俄罗斯到达欧洲，沿线的大多数发展中国家是发展中国家。途中，通过发展中国有利的传统服务贸易，与该地区达成了服务贸易合作，带来了大量贸易成交额和承诺额。大量的资本储备是调整中国服务贸易结构的机遇，因为它可以为中国进入高附加值的服务行业奠定坚实的基础。服务外包是服务出口的新增长点，是经济转型和发展的新动力。通过与沿线国家的贸易往来，我们可以获得诸多贸易利益。其中直接方面包括增加我国的出口，促进出口行业的发展，带动就业。间接方面包括服务外包能够促进产业结构调整，外资结构优化，对我们减少贸易摩擦，平衡贸易差值，缓和与各国的冲突、吸收先进技术和管理经验具有重要意义。

3. 深化服务业改革，促进市场在资源配置中的决定性作用

计划和市场都是资源配置的两种基本手段，各有各的好处。但实践证明市场在资源配置中发挥的作用更加高效。由于我国服务业起步晚，企业较少，容易形成垄断，而一些服务部门如信息技术部门又受政府管控，因此导致服务业领域活力不够，陷入了进退两难的困境。为了摆脱这一困境，就必须进行改革，放宽服务业准入门槛，打破一定限制，吸引更多的企业参与其中，吸引更加优质的资本以及符合当今发展潮流的大数据、云计算等技术融入服务业，使市场在资源配置中起决定性作用，倒逼参与者努力创新，形成自己独特的比较优势与核心技术。唯有如此，我国服务贸易的逆差才能得到逆转，贸易结构才会更加合理完善。

4. 在尊重市场客观规律的前提下，充分发挥政府导向作用

我国是公有制为主体的社会主义市场经济国家。从全世界范围来看，我国第一、二产业的发展速度减缓，第三产业对经济增长的贡献率有了极大的提高空间。为此我国政府应充分利用好这一特点，使用政策措施鼓励第三产业的成长。首先，政府对于第三产业一定要有政策倾斜，如减税、降费等，降低第三产业运营成本，拓展更大的效益空间，以此来鼓励投资者积极参与。其次，要减成本，不仅要降低他们的生产成本，也要降低企业的融资成本，构建一个第三产业企业园区，借助企业外部规模效应节约生产成本，提高知名度；在金融市场上拓宽融资途径，为服务贸易企业融资提供方便快捷的渠道。最后，合作共赢是当今时代赢得竞争的秘诀，各企业要加强沟通交流，以此促进服务业的发展。

5. 进一步提升传统服务贸易的出口能力

虽然我国现在的主要目标还是以发展现代服务贸易为契机，但是传统服务贸易（如旅游和运输）对经济增长的作用依旧不可小觑。我们要在利用好当前已有的比较优势的基础上大力发展现代服务业。改革开放四十余年以来，中国之所以一跃成为世界第二大服务贸易经济体，主要是因为传统服务贸易。基于这个原因，我们要大力优化传统服务贸易，深入挖掘其内在潜力。借鉴以往传统服务贸易发展经验，改进管理方式，拓宽服务范围，增加服务种类，由此来提升运营效率，提高盈利能力。充分重视互联网的作用，它可以使消费者直接与供应商联系，从而获得更加优质、更加满意的服务，最后，努力和国际市场接轨，用国际服务贸易的标准严格要求我国服务业发展，让国外的消费者体验到我国优质的服务。

我国的服务贸易近年来取得了很大的发展，但是传统型产业占据主导地位的事实不变，新兴的服务产业则落后于世界水平。我们要加大对相关专业人才的培养，制定完善法律法规，加强国际间的合作交往，整顿国内服务贸易以及提高居民消费需求等。我们要抓住机遇，迎接挑战，不断增强自身的能力，增强对国际环境的适应能力，在国际竞争中取得有利地位，为我国服务贸易的不断发展营造良好的条件。

第三节 未来中国服务贸易发展面临的环境和趋势

放眼未来，全球服务市场形势错综复杂，机遇与挑战并存。从国际环境看，互联网数字技术将大大提升服务可贸易性，推动服务业态和模式创新，新兴经济体和发展中国家不断崛起将继续扩大全球服务市场需求。但世界经济增长继续乏力，金融危机风险上升，逆全球化思潮导致保护主义不断增强，高标准的国际经贸规则正在形成，服务贸易和数字贸易壁垒可能增多。

从国内环境看，我国经济有望保持中高速增长，以服务经济为主导的产业结构继续稳固，完整的制造业体系将继续扩大生产性服务业市场，人才优势明显，消费市场日益强大，企业自主创新能力和国际化水平提升，都为提高服务贸易竞争力创造了有利条件。同时，传统优势继续减弱，迫切要求我们转变外贸发展方式，通过技术创新和制度型开放，形成新的增长动能。

一、国际环境面临的主要机遇与挑战

1. 主要机遇

（1）服务全球化深入发展，服务贸易成为国际贸易中最具活力的组成部分。服务业继续在全球跨国投资中占主导地位。2018年全球跨境并购8157.3亿美元，其中第三产业4694.3亿美元，占比57.5%；绿地投资9806.7亿美元，其中第三产业4734.6亿美元，占比48.3%。2018年全球服务出口额57700万亿美元，同比增长7.7%，在外贸中占比较2010年提高2个百分点以上。WTO发布的《2019年世界贸易报告》指出，由于数字技术带来的远程交易量增加及相关贸易成本降低，服务在全球贸易中所占份额未来20年里将继续快速增长，尤其是发展中国家潜力巨大。2005-2017年发展中国家在世界服务贸易中的份额增长超过10个百分点，分别占世界服务出口额和进口额的25%和34.4%。如果发展中国家普遍采用数字技术，到2040年在世界服务贸易中的份额将增加约15%。

（2）新一轮科技革命和产业变革将重塑全球产业生态，为全球服务贸易发展奠定了产业基础。以信息技术、生物技术、新能源技术为主导的第四次工业革命成为促进全球产业、投资、贸易和经济增长的三大动力源，正在引发以绿色、智能、共享为特征的群体性技术革命和产业创新，重塑国际生产方式、消费方式和分工格局。数字技术带动服务业生产效率和全球化水平显著提高，规模经济和范围经济极为显著，为带动新兴产业发展和传统产业升级注入新动力，制造服务化、服务数字化成为产业发展的新特征，产业发展融合化、生产方式智能化、组织方式平台化、技术创新开放化成为重要趋势。

（3）网络数字技术为贸易发展增添新动力，推动服务贸易和数字贸易空前发展。信息技术正在推动国际贸易方式创新、优势转化和效率提高，服务贸易范围不断拓展、交付模式不断创新，尤其是催生了数字贸易新形态。2018年全球新兴服务贸易占服务贸易比重达53.8%，其中信息技术、物流服务、商务服务、专业服务、知识产权等领域成为增长的重要动力，说明国际贸易正从劳动力主导的传统比较优势向创新主导的技术比较优势转换。目前全球50%以上的服务贸易已经实现数字化，超过12%的跨境货物贸易通过数字化平台实现。据埃森哲测算，2016-2020年全球跨境电商B2C将保持27%的年均增速。到2030年电子商务可能刺激约1.3万-2.1万亿美元的增量贸易，使制成品贸易增加6%-10%。

（4）新兴经济体和发展中国家成为全球经济增长动力和主要消费市场，将进一步扩大服务业需求。目前新兴经济体和发展中国家对世界经济增长的贡献率达80%，经济总量占比近40%。根据IMF的数据计算，2018年E11的GDP增长率约为5.1%。预计到2030年发展中国家将占全球消费总量的50%以上，成为未来全球商品、服务、金融、人员、数据等流动的重要参与者。到2020年印度、东南亚、拉美三大电商市场都将达到千亿美元规模。这一趋势为扩大世界服务消费市场提供了新空间。

（5）数字贸易发展将重构国际贸易竞争格局和规则，为我国赢得新一轮国际规则制定的话语权提供机遇。贸易竞争其实质是规则标准的竞争。数字贸易已经成为当前自贸协定谈判和WTO改革的主要内容。由于各国数字经济发展不平衡导致规则差异较大，尤其在跨境数据流动、数据本地化、市场准入、隐私保护、消费者权益维护、知识产权保护、法律责任、内容检查等方面各有诉求，国家间监管互认困难，因此迫切需要建立统一的规则体系。美欧发达国家试图把握全球数字贸易规则制定的主导权。2019年1月美国、欧盟、日本、澳大利亚、新加坡等国宣布将共同制定数字贸易相关规则。我国作为世界数字经济和数字贸易大国，有条件在构建数字贸易规则标准方面发挥引导力。

2. 主要挑战

（1）世界经济持续长周期低速增长，贸易投资增速继续减缓。IMF将2019年全球经济增长预期由3.7%下调到3.2%，经济学人智库（2015）预测，2020-2030年全球经济平均增速为2.5%。截至2019年6月制造业和服务业的全球活动指数已降至2009年以来的最低水平。受全球经济增速减缓、需求持续减弱、贸易摩擦升级、金融市场波动等因素影响，尤其是美国奉行单边主义和贸易保护主义给全球贸易增长带来挑战，2019年10月WTO将2019年全球贸易增长预期下调至1.2%，同时将2020年全球贸易增长预期由3%下调至2.7%。据今年1月联合国发布的《全球经济形势和2020年展望》估计，2019年全球贸易增长率为0.3%，创2008年金融危机以来的新低。贸易壁垒增加将扰乱全球供应链，影响新技术传播的速度，可能导致全球生产率下降和福利减少。据联合国贸发会数据，2019年全球外国直接投资（FDI）总额1.39万亿美元，较上年继续下降1%，全球FDI已连续4年下降。

（2）服务贸易市场竞争加剧，国际经贸规则加速变革。从发达经济体层面看，美国、欧盟、日本等发达国家为保持新兴服务业的先发优势，加速在全球范围内构建行业技术标准和贸易规则确立其垄断地位。同时为了扩大就业、支持新技术发展，在服务业岗位向外转移及服务进口等方面也有更严格的限制措施。从发展中国家层面看，印度经过持续积累，在信息技术外包等方面已经具备规模、技术和人才等显著优势，菲律宾、越南、南非、墨西哥等国家凭借成本优势不断吸引离岸服务外包。以"三零"（零关税、零壁垒、零补贴）基本框架主导的高标准自由贸易协定正在推动新一轮国际经贸规则变革，其总体趋势是，大幅消除关税壁垒、减少各种非关税壁垒和政府补贴，规则措施由"边境"向"边境内"转移，涉及市场准入、技术标准、环境保护、竞争中立、知识产权保护、争端解决机制、监管一致性等方面的规则标准成为各类 FTA 的主要议题。2018 年以来签署的 USMCA、CPTPP、EPA 等自贸协定都体现了这些特点。

（3）保护主义导致贸易投资摩擦加剧，针对我国的限制性措施增多。美国单边主义采取不断加征关税、非关税壁垒、投资限制等措施导致贸易投资摩擦频发，严重扰乱了全球价值链体系。2018 年 1-7 月美国出台的保护主义措施占全球比重达 33%，截至 2019 年上半年已有近 40 个国家和地区受到美国的贸易威胁。其次，美欧发达国家在贸易、投资、创新、产业等方面不断制定新的规则标准，其中许多限制措施是针对我国。尤其是以国家安全审查为由限制准入的领域不断扩大。美国对外资进入国防、航空、海运、电信、金融、能源、资源开发、原子能开发及制造业等领域均设有禁止或限制措施。欧盟委员会于 2019 年 3 月批准外国投资监管新法规，对涉及敏感技术、基础设施及公共秩序和安全领域的投资加强审查。

（4）中美博弈具有长期性、复杂性和艰巨性，美对我国全面遏制的势头已经显现。由于美国对华战略由"竞争伙伴"向"竞争对手"转变，在挑起贸易摩擦的同时，开始在投资、金融、科技、安全、人文等多领域、全方位进行围堵，其实质体现了中美两种制度的长期博弈。除贸易摩擦外，还可能出现金融摩擦、技术封锁等。此次中美贸易摩擦对人民币汇率稳定、国内资本市场、投资者信心等都产生一定影响，尤其是对于我国产业链布局、供应链体系和价值链发展带来一定冲击。

二、国内的主要优势与制约因素

1. 主要优势

（1）产业综合优势明显，为服务贸易发展奠定了产业基础。从产业结构来看，我国已经进入服务经济时代，2019 年第一、二、三产业增加值占 GDP 的比重分别为 7.1%、39.0% 和 53.9%，其中第三产业对经济增长的贡献率达到 59.6%。同时我国具有完整的制造业体系，为各类生产性服务业发展提供了广阔市场。从价值链升级来看，越来越多的中间品生产、研发设计在国内进行，知识密集型行业竞争优势上升。从新经济成长来看，2018 年我国数字经济规模达 31 万亿元居世界第二位，互联网经济占 GDP 比重 6.9%，超过世界平均水平。2019 年新一代信息技术产业增速为 9.5%。我国在数字技术与传统产业融合方面有得天独厚优势，为参与数字经济时代全球价值链重构提供了弯道超车机遇。

（2）知识型人才规模大、结构丰富多元，为服务贸易向高端发展提供了保障。目前我国科研人员总数达 419 万，居世界第一位。2019 年毕业大学生 834 万人，高等教育在学总规模 3833 万人，其中在学博士 38.95 万人、在学硕士生 234.17 万人，居世界第一位。截至 2018 年海外留学生回国约 365 万人，这些群体构成国际化人才的重要来源。

（3）网络基础设施居世界先进水平，为服务贸易发展提供了强大技术支撑。我国互联网、物联网、无线宽带、移动终端、超级计算等技术和设施水平已位居世界前列，5G 等重要技术领域和互联网商业模式世界领先。我国已经建成全球规模最大的信息通信网络，4G 基站数量占全球 50% 以上，已经开通 5G 基站 11.3 万个。截至 2019 年 6 月互联网普及率达 61.2%、光纤入户达 90% 以上、手机网民规模达 8.47 亿、网络视频用户规模达 7.59 亿、搜索引擎用户规模达 6.95 亿。目前我国国际光缆已通达 70 多个国家和地区，基本建成面向新欧亚大陆桥、中亚、俄蒙、东南亚和南亚等全球重点国家的信息高速通道。

（4）自主创新能力和企业国际竞争力迈上新台阶，为提升服务贸易价值链水平奠定了基础。我国已经跻身世界创新大国行列。在世界知识产权组织公布的 2019 年全球创新指数排名中我国列第 14 位。我国发明专利申请量多年居世界第一位，2019 年我国发明专利授权 45.3 万件、实用新型专利授权 158.2 万件、外观设计专利授权 55.7 万件。2018 年 R&D 经费支出 19657 亿元，占 GDP 的 2.18%，居世界第二位，全球占比 13.5%。我国企业经过长期国际化经营实践，已经涌现出一批世界级企业，将在构建全球价值链中发挥龙头作用。2019 年《财富》公布的 500 强企业我国共 129 家列世界第一位，其中服务企业 30 家。由世界品牌实验室(World Brand Lab)发布的《2019 年世界品牌 500 强》企业中我国有 40 家，列全球第五位，其中服务企业 17 家。

（5）庞大的中产阶级群体和消费结构升级，为吸引服务业跨国投资提供了巨大市场。我国正在成为全球最大的消费市场，中等收入群体超过 3 亿人居世界第一位。2019 年我国社会消费品零售总额 41.2 万亿元，预计 2020 年将超过美国。尤其是消费结构升级对于文化、娱乐、医疗、教育、健康、养老等服务消费大量增加，对全球优质服务进口产生了巨大需求。

2. 主要制约因素

（1）高端服务业开放不足，严重制约了知识密集型服务贸易发展。2016 年 OECD 公布了 62 个主要经济体的外资准入限制性指数，我国服务业高居第 2 位。目前金融、文化、体育、娱乐、教育、医疗健康、研发等服务业吸收外资水平较低，主要原因是市场准入限制。据世界银行测算，我国服务贸易的政策友好度总体得分 63.4，低于发达经济体和发展中经济体的平均水平，其中跨境提供、商业存在、自然人流动的指数分别为 60.78、62.73、25，不仅低于发达经济体的平均水平（79.6、79.7、40.7），也低于发展中经济体的平均水平（67、70.1、38.8）。目前外资金融资产仅占我国金融总资产的 1.8%。在医疗教育方面，许多外资医疗、教育机构由于受到独资限制难以落地，导致国外优质的医疗、教育资源难以进入我国，大量国内消费者转向海外就医、留学。在研发服务方面，由于受数据跨境流动的限制，外资研发机构无法查阅国外网站及数据库等影响了进入我国发展的意愿。在文化领域，外商投资影视制作、电影院、表演团体、经纪人公司等也受到限制。此外，资质不能互认也是影响研发、设计、咨询等服务贸易发展的重要因素。

（2）综合实力与发达国家仍有较大差距，将制约服务贸易国际竞争力。我国与美国的差距体现在效率、创新、科技、教育、贸易、金融、营商环境等诸多方面。我国制造业、服务业的劳动生产率分别为美国的 9.2% 和 8%。美国人均教育经费、全球百强大学数量均为我国的 8 倍，营商环境全球排名高于我国 23 位。我国 R&D 投入强度分别比美国、日本、德国低 0.5、1.6、0.7 个百分点。尤其是核心关键技术受制于人，严重影响了我国服务贸易的核心竞争优势及谈判话语权。如，我国制造业 90% 的芯片依赖进口，2018 年进口芯片 3120.58 亿美元，增长 19.8%。

（3）综合成本大幅上升及高端专业人才缺口较大，对承接国际服务外包和价值链高端业务带来不利影响。我国过去十年劳动力成本年均提高约 12%，土地使用成本、融资成本分别是美国的 9 倍和 2.4 倍，电价是美国的 3 倍，税收成本高出美国 35%，从而加速了服务外包业务转移到更低成本的国家和地区。目前在信息技术、金融、研发、设计、养老、专业服务、文化创意等新兴服务领域普遍存在人才短缺问题。由于服务外包企业科技研发人才不足，影响了承接整体解决方案、系统集成等高端业务。2018 年《中国 ICT 人才生态白皮书》显示，预计 2020 年新一代信息技术人才缺口达 760 多万，其中大数据人才需求 260 万人、云计算 210 万人、物联网 200 万人、人工智能 220 万人。

（4）跨部门的协调机制仍是难点，事中事后监管亟待创新。服务贸易涉及诸多行业，政策协调难度较大，在服务业开放、监管等方面都受到不同程度制约。目前的监管水平还不能适应对外开放和数字经济发展的要求。全链条、全流程、全覆盖的监管体系尚不完善，尤其在优化审批流程、监管信息共享等方面政策创新不足，多头管理比较突出。随着跨境电商、保税物流、保税维修等新兴服务贸易发展，监管的相关法律法规亟待完善。

三、未来我国服务贸易的重点发展区域

1. 优先发展的领域

电信、计算机和信息服务。提升信息技术服务业的技术创新能力，在芯片、操作系统等关键技术方面有所突破，促进信息技术与制造业、服务业的融合发展，推动信息技术服务外包向平台化、数字化、智能化发展，扩大软件、集成电路、运营维护、解决方案等服务出口。加强与国际组织在信息技术应用解决方案、商业模式创新的评比和认证方面的合作。加强软件出口基地建设，提高集聚能力。推动向"一带一路"沿线国家发包，带动境外培训业务。

其他商业服务。大力发展研发、设计、咨询、检验检测、供应链管理、人力资源、培训等生产性服务贸易，通过积极承接国际服务外包扩大出口规模。继续扩大研发设计服务进口，提高制造业创新能力和增值水平。提高会计、法律、展览等商务服务对品牌塑造、境外投资等服务能力，提高会计服务国际知名度和认可度，培育一批具有较强国际竞争力的涉外会计、法律服务机构；培育品牌展会，打造具有国际竞争力的龙头会展企业。

金融保险服务。完善金融机构海外布局，为企业"走出去"提供多元化、综合化服务，帮助企业参与海外并购和重大项目建设。鼓励金融机构和企业协同开展绿地投资、并购投资、股权投资等多种方式的境外投资。扩大微信、支付宝等数字金融在跨境支付中的应用。提高离岸金融、贸易结算等业务规模。同时，提升金融业外资开放水平，增加外资银行机构经营范围。鼓励具有较强经营管理能力的保险公司走出去，扩大我国保险业商业存在规模，增强对境外投资和贸易出口的保障能力。

2. 优化提升的领域

（1）运输服务。构建高效跨境物流综合运输体系，提升物流运输服务的网络化、数字化、智能化水平，加快智能化多式联运、智慧港口等建设，提升港口分工协作水平。推动海运企业规模化、专业化经营，拓展现代化海运系统服务网络。完善国际航线网络布局，优化配置我国航线、空域、机场等资源，增加航空枢纽港的辐射能力，鼓励有条件的航空公司加快全球布局。鼓励电商、快递、物流龙头企业建设境外仓储物流配送中心。推动与相关国家的运输便利化安排和大通关协作。

（2）旅行服务。提升国内旅游服务品质，优化旅游产品结构、完善配套服务，建立服务质量标准化体系，培育国际旅游服务品牌，提升对境外游客的吸引力，简化签证手续，提高便利化水平。规范中外合作办学管理、提升质量，支持国内教育机构开发具有国际竞争优势的项目，鼓励国内教育机构境外办学，提升中华文化影响力。推动国际医疗、康养、旅游一体化发展，建设一批康养旅游示范基地，打造一批医疗服务知名品牌，推进中医药服务标准的国际化。积极发展远程医疗、远程教育。

（3）建筑服务。实施工程建设标准化战略，推动建筑工程承包转型升级，提升全球服务水平，增强国际市场竞争力。鼓励建筑规划设计、工程设计、施工建设、运营维护等建营一体化服务输出，提升建筑工程承包质量效益。

（4）维护和维修服务。大力发展保税维修业务，扩大业务经营范围，增强航空、船舶、大型机械等高附加值产品维护和维修的竞争力。促进服务创新，加强专业人才培养。加大保税维修政策支持力度，完善海关、税收等配套措施。培育具有国际竞争力的大型维修企业，鼓励"走出去"积极开拓海外市场。

3. 积极培育的领域

（1）文化服务。支持文化企业面向国际市场，创作开发体现中华优秀文化、展示当代中国形象的文化产品和服务。鼓励各类文化企业通过新设、收购、合作等多种方式开展境外投资合作，推动文化艺术、广播影视、新闻出版、教育等承载中华文化核心价值的服务出口，培育中华特色文化贸易优势，提升中华文化国际影响力。

（2）技术贸易。扩大技术出口规模，鼓励企业将先进和成熟技术推向"一带一路"市场。健全技术进口促进体系，支持企业引进消化吸收再创新，发挥企业和市场机制作用，广泛开展与欧盟、美国、日本、以色列、俄罗斯等国家的技术交流合作，拓宽世界先进技术的进口渠道。

（3）知识产权服务。发挥我国创新大国优势积极推动知识产权出口，实施海外专利布局。支持知识产权服务机构赴境外开设分支机构，为境内外企业提供高品质、全方位、专业化服务。

第四节　中国服务业发展的新背景和新要求

一、我国服务业发展的新背景与新要求

1. 经济增长新动力有待形成

主动适应和引领新常态，是很长时期内中国经济发展的大逻辑。经济发展新常态首先表现为经济增长速度的放缓，其本质则在于经济发展方式、发展动力、经济结构上的转型。也就是说，经济发展方式要从规模速度型的粗放增长转向质量效率型的集约增长，经济发展的新增长点有待形成，经济结构要从增量扩能为主转向调整存量、做优增量并存的深度调整，从而实现速度下台阶的同时质量上台阶。

2. 以服务型经济引领经济转型

"十三五"时期，中国将加快向工业化后期过渡，基本完成工业化的历史任务。在这一过程中，实现工业由量的扩张到质的提升转变，推动"中国制造2025"战略，迫切需要提高制造业的附加值和竞争力，争夺全球产业链高端位置，而这一切都离不开服务业（特别是生产性服务业）的强有力支撑。首先，随着工业内部不断分化，劳动密集型制造业、资源密集型重化工业的比重会持续下降，资本和技术密集型制造业比重将明显上升。这将对服务业需求结构产生重要影响，更加依赖商务服务、金融保险、技术研发等知识密集型生产性服务业。同时，小批量、多批次、差异化生产的趋势更为显著，也会对生产性服务业提出新的、更专业化的中间需求，从而推动形成以服务业为引领、服务业与制造业深度融合的发展新格局。

其次，在中国制造业低成本比较优势趋于弱化的情况下，必须尽快提升要素禀赋结构，形成新的更高层次的比较优势。这就需要大力发展研发、教育、金融、信息等服务业，依

靠高水平的创新要素，为制造业转型升级、产业结构迈向中高端提供不竭动力。

另外，面对环境污染加重的严峻形势以及节能减排的国际承诺，还必须加快推动制造业绿色转型。而提高能源利用效率、建立绿色循环低碳生产方式，都迫切需要进一步加快高技术、节能环保等服务业的发展。

3. 人口结构变化带来新机遇

中国人口在继续保持低位增长的同时，结构性变化将更为显著。一方面，劳动年龄人口占比缓慢下降，老年人口比重加快上升。2020 年，中国 15 ~ 64 岁年龄段人口仍有 10 亿以上，占总人口的 70.1%，不过与目前相比将净减少 1056 万，占比也将下降 2.3 个百分点。与此同时，65 岁以上的老龄人口将接近 1.7 亿，占总人口的比重达到 11.7%，比现在上升 2.2 个百分点，届时全球平均不到 4 个老年人中就有 1 个是中国人。另一方面，劳动力素质进一步提高。2020 年，中国主要劳动年龄人口和新增劳动力的平均受教育年限分别达 11.2 年、13.5 年，比目前提高 1.6 年、0.8 年；高等教育毛入学率达 40%，具有高等教育文化程度人口为 2 亿左右，这一数量相当于现在巴西的总人口。

人口的结构性变化将从需求和供给两个方面对中国服务业发展产生重大影响。首先，老龄化进程的加快，并伴随空巢家庭的增多，居民将更加重视生命和生活质量，从而对现有的服务内容及提供方式提出新的要求，有利于催生新的社会化服务需求，带动服务业结构的调整升级。其次，在人口大国向人力资源大国转变的过程中，未来将更加注重人力资本投资，有利于扩大中高端人力资源的规模，从而为中国服务业发展提供持续的智力支持。

4. 新型城镇化为服务业发展提供广阔市场空间

继 2011 年中国城镇化率突破 50% 之后，2014 年中国城镇化率接近 54.8%，比改革开放之初上升了近 37 个百分点。但是，中国城镇化发展质量不高，户籍人口城镇化率刚过 36%，不仅远低于发达国家 80% 的平均水平，也低于人均收入与中国相近的发展中国家 60% 的平均水平，城镇化发展由速度型向质量型转变势在必行。为此，需要推进以人为核心的新型城镇化建设，改变以往片面追求城市规模扩大和空间扩张的局面，更加重视公平共享、四化同步、集约高效、绿色低碳以及文化传承。

截止 2020 年，中国常住人口城镇化率将达到 60% 左右，户籍人口城镇化率为 45% 左右，约有 1 亿农业转移人口和其他常住人口落户城镇。这一方面将会增加城市基础设施、住宅、公共服务设施等大量投资需求，并加快创新要素集聚和知识传播扩散，对于发展流通性、生产性以及社会服务业将起到重要作用；另一方面也将创造更多就业机会和扩大中等收入群体，促进消费结构升级和消费潜力释放，从而有利于个人服务业的发展。另外，随着未来五年"两横三纵"为主体的城镇化战略格局的形成，城市群集聚经济、人口的能力将明显增强，城市规模结构更趋完善，大中小城市和小城镇将实现合理分工、协调发展。这些都有利于增强大城市生产性、流通性服务业的发展能级，并充分借助城市群内城市之间的经济联系，促进服务业的网络化发展。

5. 新一轮科技革命浪潮将为服务业创新发展奠定技术基础

随着新一轮科技革命的深入开展，科技创新呈现出学科交叉融合、边界日趋模糊、领域不断延伸的新趋势，原创成果转化及产业化应用的周期明显缩短、效率大幅提升。目前来看，无论是科技成果本身还是所影响的生产生活，都在发生着一场未知远大于已知的变革。

一方面，新一轮科技革命将成为包括服务业在内的整个经济转型升级的驱动力量。新技术替代旧技术、智能型技术替代劳动密集型技术的趋势明显，特别是移动互联网、云计算、大数据、物联网等信息技术的广泛普及和深度应用，将成为推动经济社会发展的基础架构和标配。这些新的信息技术以近乎零边际成本的方式生产并共享着商品和服务，不仅前所未有地重塑消费领域，还将颠覆传统产业的发展方式。在产业内部，互联网产业链将会进行更广泛的垂直整合；而在产业外部，互联网与传统产业的跨界融合将进一步加速。

另一方面，新一轮科技革命将使服务业分工继续深化，激发服务领域的持续创新。在服务内容、服务提供主体及提供方式等方面赋予新的内涵，将促使产业价值链分解出更多新的服务业态，商业模式、运作方式、管理方式上的更新迭代也将成为常态；与此同时，还会促进一大批新兴服务业的崛起和发展，带动服务业生产效率和竞争力的提升。

6. 培育国际竞争新优势、凸显中国影响力亟待弥补服务业发展短板

未来一段时间，经济全球化和区域经济一体化步伐将会加快，围绕人才、技术、品牌等知识性生产要素的争夺将更加激烈。中国长期依赖的比较优势，在国际分工和全球产业链中既会面临发达国家贸易保护主义的打压，同时也会被其他新兴市场国家所切割。为应对这种"前后夹击"的双重挑战，就要加快培育形成国际竞争的新优势，在体现资源配置实力和创新能力的服务业领域抢占发展制高点，赢得大国竞争中的战略主动。同时，随着各种标准更高的双边和区域贸易投资协定谈判的深入推进，需要中国实施更加积极主动的开放战略，在扩大开放中壮大服务业，在服务业发展中提升开放水平，锻造经济的持续竞争优势。

此外，随着综合国力的增强，中国因素的全球影响将会更加凸显，中国的发展经验、文化和价值观也将受到更大关注。中国将成为决定国际形势走向的重要变量，有条件提出更多全球治理主张并担当建设性的领导作用。世界与中国的互动进入新阶段，相互适应需要迈上新台阶。这也需要中国全面提升服务业发展水平，为"中国制造"走出去注入服务含量，为全方位、系统地参与全球治理贡献高质量的智力资源，为提供与自身发展实力相符的全球公共服务奠定基础。

二、我国服务业发展前景依旧广阔

服务业的发展具有一定的"被动性"，依赖于需求的出现，也依赖于外部力量的推动。过去五年，伴随着人均可支配收入的提高和城镇化进程，服务需求在扩大中不断升级。政策、技术和资本等外部力量支撑着服务业企业取得了不小进步。更为重要的是，企业微观主体创新有为，对服务业的发展支撑强劲。"十四五"时期，这些力量更加坚实可期，服务发展前景广阔。

1. 服务需求升级可期

早在 1968 年，美国经济学家富克斯在他那本著名的《服务经济学》中阐述了服务业发展的动因，①消费需求的增长；②制造业发展引致的生产性服务需求的增长。消费需求取决于人口基数、人口结构和人口的可支配收入能力。生产性需求取决于生产制造的发展模式和所处阶段。显然，这两种需求的增长，所依托是一个国家经济的不断进步和人口红利的显现。

从宏观经济发展来看，2016 年中国 GDP 突破 70 万亿元；2017 年突破 80 万亿元；2018 年，突破 90 万亿元大关；2019 年达到 99 万亿元，2020 年，突破 100 万亿指日可待。"十三五"时期，中国经济总量增长将接近 40 万亿。眼见的经济增长速度，带来了人们可支配收入的提高，以及支出结构的变化。这不但刺激了消费需求总量的增长，还将推动中国的消费从功能型向享受型跨越，从衣食住行到康养娱乐，实现消费升级，教育、医疗卫生、娱乐、旅游、养老等诸多行业的市场空间扩容。过去以成本和性价比为导向的服务内容也向高标准、个性化、专业化、体验化方向升级，服务品质提升也将迎来更多机会。过去十多年间，房地产、批发零售和运输仓储主导了服务业发展格局，未来文化娱乐、健康养老、教育医疗将起到更大的引领作用。

从人口来看，拥有 14 亿人口的中国正处于城市化进程和乡村振兴的同步推进中。过去多年，城镇化进程带来了城市商业的兴旺，交通需求的升级，公共服务的完备，教育、娱乐的进步，快递通讯的便捷，这些直接带动了相关服务业的极大增长。乡村振兴中，拥有 8 亿用户的下沉市场兴起，服务需求旺盛。政策红利带动了低收入人群消费能力的提高。而较低的房价负担让下沉市场居民有更为强烈的消费意愿。同时，相比于一二线城市居民，三线以下地域人群工作时间更短，闲暇娱乐时间相对更多，这是消费服务业发展的先天性优势。目前，城乡居民消费增速的"剪刀差"已经形成。从服务供给侧看，长期的二元结构体制使得两者所能享受的服务存在巨大差异，服务业的梯度转移趋势已经显现出来。有钱有闲的下沉市场在电商、娱乐领域已显示出巨大潜力，未来将更加可期。消费需求带动下的整个服务业的发展壮大，显而易见。

不同于消费需求的直接性，生产性服务的出现具有被动性，生产制造发展到一定阶段才会明显出现，而后才会有服务和制造相互促进、相互激发的正向循环。"十四五"时期，制造业企业继续壮大，服务外包会成为趋势，这将刺激生产性服务业的发展，比如中智这样的人力资源服务公司，发展为从原材料的采购到产成品分销的供应链服务企业。另外一个层面，互联网等新技术的应用正在改变生产性服务的方式，从被动到主动，从配角向主角转变。他们将以大数据、云计算和物联网的手段推动传统制造走向智能制造；他们也将以平台化的力量，赋能中国庞大、分散、小规模的制造业企业，为中国制造业的转型升级探索新的思路。

与此同时，在以国内大循环为主体、国内国际双循环相互促进的新发展格局中，扩大内需是战略基点，这将直接带动服务需求的扩容。更为重要的是，扩大内需战略需要同深化供给侧结构性改革有机结合，也需要依赖全球范围内最具创造性的生产要素在中国市场上的有效流动，这将比以往更加需要流通服务、信息服务、金融服务、法律服务、研发咨询服务等现代服务业的发展支撑，给服务业发展带来了更大机遇和挑战。

2. 外部支撑动力强劲

过去五年，以服务业企业做大做强做优为目标的政策密集出台，从"十三五"规划纲要到健康、养老、体育、文化等产业政策相继落地，双创、混改等政策持续推进，给服务业企业的发展带来重要支撑和新的生机。新技术的应用，催生出一大批新业态，也让服务业以直面消费终端的优势，成为产业整合者。资本广泛支援也裹挟着众多企业的速亡和速生，让服务业快速地新陈代谢。着眼"十四五"时期，除了需求层面升级可期，政策、技术和资本这些外部力量依然强劲，也将更加成熟。

2020 年，在应对疫情、恢复经济发展的诸多政策中，"新基建"和"新要素"入场，它们将在未来更深刻地影响服务的发展。相比于过去的诸多刺激政策，新基建不仅强调挖掘新增长点，更强调赋能新经济发展。相比于过去的政府主导，新基建强调"政策＋市场"双轮驱动。新基建包含的范围很广，除了 5G、工业互联网等通信网络设施，还有以人工智能、云计算等为代表的新技术设施，和以数据中心、智能计算中心为代表的算力设施等等。这对于服务业态的高级化，服务对制造的支撑将起到基础赋能的作用。

数据作为一种新型生产要素，与传统经济学中的土地、资本、劳动、技术等要素一起，出现在以最高规格重磅发布的《关于构建更加完善的要素市场化配置体制机制的意见》（简称《意见》）文件中，对服务业企业而言，这至少从以下两个方面带来突破。

（1）相比于制造业对土地和资本使用的依赖，服务业更加依靠劳动、技术和数据。过去，因为这些要素难以准确定价和质押，银行的债权资本支持不足，很多服务业企业的发展受到较大限制。在政策推动之下，技术和要素的定价、使用、转移和共享将会有更加明确的规定。

（2）数字化是产业升级、社会治理的必经之路，其巨大价值已经广泛体现。但数据的收集和使用长期处于灰色地带野蛮生长，近两年监管部门对大数据行业进行了严厉的的爬虫整肃。数据荒中，大数据服务公司成了无源之水，数据服务产业停摆。上述《意见》以法律文件形式从数据源头到数据开发利用都做出了安排，此前大多依靠喂养互联网信贷而获得发展的大数据公司也会有新的空间，数字服务经济迎来发展机遇。未来，在新基建和新要素的格局中，商业模式、新业态、新经济的创造可能远超出我们今天的想象。

3. 企业层面支撑坚实

2020 中国服务业企业 500 强所实现的营业收入总额达 41.33 万亿元，占同期服务业增加值的 77.37%。大企业对服务业发展的支撑能力坚实。伴随着诸多新业态涌现，小企业的发展也熠熠生辉。他们共同满足着人们对美好生活的向往，支撑着服务业的高质量发展。具体表现在：

（1）服务业企业转型升级成效显著。过去五年，经历了关店风波的商超百货等传统零售巨头正与电商网购携手一起，在新零售的浪潮中寻求着线上线下相结合的价值创造新方式。贸易巨头们纷纷转型，在资本端或者在制造端重塑生机，或以主业优势，向物流、资金流、信息流等全流程服务的供应链企业转型。交通运输物流企业进入整合联盟时代，从顶层设计、基础设施、物流资产到组织方式等各个层面正在朝着协同化发展。铁路、公路、水上、港口、航空等运力的打通，在推动大交通体系和多式联运设想的落地。以满帮和传化为代表的车货匹配平台在匹配着运输市场上的需求和运力。长期占生产成本比重高达 30%-40% 的物流费用的降低是各方的期许，也给企业带来了足够大的市场发展空间。房地产企业迎来了在世界 500 强中独树一帜的高光时刻，也在一轮又一轮的调控中，在努力守住地产堡垒的同时，也纷纷向多元化转变。BAT 三大巨头，在搜索、电商和社交上各自扎实地生长，如今已经成为世界级的互联网巨鳄，他们广泛布局，不断完善各自的生态体系，也为互联网生态的发展搭建起基础设施，孵化出 TMD 和 PKQ 般的新力量。

（2）企业发展后劲足。在"大众创业、万众创新"背景下，大量创业型公司和创客个人得以孵化。他们被创投资金牵手，在互联网广泛应用的滋养中，拓展着市场的边界。出行、娱乐、餐饮、家政、旅游、教育、理财等领域，一批新业态企业走进并丰富着我们的生活。与此同时，产业服务也开始崭露头角，"找 X 网"正在将钢铁、煤炭的原材料流通从"批发制"变革为"零售制"；围绕着云计算的三个层面，一批企业在网络基础、软件及开发维护等服务中涌现出来。这些新创小企业茁壮成长，并从商业的底层逻辑上促使服务业向新方向前行。

三、新时代背景下我国服务业发展的着力点

一切趋势的判断，都要回归微观企业这一层面来落地。服务业作为一种衍生性和需求性产业，外部的力量在其发展中自然不容忽视，而服务互动性的本质特征，又让企业在提升服务能力、做大做强的过程中必须发挥更多的自身能动性。

1. 激发"内部客户"的效能

当前，"员工是服务的主体，员工满意决定了顾客满意"这一服务营销理论的观点正广受认可。由哈佛商学院詹姆斯·赫斯克特等五位教授在 1994 年提出的"服务利润链"，阐述了"员工满意—顾客忠诚"是企业获得成长的有效办法。黄铁鹰在《哈佛商业评论》上发表的关于海底捞的著名案例也是以此出发，阐述了海底捞的变态服务背后是"变态地"让员工满意和忠诚。

从现实来看，餐饮、零售、物流、金融、互联网、文化娱乐等行业在较长一段时间内依然具有劳动密集型特质。这些企业的关键人才不仅是高科技高端人才，也有"快递小哥"这样的决定企业核心竞争力的一线普通员工。与此同时，就业市场发生了显著变化，新生代员工的崛起，长久以来惯用的管理方式和领导方式受到挑战。在"新经济"的召唤下，越来越多的年轻人放弃长三角的制造流水线，成为职业更加自由的外卖或快递小哥。出租司机不再专属于一个公司，而是在打车平台接活，新冠疫情催生出的"共享员工"兴起，未来越来越多的人可能会成为自由或者半自由职业者，灵活用工会大力发展。此外，以互联网连接和激励机制为纽带的人才虚拟平台开始流行，"让世界成为我的人力资源部"的理念被更多企业接受。拥有哪些人才可能不再重要，发挥其价值才是重点。显然，企业的关键员工不再局限于组织内部，很可能在组织之外。他们像企业的客户一样，也需要用心服务。

如今，员工结构在变化，雇主与雇员之间的关系在重新定义。如何留住雇员并激发其工作潜能是企业发展中的一个长久课题。在服务业企业未来的发展中，提升员工满意度、增加员工对企业的粘性，显得更为重要。像对待客户一样，挖掘员工需求，以物质、以精神满足之；以硬件支持、以环境和文化，匹配和尊重其价值，是企业必须认真对待的命题。因为，员工就是企业的内部客户，更何况这些"内部客户"和企业的关系越来越松散。员工是服务的主体，员工像客户一样重要，要像重视客户一样重视员工。

2. 拥抱"面向未来"的创新

技术进步让经济运行中的诸多要素都实现了互联互通。过去，信息化解决了人与机器之间数据联通的问题。而后，互联网的普及完成了人与人之间的数据连接。目前正在发生的，以云计算、大数据、智能化、物联网、移动互联、区块链等新一代信息技术不断深化应用，将解决机器与机器之间的数据互联。服务业也将从消费端真正向企业端拓展。服务业企业的成长也由"互联网+"，走向"科技+"、"金融+"、"物流仓储+"和"大数据+"，前者体现为连接能力和服务广度的扩张，后者体现为整合能力和服务深度的拓展。服务业企业将成为联结着生产端和消费端的中央处理器，并在更高维度上打通行业壁垒，提供一站式、打包式、全过程服务。长久以来，服务业一直作为工业和农业衍生者的角色出现，难以逾越主导产业的发展水平，新一代信息技术或将推动服务业向先导性产业转变。

"十四五"时期，依然处于新一轮科技革命和产业革命的普及和精进中，新的生产要素、新基建，新的组织方式和资源配置方式应用会更加深入。广大服务业企业要抓住机遇，拥抱"面向未来"的创新。

（1）抓住"在线化"服务的机遇，减少传统服务运行需要"面对面"这一逻辑的禁锢。疫情隔离正让那些依靠交通运输业大发展、全球贸易大流通而发展起来的行业，依赖于物理连接和面对面服务方式的行业，面临前所未有的困境。同时，那些在线化、数据化和智能化的服务正取得非凡的进步。这是商业运行逻辑的改变，意义重大。

（2）要为服务创新插上技术的翅膀。对任何一类企业的发展，"技术含量"都是竞争优势的考量标准。于服务业，技术投入不仅意味着掌握行业话语权，也意味着企业未来能走多远，更意味着无形要素和有型要素之间的匹配和转换。其一，不管是传统生活服务企业，还是"互联网+"模式下的外卖模式服务创新，劳动力密集依赖的掣肘都影响了企业的未来发展。技术投入能够优化服务方式，减少劳动依赖，改善员工的工作环境。其二，技术对标准化和个性化服务提供可以想象的支撑。技术可以让众多服务以更小的颗粒度实现模块化运营，从而实现服务的模块化和标准化运作。同时，在一些专业化的场景中，小样本的开发和迭代正在解决人工智能服务的个性化难题。服务业企业的成长中技术密集、数据密集、人力成本密集并重的特点越发显著。企业作为一个有机体，整体的效率提高和发展依赖于各类要素的集成和耦合。

（3）激活并运用好大数据的价值。服务业企业直面消费终端客户，或者聚集着大量的行业客户，服务过程中积累了多样的、鲜活的大数据资源。这是以客户为导向提升服务能力的基础，也是服务业企业深度应用云计算、移动互联等其他新一代信息技术的基础，更是服务业企业在整个产业链中从边缘、末端走向主导和中心的基础。大数据的开发不仅能够挖掘需求，结合人工智能强大的学习能力，还有望兼顾服务的标准化和个性化，一定程度上破解了服务业企业难以做大的困境。

3. 做好"产业组织"的赋能

新冠疫情对全球产业链和供应链造成了破坏，各国对此空前重视。不断壮大起来的服务业企业要以"生产组织者"为担当，以"流通整合者"的角色，畅通供应链，赋能产业链。

（1）构建有机开放的组织体系。当今的竞争格局不是企业单体的竞争，而是价值链、价值网的竞争。打造价值可持续创造的开放整合模式，正在取代原有的以资本增值和利润为中心的零和博弈模式。服务业企业的价值创造不能在自身封闭的系统内完成，而是要和环境融合在一起，以开放和共享的心态重塑与顾客、竞争者、供应商、服务商等利益相关者之间的关系。在企业外部，服务业企业要在行业整合的高度，搭建好底层基础架构，与各类供应商、服务商形成协同服务网络。在企业内部，服务业企业要整合企业的研发、设计、采购、生产以及营销等各个环节，最大限度地打破信息壁垒，增强对客户需求的即时响应能力。

（2）提升"三链"的整合能力，打造综合服务体系。服务业决定经济运转的效率，其根源在于服务的管道和流通功能，比如贸易零售、交通运输和金融服务，他们强大的终极体现就是让商品、要素的传输更加高效、便捷、低成本。交通运输行业的整合联盟和多式联运、供应链行业的"四流"合一，都是有益的尝试。未来，要着眼于提高产业链的现代化水平和经济运转效率而不断努力。

4. 加强"内外兼顾"的修为

经济服务化是大势所趋，服务贸易也在世界范围内保持了快速增长。如今，服务贸易占全球贸易量的比重接近20%。中国的服务业也取得了长足进步，但相比于全球服务贸易，中国服务业的对外竞争能力亟待加强。一方面，服务贸易的总量规模依旧偏小。2019年，中国服务贸易占全部对外贸易的比例仅为14.6%，明显低于全球平均水平。另一方面，中国服务贸易长期处于逆差状态。2019年，服务贸易逆差的绝对值为1.5万亿元，占整个货物贸易顺差的比重达到51.49%。这正是由于中国服务业的长期发展滞后，服务能力不足所致，导致服务出口缺乏竞争力。2020中国跨国公司100大榜单中，服务业企业数量仅有28家。

近年来中国不断加大服务业对外开放的力度。一方面，服务业扩大开放、创新服务贸易发展正由地区试点向全国铺开。2016年，国务院批复同意在上海、海南等15个地区开展服务贸易创新发展试点。2018年，试点范围扩大到28个地区。另一方面，电信、金融等垄断性行业的外资准入限制逐步取消。2019年，英国电信获得工信部颁发的全国性牌照，标普获准进入中国信用评级市场。2020年，金融业的外资持股比例限制取消，服务业正迎来了一个全新的开放格局。

在这样的背景下，广大服务业企业既有机会学习先进、专业的服务经验，激发成长动力，同时也面临着更加激烈的竞争环境。国内服务市场，可能面临"外来和尚好念经"的压力；国际市场可能会受困于外资所能提供的全球体系化服务的掣肘，因而面临对外开拓的困境。服务业企业要尽快补足短板，在鲶鱼效应中"与狼共舞"，加速走向世界，成为全球服务贸易的重要参与者，成为拉动中国出口的新引擎。

第三章 新常态背景下中国服务贸易逆差的影响因素

第一节 服务供给不足和需求相对过快

一、从供给和需求层面看贸易逆差产生的原因

1. 从供给层面看，服务业发展相对其他产业较为滞后

一个国家或地区向国际市场提供服务的能力直接受国内服务业发展水平的影响。中国服务业发展缓慢，在一定程度上构成了中国服务贸易连续十多年出现逆差的原因。一国的服务业发展水平通常用服务业增加值占 GDP 的比重来衡量。由表 3-1 不难看出，2000~2019 年，中国服务业增加值占 GDP 的比重总体呈上升趋势，由 2000 年的 39% 增加到 2019 年的 54.27%。而主要发达国家服务业增加值占 GDP 的比重已超过 70%，中低收入国家这一比重平均为 43%。相对于发达国家，中国服务业增加值占 GDP 的比重仍然不高，表明中国服务业的发展空间仍然很大。同时，全球各国服务业进出口总额占对外贸易总额的比重为 20% 左右，中国当前的表现也明显低于这一标准。

表 3-1 2000~2019 年服务业增加值占 GDP 的比重

年份	服务业增加值占 GDP 比重	年份	服务业增加值占 GDP 比重
2000	39.79%	2010	44.18%
2001	41.22%	2011	44.29%
2002	42.25%	2012	45.46%
2003	42.03%	2013	46.88%
2004	41.18%	2014	48.27%
2005	41.34%	2015	50.77%
2006	41.82%	2016	52.36%
2007	42.87%	2017	52.68%
2008	42.86%	2018	53.27%
2009	44.41%	2019	54.27%

2.从需求层面看，国内服务业需求增速相对较快

表 3-2 中国服务贸易差额数据

项 目	2015 年 1 月	2016 年 1 月	2017 年 1 月	2018 年 1 月	2019 年 1 月
服务贸易差额	-827	-1,264	-1,411	-1,404	-1545.0
1. 加工服务差额	112	107	97	92	104.0
2. 维护和维修服务差额	11	21	19	39	23.0
3. 运输差额	-229	-195	-257	-373	-338.0
4. 旅行差额	-864	-1,231	-1,352	-1,216	-1429.0
5. 建设差额	30	1	32	39	37.0
6. 保险和养老金服务差额	-15	-54	-26	-51	-38.0
7. 金融服务差额	-2	-0	10	20	6.0
8. 知识产权使用费差额	-64	-97	-80	-114	-139.0
9. 电信、计算机和信息服务差额	52	76	52	46	66.0
10. 其他商业服务差额	160	131	103	140	181.0
11. 个人、文化和娱乐服务差额	-6	-8	-8	-12	-18.0
12. 别处未提及的政府服务差额	-6	-14	-1	-14	-1.0

根据表 3-2 数据显示，近 5 年以来，中国服务贸易的 12 项当中，基本上呈现顺差的服务项目有：加工、维护和维修、建设、金融、电信、计算机和信息以及其他商业服务等 6 项。基本上呈现逆差的项目有 6 项：运输、旅行、保险和养老金服务、知识产权使用费、政府服务以及个人、文化和娱乐服务。

不难看出，中国顺差的服务贸易项目是比较低端的，技术和文化含量相对低，比如顺差数量水平较高的两项是商业服务和加工服务；而中国逆差的服务项目一般是略显高端的现代服务，但其中旅游业占比是最高的，以 2019 年 1 月为例，高达 92%。充分体现中国人在改革开放以后生活水平确实提高了，对境外这种享受型服务的需求明显增强。

分析逆差最大的几个行业，可以发现：从服务贸易出口和进口构成来看，位居逆差前二位的运输、旅游在服务贸易出口和进口中所占比重均较高。自 1997 年以来，运输服务进口所占比重基本维持在 25% ~ 35%，高于其在服务贸易出口中所占比重；旅游服务出口在 21 世纪初超过 50%，随后一路下滑。2013 年，旅游服务出口占比为 24.5%，而与此同时，随着出境游的迅猛发展，旅游服务进口则上升至近 40%。旅游服务贸易逆差主要集中在中国香港、美国、日本、英国、加拿大等地区和国家，除去对中国香港的逆差，基本能实现平衡。2009 年中国出境旅游消费开始超过入境旅游外汇收入，但从入境游看，并没有相应增长。2000~2007 年，中国入境旅游人数以及入境旅游外汇收入一直保持相对平稳的增长态势（2003 年"非典"时期除外）。2008 年的经济危机，让中国也面临巨大的挑战，GDP 增速增长比率下降到 10 个点以下。从 2010 年经济才开始恢复，越来越多的人选择去外面的世界看一看。旅游服务贸易的逆差到 2014 年更为显著，在这一年出口额发生了巨

大的变化，旅游服务进口迅速增长，而出口增长相对缓慢。国家统计局数据显示，2010年我国国内居民出境旅游者人数为7，025万人次，到2014年我国出境旅游者人数已经达到12，786.0万人次，增长了接近1倍。而入境游客人数到2012年出现了缓慢下降，2015年到2018年人数由13382.04万人次增加到了14119.83万人次。相比较之下，入境的游客增长速度低于出境游客的增长速度，出境人数也多于入境次数。旅游业贸易这一突然逆转的情况与中国城镇居民人均收入、人民币升值的带动是密不可分的。

对于保险、知识产权使用费等服务贸易而言，其在进出口构成中所占比重均较小，并且基本都呈持续上升趋势。但相对于出口构成而言，保险、知识产权使用费等的进口所占比重不仅较高并且增速较快，反映了这两个行业的供给能力在中国处于逐步发展壮大阶段，但相应的需求增长更快，导致国内服务业企业供给缺口较大。

经济新常态下，我国正处于转型发展的关键时期，不论是从需求侧还是供给侧来看，我国服务贸易发展存在着巨大的想象空间。一方面，国内制造业服务化和服务业结构进一步调整升级，势必加强服务贸易出口的攀升态势，同时，我国拥有显著的资本要素优势，外汇储备高达3万多亿美元，且已经成为全球第二大资本净输出国，伴随着未来我国对外直接投资规模的进一步扩张，资本拉动我国金融、保险和运输等产业向着海外延伸的力量会不断加强，国内要素优势将加快切换为服务出口优势。另一方面，我国在电信、计算机、5G、区块链以及人工智能等全新产业赛道已经抢占先机，知识密集型服务出口在未来有可能展现出较为显著的竞争优势。

不过，尽管服务出口展现出了良好的前景与态势，但要扭转服务贸易逆差则并非易事。总体来看，我国的服务贸易逆差至今已延续近111个季度，因亏欠太多而导致实现反转的负荷太大。更为重要的是，形成我国服务贸易长久逆差的因素在短期内也难以快速与根本的改观，如服务出口仍以传统与低端产品阵容为主，转型升级力度需假以时日，国内服务业有效供给依然不足且出口服务产品质量参差不齐，新型出口平台与渠道的搭建与扩建存在制度与机制瓶颈等。

二、针对性建议

对于一国来说，出现贸易逆差固然算不怪事，但必须清醒地认识到，不管是经常项目下的商品出口，还是资本项目下的投资出口，都与服务出口存在着十分紧密的关联，比如商品出口会牵引着对外服务的跟进，海外投资的落地可能会带动一定数量的劳务或者要求后续工程管理方案的输出，而服务出口的衔接和匹配能力又直接关系着一国出口商品市场的稳固以及在东道国投资的可持续程度。特别对于我国而言，经常贸易项目中的货物贸易顺差正在逐年萎缩，且很有可能持续下去，在这种情况下，急需服务贸易出口形成新的动能替代，换言之，一旦未来货物贸易出现逆差，如果服务贸易能够产生顺差，便可继续维持我国在国际市场大循环中的良性格局。

因此，放在全球化与国内对外开放的大格局中考量，增强服务出口不仅仅要扩展产品的外销数量，更要输出对接外部需求的产品质量；不仅要大踏步地"走出去"，还要更大力度的"引进来"；不仅要巩固与挖掘存量市场，还要开拓与延展增量市场；不仅要钩织广袤的营销网络与渠道，更要锻造足以充分供给的丰沛国内产能；不仅要在产品层面进行深耕，更要在制度层面构造出持久驱动力，以从供求两侧锻造出进一步扭转服务贸易逆差的综合势能。

（1）要做大国内生产性服务业与生活内服务业的体量。一方面，要加快制造业的服务化进程，鼓励和支持制造企业通过发展个性化定制服务、精准营销，推动制造企业由重资产向轻资产服务的转变，将要素优势升级转换为服务出口优势；另一方面，要鼓励高端装备、先进技术、优势产能向境外转移，推动制造业国际合作由加工制造环节为主向合作研发、联合设计、市场营销、品牌培育等高端环节延伸。而在生活类服务业方面，在撑大文化、健康、养老等生活性服务领域民间投资半径并锻造出服务出口主体多元化格局的同时，继续扩大金融、电信、运输、教育、商务服务等领域的开放口径，通过引进优质外资形成服务市场的"鲶鱼效应"，倒逼国内企业在服务产品上加快转型升级，进而提高出口产品的国际竞争力。

（2）要弥补与加长服务出口的短板。知识产权与旅游服务是目前我国服务贸易逆差的两个最主要来源，因此，为了促进知识产权出口，一方面在国内要通过科技银行等形式加大科技成果向市场实用的转化，并以税收优惠等手段鼓励新技术的应用，催生与孵化出知识产权批量成果；另一方面，要加大对新技术、新知识型高端人才的培育，建立人力资本持续累积机制，同时鼓励产学研一体化建设，释放知识产权的聚集与裂变功能，以扩张知识产权输出竞争力。而在旅游服务出口领域，要利用技术赋能如要通过 VR、AR、全息技术与数字孪生等新型工具，加强对外旅游形象与旅游产品的宣传，同时要推动旅游企业"走出去"，与外国旅游商开展资本与业务层面合作，畅通海外营销渠道；此外，要优化国内旅游产品，改变单一观光旅游形式，丰富吸引海外游客的文化旅游元素。

（3）要有目的性地及时调配服务出口市场。美国作为我国服务贸易逆差的最大来源国，短期内不会改变，这不仅因为美国在技术创新与金融输出能力上占据比较优势，更重要的是两国之间贸易充满太多的变数。为此，中国可借助"一带一路"战略拓展服务出口的新空间，包括面向"一带一路"国家建成一批促进技术贸易的公共服务与交易平台，推动以铁路、水电、通信、装备制造、航空航天等行业为重点的技术出口，同时建成一批面向"一带一路"国家的国际文化交易平台，积极扩大文化创意、数字出版、动漫游戏等文化产品的出口。此外，欧洲是全球服务业最大的进出口市场，而且欧洲占有先进的技术和成熟的管理经验，市场也相对比较开放，因此，欧洲应成为我国谋求签署服务贸易投资协定的主要伙伴。

（4）要聚焦与力推数字贸易的发展。数字贸易本身属于服务贸易范畴，借助数字贸易，不仅可以降低服务出口成本，还能压扁与减少服务出口中间环节从而提高成交效率，为此政策层面可在服务贸易创新试点地区搭建数字贸易平台，推进数字服务、版权服务、医药研发、检验检测、在线教育等新业态新产品的出口；同时，借助中国央行开发法定数字货币的优势，及时开展数字人民币的试点，便利境内外移动支付的同时，促进"两头在外"的研发、检测等服务出口的布局延伸。

第二节　政策层面因素分析

近年来，中国促进服务业发展方面出台的主要政策措施大致从供给和需求两个层面着手，即扩大服务业开放水平和扩大内需，为服务业发展提供市场，反向拉动服务业竞争力的提升。这两大类政策是否能够真正缓解服务贸易逆差仍值得商榷。

一、逆差较大的行业服务业开放度也相对较高

中国服务业开放存在结构性问题，一些行业外资开放度与其自身发展不匹配，开放不适度。以运输、仓储为例，中国物流服务领域加入世贸组织时承诺的开放程度并不高，如允许外国服务提供者在华设立合营船运公司但外资比例不应超过注册资本金的 49%，合营企业董事会主席和总经理应由中方指定；允许设立合资航空运输公司，但要求中方控股或处于支配地位等。但在实际开放进程中，中国经常给予外资企业更多的便利和优惠，外资公司在国内已经基本享有国民待遇，在某些方面甚至享受超国民待遇。

此外，外资企业规模较大。大量境外企业通过在国内设立控股的合资、合作服务业企业或独资服务业企业、分支机构对中国境内提供服务。而国内物流企业规模和竞争力与外资企业相比差距仍较大，企业规模普遍较小，运力有限，缺乏比较完善的物流基础设施、物流管理信息技术、经营管理体制和现代化的服务手段，市场份额相对较小。从货源组织环节来看，国内企业竞争弱势明显，大量的货物仍然掌控在实力雄厚的外资物流服务商或是中外合资的物流服务商手中；且外资企业多为提供综合物流服务的企业，经营效益较好，盈利水平比国内货运企业高 5 ~ 15 倍。

在现阶段货物贸易迅速增长与服务业产能不足的矛盾突出的情况下，货物贸易的大幅度增长必然带来对相关生产者服务需求的大幅度上升，而大量的市场份额被外国企业所占有，导致服务业进口额大幅增加。尤其是运输业等高投入、高风险的资本和人力密集型产业，难以在短期内通过提高物流服务的供给能力来满足货物贸易对物流的需求，只能依靠进口来弥补。从中国服务业细分行业的开放度水平来分析，近年来旅游、运输、咨询、其他商业服务、保险、专有权利使用费和特许费排在前五位，成为服务业细分行业中开放度相对较高的行业。其中，逆差最大的运输、旅游、保险服务、专有权利使用费和特许费等行业

相应的开放度也相对较高。特别是运输和旅游服务业，是中国服务业中开放度最高和逆差最高的行业。

二、扩大内需对服务贸易进口和出口的影响尚不确定

服务贸易逆差的形成还受到国内服务需求的影响。服务需求主要来自两个方面。首先是来自生产的需求，即生产者需求，许多服务贸易是伴随着货物贸易而发生的，如国际货运服务、保险服务、进出口信贷服务和维修服务等。另外，根据波特的理论，跨国商务活动是产业国际竞争力的重要影响因素。在货物出口市场上领先的国家或地区积累了丰富的国际商务经验，有助于顺利开展国际服务贸易。同样，一个国家或地区对国外服务的需求还受到其对国外货物的需求的影响，原因在于许多货物进口会引致相应的服务进口。

其次是来自消费的需求，即消费者需求。生产者服务需求受国内经济规模的影响，国内经济规模越大，对生产者服务的需求越大；后者受收入水平的影响，收入越高，对服务的消费需求越高。国内服务需求越高，越能推动国内服务业的发展，从而向国际市场提供服务的能力也越强。但是，国内服务需求大也可能导致另一个结果，即服务对象主要在国内，出口动机受到抑制，尤其是国内经济规模大的国家更可能以内需为主。

三、政策体系不科学与政府服务不到位

1. 政策方面

①政策内容不完整，彼此不协调。有些文件三四千字，实质内容不过百字。有些政策缺乏整合，甚至以文件说明文件，别说政策对象，即使是执行部门也难以做到一目了然。有的行政审批环节互为前置，相互制约。②操作性差，落实困难。一些政策仅是提出"鼓励"和"支持"等方向性政策，既宏观又笼统，政策执行主体、责任主体不明确，政策执行程序个消定，没有切入点和具体抓手，企业无所适从。

2. 政府服务方面

①审批手续仍然复杂，周期过长。如许多服务业从业人员需要频繁进行国际交流，但中国现行的出入境管理办法很难适应这一要求。②政务信息不够完备和公开。如某外资医院反映，医院主要接诊外国病人，但无法得知中国常住外国人的数量，难以提供确实适合市场需求的医疗服务。③对一些服务洞。比如，旅游企业反映各类旅游景点的黑导、黑车以及各类冒充知名旅游公司旗号组织"一日游"等违法行为仍然大量存在。④政企不分仍然比较突出。存在管理体制滞后、分布结构不合理、行业代表性不强、内部机制不健全的现象，很多行业协会仍是政府的应声虫，不能反映企业的诉求。⑤某些类型企业主体间存在一定的不平等竞争。比如同为文化服务企业，国有事业单位转制的企业可以享受大量税收优惠，而外资企业和民营企业就不在优惠之列。

第四章　新常态背景下中国服务业竞争力的国际比较

第一节　服务业开放度指标选取和国际比较

随着经济的发展，经济结构重心已经转移到服务经济上来，服务贸易的发展为世界经济作出巨大贡献。服务业的发展在一个国家（地区）的经济发展中发挥重要作用。我国服务贸易在对外开放基本国策的引领下迅速发展，2013年我国服务贸易总额取得了位居世界第二的好成绩，2018年我国服务贸易总额为7 913亿美元，同比增长13.7%，服务贸易出口额同比增长16.7%，进口额为5 246亿美元，同比增长12.2%，服务贸易规模连续5年居全球第二。目前，我国经济发展活力的重要方式是服务业的发展和经济结构的转型升级。然而，我国服务贸易发展还存在开放程度低及竞争力弱的问题。因此，通过分析我国服务贸易发展现状，测算开放度及竞争力水平，理清服务贸易开放度对竞争力的影响，对我国服务贸易发展及增强服务贸易在国际市场上的竞争力具有重要意义。

一、中国服务业对外开放的总体发展特征

1. 服务业外商直接投资通过技术溢出和中国服务业 OFDI 通过逆向技术溢出等因素显著促进中国制造业全球价值链地位指数和参与指数的提升

利用外资能显著提升东道国全球价值链分工地位，外商直接投资的进入能通过技术外溢效应，提升东道国技术水平和生产率，促进东道国价值链升级，即外商投资进入一国不但能提升该国全球价值链嵌入度，而且能提升该国全球价值链分工地位（刘海云、董志刚，2018；刘伟全、张宏，2008）。外商投资存在前向关联效应和后向关联效应，若考察外商投资的上游嵌入程度、下游嵌入程度对东道国总产出或劳动生产率的影响，就会发现外商投资在东道国劳动密集型的产业（主要为传统服务业）不但存在后向关联效应，而且存在显著的前向关联效应，即该行业的所有上游行业中的外资企业产出占比的加权平均与该行业的所有下游行业中的外资企业产出占比的加权平均都显著促进该行业产出增长。

2. 不但金融服务业发展规模显著促进中国 OFDI 的逆向技术溢出效应，而且高效的金融市场能显著削弱中国 OFDI 对国内投资的挤出效应，即中国金融市场越完善，OFDI 对国内投资的挤出效应就越小

首先，中国金融业改革不断深化，发展较快的我国金融市场显著促进我国企业从金融市场获得金融支持，并且降低融资成本，从而显著促进企业通过对外投资获得逆向技术溢出。其次，完善的金融市场会使得 OFDI 对国内投资的挤入效应更加显著。虽然国内金融市场不利于国内投资的增长，但包括服务业对外投资在内的中国 OFDI 存在显著的挤入效应，即虽然国内金融市场不利于国内投资增长，但包括服务业 OFDI 在内的中国 OFDI 通过获得的金融支持，可以显著促进国内投资增长。再次，我国东中西三大地区对外投资对国内投资的影响显著不同。东部地区包括服务业 OFDI 在内的 OFDI 存在显著的挤入效应，即东部地区服务业对外直接投资显著促进国内投资增长，但我国中部地区和西部地区对外直接投资不存在挤入效应。

3. 走出去的中国生产性服务业尤其是向"一带一路"沿线国家走出去的生产性服务业显著促进中国攀升全球价值链

首先，我国生产性服务业和国内生产配套能力显著促进中国制造业全球价值链地位指数的提升，因此，生产性服务业显著推动中国劳动密集型制造业和资本密集型制造业全球价值链地位的提升。其次，中国生产性服务业全球价值链参与指数和全球价值链地位指数快速增长，中国生产性服务业全球价值链参与指数和全球价值链地位指数显著大于"一带一路"沿线国家和地区，应大力推动生产性服务业向"一带一路"沿线国家和地区走出去。再次，随着我国投资环境的日益改善，服务业对外开放领域进一步扩大，生产性服务业仍将成为我国吸引外资、承接国际产业转移的新热点。

4. 中国技术密集型服务业对外投资将快速增长，对外投资的产业结构进一步优化

中国在各国投资所占比重将进一步调整，中国对欧洲投资将迅速增长，对欧投资不足程度大大降低。同时，在"十三五"期间，中国对外投资仍将处于快速上升时期，我国对外投资规模已超过吸收外资规模。改革开放后，中国企业在电子信息等多种服务行业有国际竞争力，该行业对外投资快速增长，在金融服务业、租赁和商务服务业、批发和零售业等服务业保持竞争优势。在"十三五"期间，中国服务业对外投资将继续增长，在租赁和商务服务业、批发和零售服务业等劳动密集型产业的对外投资继续增长的同时，将加大信息传输计算机服务和软件业、科学研究技术服务和地质勘查业等技术密集型行业对外投资增长速度。

5. 我国服务贸易进口规模快速增长，中国服务进口显著促进中国制造业地位动态提升

服务业对外开放与中国攀升全球价值链紧密关联，对外开放带来的服务进口会促进发展中国家工业化和制造业地位动态提升（来有为、陈红娜，2017；吕刚，2015）。由于出口导向型的发展模式将会使得最终产品消费比重低，即出口导向型的国家对最终产品的消费占比较低，从而更易融入发达国家主导的全球价值链分工体系，因此，出口导向型的发展模式会阻碍中国攀升全球价值链。周大鹏（2018）也认为，进口服务中间品能显著促进中国出口复杂度的提升，同时生产性服务进口技术复杂度提升可以显著促进中国攀升全球价值链。从 2005 年开始，中国服务贸易进口额（839.71 亿美元）超过服务贸易出口额（784.69 亿美元），并且两者之间的差距越来越大。服务贸易进口的增速一直高于服务贸易出口的增速，2017 年中国服务贸易进口额为服务贸易出口额的 2.29 倍。快速增长的服务进口显著推动了中国制造业地位动态提升。

6. 我国将以外贸结构转换为出发点，促进我国服务贸易与货物贸易协同发展

中国服务贸易与货物贸易存在协同关系，在"十三五"期间，在国家政策的大力支持下，我国货物贸易与服务贸易两者之间将日渐表现出互相促进的关系，我国服务贸易结构将要加速调整。

二、中国服务业承诺开放度和真实开放度的测算

1. 中国服务业承诺开放度的测算

首先，我们根据服务贸易总协定（GATS）和特惠贸易协定（PTA）中所做的开放承诺减让表计算各国服务业承诺开放度。中国总体承诺开放指数高于发展中国家，但中国总体承诺开放指数大大小于发达国家。经过计算，中国总体承诺开放指数均值为 39，发展中国家总体承诺开放指数均值为 33，发达国家总体承诺开放指数均值为 53。

从图 4-1 可看到，根据服务贸易总协定（GATS），中国服务业在模式一，即在跨境提供上的承诺开放度高于发展中国家，低于发达国家。中国在跨境提供上的承诺开放度为 40，发展中国家为 28，发达国家为 50。

根据服务贸易总协定（GATS），中国服务业在模式一，即在跨境提供上的政策开放度与发展中国家大致相等，也远远低于发达国家。中国在跨境提供上的政策开放度为 60，发展中国家为 61，发达国家为 72。但是，中国的实际开放度更低，具体见后文。

从图 4-2 可看到，中国服务业在模式三，即在商业存在上的承诺开放度与发展中国家大致持平，但明显低于发达国家。中国在商业存在上的承诺开放度为 39，发展中国家为 39.9，发达国家为 59。

中国服务业在模式三，即在商业存在上的政策开放度也大大低于发达国家，与发展中国家大致相等。中国在商业存在上的政策开放度为 63，发展中国家为 55，发达国家为 77。

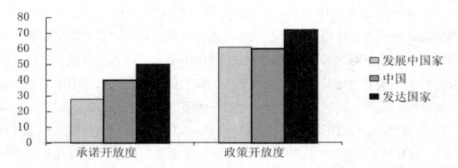

图4-1 中国服务业在模式一（即跨境提供）上的承诺开放度

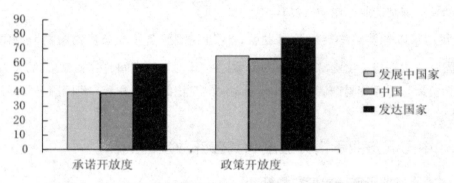

图4-2 中国服务业在模式三（即商业存在）上的承诺开放度

分行业来看，中国绝大多数服务业的承诺开放度都低于发达国家，但中国在视听、银行业两大行业的承诺开放度明显高于发达国家该行业承诺开放度的平均值。与发展中国家相比，中国绝大多数服务业的承诺开放度高于发展中国家，但中国在计算机、旅游、健康、休闲、建筑等行业的承诺开放度低于发展中国家。我们也可看到，中国在计算机、建筑、休闲服务业的承诺开放度不但低于发达国家，也低于发展中国家。

2. 中国服务贸易总体限制指数

我们根据中国和其他国家银行业、保险业、固定线路电信、移动通讯、零售业、交通运输、专业服务等七大产业的总体限制指数计算各国七大行业的政策友好度（见表4-1）。世界银行的服务业限制度指数（STRI）能反映各国服务业开放度高低，该产业的限制度指数越小，表明该产业开放度越高，该产业的限制度指数越大，表明该产业开放度越低。为了更好地将各产业的限制度指数与友好度相对应，本文使用以下方法计算各国的政策友好度：$1/(1+STRI)$。该指数越大，表明政策友好度越高；该指数越小，表明政策友好度越低。

从各国七大产业的总体限制指数来看，中国交通运输业、零售业的总体限制指数显著小于发达国家和发展中国家的平均水平，因此，中国交通运输业、零售业政策友好度较高。但中国在银行业、保险业、固定线路电信、移动通迅、专业服务五部门的总体限制指数较高，并高于发达国家和发展中国家的平均水平，因此，中国以上五部门的政策友好度很低。

图4-3和图4-4分别为2014年和2017年中国服务业22部门的政策友好度，可看到

在22部门中我国开放度最高的产业是工程咨询，开放度最低的产业是邮递服务。也可看到，在2014—2017年，保险、电信、工程咨询、公路货运、会计、建筑、建筑咨询及设计、配送、铁路货运等九大产业的政策友好度快速提升，但法律、广播、海上运输、航空运输、计算机服务、录音、商业银行、物流仓储、物流定制、物流运输、物流装卸、邮递服务业等十二大产业的政策友好度没有变化，并且电影产业的开放度有所降低。

表4-1　中国和其他国家（地区）服务业七大产业的政策友好度

国家（地区）	银行业	保险业	固定线路电信	移动通讯	零售业	交通运输	专业服务
中国	0.0299	0.0254	0.0196	0.0196	0.0385	0.0493	0.0149
欧盟20国	0.2083	0.1667	1.0	1.0	0.0385	0.0262	0.0182
美国	0.0448	0.0441	1.0	1.0	1	0.1124	0.0182
英国	1.0	0.3704	1.0	1.0	1	0.0415	0.0217
法国	1.0	0.2326	0.0385	1.0	0.0385	0.0223	0.0213
德国	1.0	0.2326	1.0	1.0	1.0000	0.0394	0.0167
丹麦	1.0	0.3704	1.0	1.0	0.0385	0.0538	0.0179
泰国	0.0171	0.0265	0.0196	0.0196	0.0385	0.0208	0.0133
俄罗斯	0.0230	0.0184	0.0196	0.0196	1.0000	0.0658	0.0303
哥伦比亚	0.0448	0.0323	0.0196	0.0196	1.0000	0.2222	0.0286
埃及	0.0230	0.0226	0.0385	0.0385	0.0196	0.0197	0.0121
墨西哥	0.0813	0.0441	0.0196	0.0385	1.0000	0.0160	0.0230
马来西亚	0.0220	0.0217	0.0385	0.0385	0.0385	0.0177	0.0135
菲律宾	0.0211	0.0226	0.0196	0.0196	0.0196	0.0221	0.0123

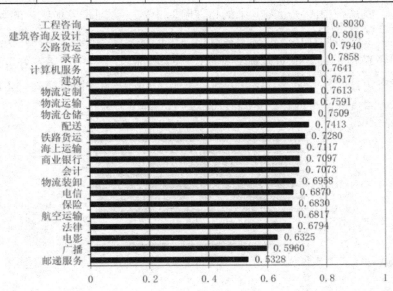

图4-3　2014年中国服务业22部门的政策友好度

使用中国各大产业模式一（即跨境提供）和模式三（即商业存在）的限制度指数可以计算得到各产业的政策友好度，可看到，中国在金融业对模式一（即跨境提供）的限制度指数显著大于对模式三（即商业存在）的限制度指数，因此，中国在金融业对模式三（即商业存在）的政策友好度明显好于对模式一（即跨境提供）的政策友好度。

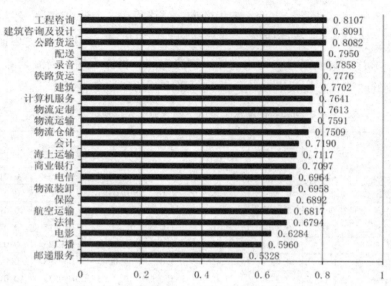

同时从图4-5可见，中国在金融业中的银行业、银行贷款、银行存款、保险业、汽车保险、人寿保险，以及交通运输业和交通运输业中的国际航运客运对模式一（即跨境提供）的限制度指数显著大于对模式三（即商业存在）的限制度指数，因此，中国在金融业中的银行业、银行贷款、银行存款、保险业、汽车保险、人寿保险，以及交通运输业和交通运输业中的国际航运客运对模式三（即商业存在）的政策友好度也明显好于对模式一（即跨境提供）的政策友好度。但是，中国在金融业中的再保险对模式一（即跨境提供）的政策友好度明显好于对模式三（即商业存在）的政策友好度，中国在交通运输业中的国际海运对模式一（即跨境提供）的政策友好度也明显好于对模式三（即商业存在）的政策友好度。也可看到，中国在专业资格、会计和审计、会计、审计、法律、外国法律咨询对模式一（即跨境提供）的政策友好度也明显好于对模式三（即商业存在）的政策友好度。

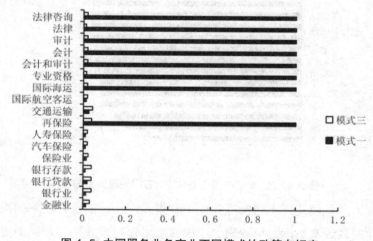

图4-5 中国服务业各产业不同模式的政策友好度

3. 中国服务业 FDI 限制指数测算

OECD 根据对各国 FDI 限制政策的加权打分，构建了各国 FDI 监管限制指数（也简称为 FDI 限制指数）。根据 OECD 对各国 FDI 限制政策的加权打分，可以得到各国及各产业的 FDI 限制指数。FDI 限制指数越小，表明该国的该产业对 FDI 限制水平越低，FDI 限制指数越大，表明该国的该产业对 FDI 限制水平越高。

表 4-2 给出了 2017 年中国和各国服务业各行业的 FDI 限制指数。从 2017 年各国经济总体的 FDI 限制指数来看，中国经济总体的 FDI 限制指数远远高于发达国家和印度、巴西、韩国等发展中国家。从中国服务业 FDI 限制指数来看，由于教育、文体娱乐、卫生等部门并不涵盖在内，OECD 并不提供服务业所有行业的 FDI 限制指数。总体来看，除了中国商务服务业和批发零售业的 FDI 限制指数小于印度以外，中国在几乎所有产业的 FDI 限制指数都是最高的，不但高于发达国家，也高于其他发展中国家。

图 4-6 给出了中国服务业各行业和其他行业的 FDI 限制指数。对中国各产业 FDI 限制指数进行分析可以发现，除了传媒行业以外，中国通讯业的 FDI 限制指数最高，中国通讯业的 FDI 限制指数是加拿大的 1.3 倍，是韩国的 2.3 倍。

尽管中国交通运输业的 FDI 限制指数较高，但美国、加拿大交通运输业的 FDI 限制指数也都高于中国，其他国家交通运输业 FDI 限制指数也仅次于中国，主要是因为大多数国家都在服务贸易总协定下做出的海上运输、空运等产业的相应承诺中，设置了较高的外资准入门槛。

中国金融业的 FDI 限制指数也较高，但从 2014 年开始，该产业 FDI 限制指数逐渐下降，在 2014—2017 年，我国金融服务业 FDI 限制指数分别为 0.513、0.51、0.493、0.49，表明我国正深化金融改革，不断开放金融市场。

4. 中国服务业真实开放度测算

为了体现大国特质，本文使用以下方法计算各国服务业真实开放度（SEO）。此方法综合考虑各国服务贸易进口、服务贸易出口、服务业 FDI 流入、服务业 FDI 流出、按购买力平价计算的 GDP 等各种因素计算各国服务业真实开放度，不但考虑各国服务贸易依存度对各国服务业真实开放度的影响，而且考虑服务业国际投资的作用，同时考虑规模经济的影响。另外，也使用购买力平价指标计算各国 GDP 和世界 GDP，从而防止调整汇率带来的 GDP 扭曲。

表 4-2 2017 年中国和各国服务业各行业的 FDI 限制指数

国家	商务服务业	金融服务业	传媒	通讯业	交通运输业	批发零售业	电力	第一产业	制造业	总体
英国	0.08	0.08	0.268	0.08	0.338	0.08	0.06	0.13	0.08	0.124
澳大利亚	0.078	0.133	0.2	0.4	0.268	0.075	0.2	0.141	0.08	0.147
中国	0.225	0.49	1	0.75	0.492	0.118	0.44	0.375	0.1	0.316
加拿大	0.095	0.072	0.71	0.56	0.262	0.095	0.095	0.19	0.095	0.162
美国	0	0.042	0.25	0.11	0.55	0	0.197	0.181	0	0.089
日本	0	0	0.2	0.265	0.275	0.001	0.025	0.069	0.002	0.052
印度	0.563	0.279	0.28	0.175	0.093	0.291	0.064	0.213	0.035	0.212
俄罗斯	0.175	0.39	0.483	0.1	0.35	0.05	0.03	0.157	0.095	0.182
南非	0.26	0.052	0.298	0.01	0.193	0.01	0.01	0.01	0.01	0.055
巴西	0.025	0.108	0.55	0.025	0.275	0.025	0.025	0.138	0.025	0.092
韩国	0	0.05	0.563	0.325	0.508	0	0.417	0.25	0	0.135
法国	0.003	0.054	0.048	0	0.15	0	0	0.155	0	0.045

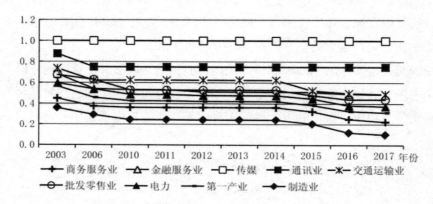

图 4-6 中国服务业各行业和其他行业的 FDI 限制指数

其中，SIMP 为各国服务贸易进口额，SEXP 为各国服务贸易出口额，SFDII 为各国服务业外商投资流入额，SFDIO 为各国服务业外商投资流出额，PPGDP 为按各国购买力平价计算的 GDP，WPPGDP 为按购买力平价计算的世界 GDP，计算结果见表 4-3。

表 4-3 中国和各国服务业的真实开放度

国家（地区）	2009	2010	2011	2012	2013	2014
中国	4.8551	6.2321	6.3197	5.2343	5.0650	5.9615
日本	8.0274	7.6416	9.6141	9.4875	9.8155	9.5038
印度尼西亚	2.5318	3.1857	3.9278	3.2149	3.4319	3.8642
印度	4.9545	4.8969	4.8682	3.7738	4.2811	4.5294
俄罗斯	6.7810	7.4804	7.6810	6.0849	8.5189	7.0225
南非	7.2852	6.3500	5.9577	6.2344	8.4275	8.0370
美国	8.9964	9.6545	11.0754	10.1370	10.3391	9.9256
英国	27.7356	29.6579	29.7364	24.5386	21.6022	20.3707
韩国	12.3422	14.3752	16.3001	14.0068	14.7684	15.0674
土耳其	5.1765	5.4750	6.5362	6.3733	5.7192	5.6274
墨西哥	4.5505	5.3970	4.8772	5.0270	5.7717	4.1791
荷兰	40.8108	43.3692	45.1344	40.0269	49.6472	48.5344
挪威	33.6084	49.7350	39.2828	47.3770	33.9532	39.1027
卢森堡	—	—	—	—	342.471	342.9392
爱尔兰	—	—	—	135.4631	136.9357	142.2424
以色列	22.4076	27.5037	31.4684	25.1797	28.0762	25.2799
OECD 成员国	16.0093	17.5897	19.1246	16.7947	16.6705	16.9684
欧盟	23.6283	26.2354	27.8967	23.1217	23.1224	24.1581

第一，中国服务业真实开放度仍较低。计算结果发现，中国服务业真实开放度与所有发达国家和大多数发展中国家都有较大差距。2009 年，中国服务业真实开放度小于日本、印度、俄罗斯、南非、美国、英国、韩国、土耳其、荷兰、挪威、以色列，略高于印度尼西亚和墨西哥；但在 2014 年，中国服务业真实开放度小于日本、俄罗斯、南非、美国、英国、韩国、土耳其、荷兰、挪威、卢森堡、爱尔兰、以色列，略高于印度尼西亚、印度、墨西哥，中国服务业真实开放度仍较低。

第二，中国服务贸易进口对中国服务业真实开放度的贡献显著大于服务贸易出口的贡献。从 2005 年开始中国服务贸易进口额大于服务贸易出口额，在 2009 年受国际金融危机的影响，中国服务贸易进口显著下降，2010 年降低到 1409.34 亿美元，从 2011 年开始中国服务贸易进口快速增长。从 2011 年开始中国服务贸易出口缓慢增长，虽然中国服务贸易进口依存度不断增长，但服务贸易出口依存度仍较低。

第三，服务业外商投资流入对中国服务业真实开放度的贡献显著大于服务业外商投资流出的贡献，因此，中国服务业 FDI 流入依存度增长较快，而服务业 FDI 流出依存度增长较慢。2009 年中国 FDI 流入额为 1310 亿美元，2014 年中国 FDI 流入额为 2891 亿美元，增长 120.59%，2009 年中国 FDI 流出额为 438 亿美元，2014 年中国 FDI 流出额为 804 亿美元，增长 83.23%。因此，我国服务业 FDI 流入依存度显著大于服务业 FDI 流出依存度。

三、政策建议

（1）进一步推动服务业对外开放，进一步发挥通过服务业外商投资获得的国外研发资本存量对我国攀升全球价值链的促进作用，必须改变当前房地产业外商投资占比超过五成的事实，制定政策促进外商投资设立研发中心，促进我国高新技术产业发展。

（2）大力推动中国企业向"一带一路"沿线国家走出去，在更大范围内和更广领域促进服务业开展国际合作，大力促进制造业走出去，大力促进向"一带一路"沿线国家走出去的制造业与服务业深度融合。推动生产性服务业"走出去"，建立全球服务网络。推进生产性服务业新一轮开放，进一步提升生产性服务业整体开放度。

（3）目前我国政府在制定服务贸易和货物贸易发展战略时，不仅仅要看到货物贸易和服务贸易对我国经济增长的促进作用，还要注意到我国货物贸易条件恶化带来的福利损失。应坚持积极稳妥的原则，采取逐步开放和参与的战略，推动中国服务贸易与货物贸易互相促进、互动发展。

（4）进一步提升我国生产性服务业国际竞争力。正确认识当前推动产业集群发展的生产性服务业规模较小、生产性服务业的产业集群仅限于计算机和电子等领域、市场竞争力较弱的缺点，要通过各级政府的引导和扶持，广泛开展、积极联动，大力发展面向产业集群的生产性服务业。

（5）进一步加强服务贸易相关产业的协调与支持，完善基础设施和发展基础产业，推动相关产业的协调配合。我国政府要制定相应的融资、税收等优惠政策和产业倾斜政策，鼓励知识技术密集型服务业的发展，并引导人们对旅游、信息、房地产、金融、保险等行业的需求，刺激服务业总体竞争力的提高。

第二节　服务业竞争力指标选取和国际比较

随着世界经济重心的转移和服务贸易自由化的推进，全球贸易竞争的焦点逐渐转向服务贸易，而服务贸易国际竞争力的强弱逐渐成为衡量一国经济发展水平的重要指标。近年来，中国服务贸易取得了较快发展，贸易规模迅速扩大，同时，服务贸易结构渐趋优化，传统服务出口占比下降，高附加值服务贸易快速增长。

但众多研究表明，中国服务贸易逆差在持续扩大，较大的贸易逆差使我国在服务贸易竞争中处于不利地位。如今，中国正处于产业结构改革的深水区，在当前劳动力成本上升、出口竞争力下降的背景下，中国货物贸易出口增量不增收现象越来越突出。中国要实现从贸易大国向贸易强国的转变，亟待制造业向高附加值行业转型升级，而服务业作为全球价值链中最高端的产业，服务贸易已成为我国外贸转型升级的重要支撑，其国际竞争力的提升对于发展中国经济具有重要意义。

一、中国服务贸易国际竞争力现状

测度国际竞争力常用的方法是比较优势分析法，主要有国际市场占有率、贸易竞争指数和显性比较优势指数等指标，从不同角度直接或间接反映一国或某行业的贸易竞争力。

1. 中国服务贸易总体国际竞争力

（1）国际市场占有率

国际市场占有率（IMS）是指一国某产品或服务的出口额与该产品或服务世界出口总额之比，反映了一国贸易出口的地位和竞争能力。近年来中国贸易出口总额整体上呈现快速增长趋势，从表 1 可以看出，自加入 WTO 以来，我国服务贸易 IMS 总体上保持增长态势，中国的出口竞争力在不断增强，这主要得益于中国近年来产业结构调整与升级，但其增长幅度仍相对较小。2015 年后我国货物贸易进入中速增长的"新常态"，中国服务贸易出口增速也有所减慢。

从世界范围来看，IMS 市场份额分配不均。与欧美国家相比，中国的国际市场占有份额很小，明显低于美国、英国、德国、法国等国家。美国是服务贸易大国，2001~2008 年IMS 虽有下降趋势，但 2009 年有所回升并保持稳定增长，其服务贸易发展规模和增长速度仍居世界首位。中国近年来约 4% 的 IMS 甚至不足美国的 1/3，差距之大足以说明我国服务贸易总体竞争力较低，这与中国世界贸易大国的地位是极不相称的。但与亚洲国家相比，中国服务贸易出口仍具有一定的竞争优势。韩国 IMS 基本稳定在 2% 左右，日本近年来 IMS 稍有所下降，出口竞争力在逐渐减弱，中国于 2009 年赶超日本并持续增长。印度服务业出口的竞争实力不断提升，其 IMS 呈现良好的持续增长趋势，几乎与中国保持同步快速增长，成为发展中国家中中国服务贸易最强劲的竞争对手。在过去的十几年间，位于亚洲的印度和中国极大地增加了市场份额，成为服务贸易变化明显的赢家，而发达经济体中的欧洲则让出了最多的市场份额。

（2）贸易竞争力指数

贸易竞争力指数（TC 指数）是指一国进出口贸易差额与其进出口总额之比。若TC>0，表明该国产品具有相对比较优势，且越接近于 1，竞争力越强；反之竞争力越弱。从总体上看，表 2 显示出我国服务贸易 TC 值从 2001 年以来均为负数且波动较大，说明我国服务贸易常年逆差，竞争力较弱，我国服务产品还处于一个净输入阶段，其国际竞争力还有待提升。2008 年受金融危机影响，我国服务贸易总额不大，但进出口相对平衡，TC值为 -0.0386。金融危机后，尽管服务贸易总额有所恢复并呈高速增长，但贸易逆差却不断扩大，TC 值逐年下降，我国竞争劣势更加显著。

欧美发达国家中，TC 值大于 0 的有美国、英国、法国、荷兰。2009~2016 年，我国TC 值也小于竞争力较弱的德国和意大利，表明我国服务贸易竞争力与发达国家存在很大差距。竞争力较强的西班牙、英国和美国，其 TC 值均在 0.2 左右，服务贸易长期顺差，在国际竞争中居于前列并呈现持续增长态势。相比亚洲国家，印度作为发展中国家的新兴经济体，其 TC 值 2004 年后呈现正数快速增长态势，服务贸易国际竞争力在逐渐增强。虽然金融危机对其产生影响，但 2013 年之后又呈现恢复式增长，印度在服务贸易的国际竞争力已明显高于中国。韩国、日本服务贸易呈逆差且 TC 值波动较大，但整体上呈现上升趋势，表明日韩服务贸易逆差状态整体上在逐渐改善。从 2009~2016 年，中国 TC 值逐渐低于日韩，且差距呈扩大式增长。

表 4-4　中国服务贸易 IMS 及国际比较

年份	中国	欧美发达国家				亚洲国家				欧洲国家	
		美国	英国	德国	法国	日本	韩国	印度	西班牙	意大利	荷兰
2001	2.19%	18.23%	7.84%	5.80%	5.26%	4.23%	1.98%	1.14%	3.65%	3.78%	3.36%
2005	2.96%	14.05%	8.85%	6.01%	5.77%	3.84%	1.91%	1.97%	3.47%	3.47%	3.58%
2008	3.62%	13.26%	7.64%	6.01%	5.58%	3.51%	2.27%	2.64%	2.90%	3.29%	3.21%
2009	3.42%	14.29%	7.38%	6.21%	5.41%	3.37%	2.03%	2.59%	2.71%	3.14%	3.20%
2010	4.55%	14.38%	6.87%	5.74%	5.16%	3.43%	2.12%	2.99%	2.58%	2.89%	4.12%
2011	4.56%	14.25%	6.87%	5.69%	5.36%	3.20%	2.06%	3.14%	2.50%	2.96%	3.98%
2012	4.45%	14.49%	6.88%	5.57%	5.18%	3.02%	2.29%	3.21%	2.40%	2.70%	3.71%
2013	4.29%	14.55%	6.97%	5.63%	5.27%	2.81%	2.15%	3.09%	2.32%	2.62%	3.71%
2014	4.25%	14.42%	7.02%	5.66%	5.33%	3.18%	2.05%	3.05%	2.21%	2.59%	3.82%
2015	4.47%	15.44%	7.09%	5.44%	4.97%	3.35%	2.01%	3.21%	2.02%	2.43%	3.66%
2016	4.27%	15.42%	6.71%	5.59%	4.85%	3.56%	1.90%	3.32%	2.08%	2.61%	3.68%

表 4-5　中国服务贸易 TC 指数及国际比较

年份	中国	欧美发达国家				亚洲国家				欧洲国家	
		美国	英国	德国	法国	日本	韩国	印度	西班牙	意大利	荷兰
2001	−0.0817	0.1213	0.0899	−0.2341	0.1251	−0.2488	−0.0468	−0.0738	0.2260	0.0003	−0.0235
2005	−0.0604	0.1123	0.1207	−0.1298	0.0667	−0.0980	−0.0909	0.0525	0.1707	−0.0037	0.0427
2008	−0.0386	0.1401	0.1701	−0.0682	0.0786	−0.0650	−0.0307	0.0961	0.1521	−0.0518	0.0583
2009	−0.1019	0.1416	0.2052	−0.0439	0.0715	−0.0738	−0.0432	0.0718	0.1642	−0.0586	0.0246
2010	−0.0876	0.1563	0.2194	−0.0412	0.0777	−0.0539	−0.0471	0.0108	0.1750	−0.0587	0.0524
2011	−0.1487	0.1782	0.2413	−0.0423	0.1025	−0.0705	−0.0298	0.0532	0.2019	−0.0354	0.0640
2012	−0.1899	0.1887	0.2333	−0.0447	0.1074	−0.0968	0.0264	0.0629	0.2085	−0.0045	0.0521
2013	−0.2324	0.1987	0.2437	−0.0437	0.1130	−0.0518	0.0273	0.0927	0.2243	0.0076	0.0752
2014	−0.3278	0.2140	0.2544	−0.0745	0.0425	−0.0804	−0.0161	0.1010	−0.0059	0.3130	0.0647
2015	−0.3341	0.2115	0.2416	−0.0614	0.0206	−0.0467	−0.0709	0.1169	−0.0090	0.2900	0.0283
2016	−0.3697	0.1986	0.2444	−0.0673	0.0023	−0.0304	−0.0866	0.0952	−0.0126	0.2836	0.0295

（3）显性比较优势指数

显性比较优势指数（RCA 指数）反映了一国某产品或服务的出口相对于世界出口的比较优势。若 RCA>1，表明该国某产品或服务具有显性比较优势；RCA>2.5，表明具有极强的国际竞争力；RCA 指数介于 2.5 ~ 1.25 之间，表明具有较强的国际竞争力；RCA 指数介于 1.25 ~ 0.8 之间，表明具有较弱的国际竞争力；RCA<0.8，表明国际竞争力极弱。表 3 显示，世界各国的服务贸易 RCA 指数基本趋于稳定，但呈现"两极分化"趋势。RCA 指数大于 1.25 的国家有英国、印度、西班牙和美国，服务贸易国际竞争力很强，竞争优势明显。法国服务贸易的 RCA 指数于 2009 年超过 1.25 并呈现快速增长。同期的意大利、荷兰、德国均在 0.8 ~ 1 之间，同处亚洲的日本和韩国也在 0.8 左右波动，表明其服务贸易具有较弱的国际竞争力。

而中国 RCA 指数从 2001 年的 0.5635 下降至 2016 年的 0.4013，基本处于 0.4 ~ 0.5 之间，远小于 1，国际竞争力极弱。这表明我国服务贸易没有竞争优势，与欧美发达国家近年来 RCA 指数均大于 1 的比较优势地位相比存在很大差距。经济危机后我国 RCA 指数明显下降，再次说明我国服务贸易发展不稳定，在金融危机等国际大背景下竞争力更弱。但从全世界 RCA 指数趋于稳定的角度来看，我国在未来服务贸易竞争中还存在较大的提升空间，中国应抓住机遇迎接挑战，大力补齐服务贸易发展中的短板。

2. 中国服务贸易分部门国际竞争力

从总体上看，我国服务贸易整体国际竞争力仍处于较弱地位。但服务贸易涵盖行业众多，各分部门国际竞争力也存在差异，因此基于行业异质性的国际竞争力分析更有价值。

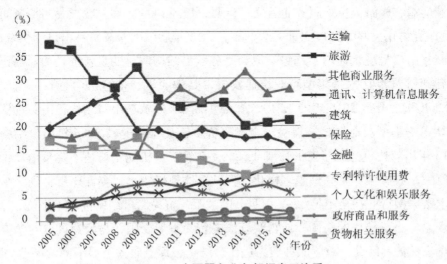

图 4-7　中国服务业各部门出口比重

（1）出口结构

从图 4-2-1 可以看出，旅游、运输和其他商业服务多年来一直是我国服务贸易出口的三大支柱，2005 年总比重达 75% 左右，2016 年比重为 65% 左右。旅游、运输是我国传统服务部门，旅游出口总体处于下降趋势，从 2005 年的 37.33% 下降至 2016 年的 21.32%；2005 年后，中国运输业快速发展，这与中国货物贸易出口的不断扩大有着密切关系，受金融危机影响，运输服务在 2008 年后有所波动，但基本保持在 20% 左右。虽然二者比重总体上呈现下降趋势，但在我国服务出口结构中仍占据较大份额，说明我国在劳动、资源密集型服务部门仍具有一定的比较优势。

表 4-6 中国服务贸易 RCA 指数及国际比较

年份	中国	欧美发达国家				亚洲国家				欧洲国家	
		美国	英国	德国	法国	日本	韩国	印度	西班牙	意大利	荷兰
2001	0.5635	1.3976	1.5429	0.6787	1.0055	0.6973	0.8463	1.4458	1.6363	0.9656	0.9195
2005	0.4522	1.5009	1.7638	0.7339	1.0617	0.7951	0.7568	1.7551	1.6768	0.9827	0.9386
2008	0.4780	1.5062	1.9311	0.7707	1.0845	0.8197	0.9063	1.8187	1.7272	0.8988	0.8448
2009	0.4407	1.4787	1.9077	0.7975	1.2791	0.8196	0.7627	1.6286	1.5932	0.8516	0.8430
2010	0.4592	1.4963	1.9277	0.8095	1.3431	0.7640	0.7767	1.6784	1.6205	0.8852	0.8398
2011	0.4414	1.5294	1.9161	0.8134	1.4695	0.7798	0.7602	1.6309	1.6535	0.8852	0.8912
2012	0.4370	1.5163	1.9519	0.8254	1.4087	0.7885	0.8651	1.6872	1.6267	0.8866	0.8666
2013	0.4252	1.5059	1.7648	0.8328	1.4473	0.8547	0.8376	1.6247	1.5751	0.8811	0.9053
2014	0.4105	1.4430	1.9775	0.7591	1.4814	0.8751	0.7133	1.4866	1.1691	0.9747	1.1848
2015	0.3993	1.4386	1.9037	0.7290	1.3907	0.8979	0.6609	1.5803	1.0752	0.9357	1.1824
2016	0.4013	1.4389	1.8848	0.7235	1.3465	0.9095	0.6495	1.5905	1.0524	0.9683	1.1611

其他商业服务从 2009 年后增长迅速，2016 年出口比重达 27.8%，是我国服务贸易出口结构中继运输、旅游等传统服务业后又一重要力量。2009 年后货物贸易对服务贸易的拉动效应减弱，货物相关服务出口比重逐渐下降。2008 年后中国服务贸易出口结构渐趋优化，高附加值服务出口呈现快速增长趋势，成为服务贸易结构调整的重要推动力。通讯、计算机信息和建筑等资本技术密集型行业快速发展，其中通讯、计算机信息服务出口比重从 2005 年的 2.96% 上升至 2016 年的 12.19%，说明我国服务贸易出口结构正由劳动资源密集型向资本技术密集型行业转型；保险、金融等资本密集型行业较 2005 年出口结构有明显改善，2016 年出口比重达到了 1.96% 和 1.53%，在经济危机期间增速不降反增，说明这些行业潜力巨大，我国服务贸易渐趋多样化，但其总体规模较小，合计比重不到 20%，专利等知识技术密集型行业甚至不足 1%。可见，中国服务贸易出口结构依旧不平衡，存在"两极分化"现象。出口结构的失衡，使得我国服务贸易发展受限，与发达国家在争夺海外市场中没有竞争优势，因此，改善服务贸易进出口结构、促进服务贸易平衡发展尤为重要。

（2）贸易竞争力指数

2001~2016 年，中国服务贸易总体上为逆差，并呈现不断扩大趋势，但各部门竞争力水平参差不齐，各部门进出口结构不平衡（见表 4-7）。

TC 指数为正值的有建筑、计算机信息及其他商业服务等部门，说明这些部门贸易竞争力在不断提升。建筑、计算机信息服务的 TC 值保持在 0.4 ~ 0.6 左右，虽然建筑行业近两年 TC 值有所下降，但仍保持正数，说明这些行业竞争优势较为突出，结合之前分析，其在出口比重中的快速增长也从侧面反映出我国服务贸易正不断向资本密集型行业转型，这与中国近年来服务外包的大力发展和"干中学"、技术外溢的影响密切相关；其他商业服务的 TC 值从 2005 年 -0.0793 上升到 2016 年 0.1454，国际竞争力不断增强，这与中国其他商业服务的快速发展相适应。

TC 指数为负值的有运输、旅游、保险、金融、专利等部门，说明这些部门贸易呈逆差，也印证了中国近年来持续增长的服务贸易逆差的来源，且旅游是最大来源。值得注意的是，运输、旅游等传统服务的 TC 值呈现不断下降趋势，其在国际竞争中处于比较劣势状态，但却在我国出口比重中占据较大份额，这充分说明中国以传统劳动、资源密集型服务为主的贸易模式极不合理，传统优势的下降直接导致了中国服务贸易国际竞争力的薄弱；2016 年金融 TC 值呈现由负转正的良好态势，这主要得益于中国资本市场的快速发展；保险和专利等资本技术密集型行业 TC 均值小于 -0.8，贸易竞争力极弱，但保险 TC 值有所上升，也从侧面反映出保险和专利服务虽处于起步阶段，仍有较大提升空间。

表 4-7 中国服务贸易分部门 TC 指数

	行业	2005	2008	2011	2012	2013	2014	2015	2016
劳动资源密集型	运输	−0.2969	−0.1342	−0.3868	−0.3763	−0.4295	−0.4309	−0.3776	−0.4088
	旅游	0.1476	0.0609	−0.1993	−0.3418	−0.4267	−0.6754	−0.6946	−0.7094
资本密集型	建筑	0.2311	0.4061	0.5959	0.5438	0.4654	0.5184	0.2407	0.1976
	保险	−0.8582	−0.8042	−0.7348	−0.7217	−0.6936	−0.6615	−0.2770	−0.5208
	金融	−0.0467	−0.2850	0.0642	−0.0104	−0.0736	−0.0432	−0.0603	0.2196
知识技术密集型	专利特许使用费用	−0.9425	−0.8952	−0.9038	−0.8889	−0.9191	−0.9419	−0.9064	−0.9068
	计算机信息服务	0.0224	0.2518	0.4684	0.4948	0.3832	0.3048	0.3658	0.3314
	其他商业服务	−0.0793	−0.2584	0.0678	0.0928	0.0948	0.2569	0.1923	0.1454
其他	个人文化和娱乐服务	−0.0698	0.2428	−0.5299	−0.6360	−0.6835	−0.6663	−0.4443	−0.4847
	政府商品和服务	−0.1147	−0.1601	−0.1716	−0.0247	0.0161	−0.3158	−0.4118	−0.4481

（3）显性比较优势指数

表 4-8 显示，中国运输、旅游等传统服务业竞争力明显下降，说明中国服务贸易传统竞争优势在削减；建筑业 RCA 指数大于 1，表明该部门具有较强的国际竞争力，且计算机信息和其他商业服务在我国迅速发展，其 RCA 指数在 0.49 左右，说明我国正向资本技术密集型行业转型升级；但金融（0.0710）、专利（0.0350）等知识技术密集型行业明显处于

劣势,其RCA指数远远低于世界平均水平。与欧美发达国家相比,2010年中国在运输、旅游、建筑行业的显性比较优势超过了美国和英国,而美国和英国在保险、金融和专利上的显性比较优势远远超过中国,尤其是美国的专利(3.6315)和英国的金融(4.7531)、保险服务(4.6610),其RCA指数远远领先于世界平均水平,具有极强的国际竞争力。可见,中国具有显性比较优势的服务行业主要表现为资本技术含量相对较低且附加值低的资源和劳动密集型行业,而美国、英国的显性比较优势行业主要集中于技术含量较高且附加值大的知识技术密集型行业。中国的服务贸易发展不平衡,而美国、德国在各个服务贸易分部门中均具有较强的竞争优势。

表 4-8 中国服务贸易分部门 RCA 指数及国际比较

国家 \ 年份	劳动资源密集型		资本密集型			知识技术密集型			其他	
行业	运输	旅游	建筑	保险	金融	专利特许使用费用	计算机信息服务	其他商业服务	个人文化和娱乐服务	政府商品和服务
中国 2010	1.1087	1.6345	1.3148	0.2700	0.0203	0.0338	0.5970	0.4895	—	—
中国 2016	0.3729	0.3462	1.3574	0.3141	0.0710	0.0350	0.4842	0.4979	0.1540	0.1590
美国 2010	0.7936	1.1287	0.5736	1.0039	1.1392	2.2572	0.3367	0.7647	—	—
美国 2016	0.9263	1.6010	0.2184	1.3616	2.1482	3.6315	0.7052	1.1612	0.5171	2.5878
英国 2010	0.6501	0.6535	0.2320	1.2645	2.9314	0.8966	0.9692	1.0361	—	—
英国 2016	1.1606	0.9251	0.5140	4.6610	4.7531	1.3226	1.3522	2.7777	3.1910	1.3799
德国 2010	1.1698	0.8404	2.0472	0.8495	0.6255	0.5155	1.0312	1.1139	—	—
德国 2016	0.7798	0.4018	0.2889	1.1902	0.7206	0.6949	0.8591	0.9205	0.5310	0.8886
法国 2010	1.0752	1.7384	1.5446	0.3141	0.1486	0.7970	0.3065	0.7778	—	—
法国 2016	1.3287	0.9800	0.8113	1.9614	0.7683	1.3808	0.9510	2.0121	1.7605	0.4383
日本 2010	1.5578	0.3198	3.3641	0.6091	0.6742	2.5966	0.1529	0.9713	—	—
日本 2016	0.9478	0.6513	2.7295	0.3574	0.7074	3.1714	0.1962	0.9030	0.4572	1.8139
韩国 2010	1.7621	0.4096	5.09	0.1722	0.3722	0.4325	0.0410	0.5632	—	—
韩国 2016	1.0587	0.4874	4.2623	0.1741	0.1436	0.7199	0.2472	0.6448	0.7515	0.4899
印度 2010	0.4914	0.5251	0.2350	0.6714	0.3534	0.0225	7.1912	1.1433	—	—
印度 2016	0.8544	0.8921	1.1360	0.8459	0.5799	0.0808	5.3799	2.3335	1.4773	0.3983

与亚洲国家相比,印度在计算机信息上具有极强的国际竞争优势,其RCA指数远远领先于世界平均水平,其保险、金融服务的竞争优势也明显高于中国,这与近年来印度的软件开发、计算机通讯和服务外包的高速发展密切相关,从而推动了服务贸易竞争力的增强。日本在建筑(2.7295)和专利(3.1714)行业具有极强的国际竞争力。韩国除了竞争力极强的建筑业(4.2623)和竞争力较强的运输业(1.0587),其他行业RCA指数均小于0.8,这说明中韩两国服务贸易支柱产业均为劳动密集型,而资本技术密集型行业的出口竞争力较弱,但近年来韩国在专利和计算机信息服务的RCA指数明显增大,说明韩国知识技术密集型行业的发展趋势要强于中国。

二、中国服务贸易国际竞争力的影响因素

从上述分析可见:总体上,中国服务贸易在IMS上表现出一定的竞争力,但与欧美发达国家相比仍偏低且缺乏获利能力;TC指数、RCA指数均表明我国服务贸易竞争力较弱,

与印度、日韩等国家差距也逐渐增大。从分部门来看，各服务业国际竞争力差别很大。我国服务贸易在运输、旅游等劳动资源密集型部门具有一定的竞争力，但随着成本上升，传统竞争优势正在逐步萎缩，贸易份额逐年下降，这也是我国服务贸易逆差重要的来源。中国在建筑、计算机信息和其他商业服务等高附加值行业竞争优势日趋突出但规模较小，这将成为提升中国服务贸易国际竞争力的新兴力量。而现代化的金融、保险、专利等资本知识密集型行业对中国服务贸易的贡献微弱，其国际竞争力处于明显劣势。因此，如何提升中国服务贸易的国际竞争力尤为重要。

随着国际分工的深化，传统的产品分工已经转化成不同生产环节和要素的价值链分工，服务外包、中间品贸易成为大势所趋。一国的产业竞争力不仅取决于内生优势，更与该国产业参与价值链程度及其在价值链中的位置密切相关。对中国来说，价值链分工是一把双刃剑，中国融入全球价值链后，一方面大力促进了服务贸易的快速发展，另一方面却形成了"高端产品输入、中低端产品输出"的发展模式，使得中国最终消费市场和关键技术严重依赖于发达国家，被锁定在价值链低端环节。本文以 Porter 的竞争优势理论为核心，从全球价值链视角分析服务贸易竞争力的影响因素，为我国服务贸易竞争力的提升寻求突破口。

1. 要素条件

从生产法角度，一国的生产要素投入对一国的产出具有最基础的影响，而要素投入的质量高低直接决定其产出品的质量和附加值，高级生产要素的投入有利于提高出口产品的技术含量以提升出口产品的国际竞争力；从价值链角度，拥有高级要素投入的资本、知识密集型行业位于价值链的高端环节，它对服务升级作用日趋显著。中国具有丰富且低廉的劳动力成本优势和资源禀赋优势，这为中国发展旅游、运输等产业提供了比较优势，并奠定了其在服务贸易中的重要地位。但随着劳动力成本上升，中国传统产业优势正在慢慢弱化。对于国家综合竞争力而言，高级生产要素是更为重要的。与英美发达国家相比，中国高级人才缺乏，劳动力质量不高，知识技术水平低，这直接导致了中国在附加值高的金融、保险、专利等资本知识密集型服务贸易中处于劣势地位。高技术人才的缺乏是抑制中国服务贸易发展的主要瓶颈。

2. 需求条件

对于国内需求，我国拥有庞大的需求规模，但需求层级较低、消费结构不合理，导致中国没有形成相应的高端产业。近年来中国消费层级有所改善，金融、保险、咨询、房地产等需求逐步增加，从而促进了相关产业的快速发展。中国融入全球价值链后，扩大了国外需求，有利于引导本国向着具有产业优势的产业结构倾斜，引导发达国家朝着成本相对较低的行业进行专业化生产。但由于技术资源限制，中国常常被锁定在服务贸易价值链低端，导致国际需求转移和高级要素支援乏力，国内服务部门失去创新支撑，抑制了国内高端服务业的发展和服务贸易国际竞争力的提升。而同为发展中国家的印度，凭借高技术劳动力成本优势，承接国际市场服务外包，在国际软件需求浪潮中大力促进了服务贸易国际竞争力的提升。

3. 相关产业

中国服务贸易各行业发展不平衡，出口结构失衡，我国制造业与服务业相脱节，货物贸易对服务贸易的联动效应不明显。从价值链角度，作为高级要素投入的生产性服务业位于价值链的高端环节，它对制造业服务化的升级作用日趋显著。一方面，生产性服务业作为中间投入要素，以其知识含量更高、创新能力更强、技术更密集等优势直接作用于制造业的生产过程，加快促进产业结构升级。另一方面，生产性服务业作为上游产业，通过其内嵌的知识、技术、设计、管理等核心要素可以推进中国形成自我服务的产业链。生产性服务业中的交通运输服务越发达，越容易通过降低运输成本降低生产交易成本，从而节省更多资金投入到产品研发创新中去；完善的金融服务、活跃的资本市场也有利于企业开展自主研发活动；信息服务业越发达，越有利于企业及时准确地获取市场动态信息，便利其根据市场需求强化营销渠道建设。生产性服务业通过参与设计研发、品牌营销等活动最终实现产业升级改造，从而推进我国服务业的快速发展。

4. 企业战略结构和竞争

首先，中国许多服务企业的内部治理结构不规范、产权界定不明晰，且企业发展较封闭，缺乏外向型企业。其次，中国政府在通讯、金融、保险等领域垄断较为严重，我国服务业市场开放严重滞后。服务贸易需要高水平的信息和通信技术，封闭保护则会阻碍其在全球价值链中地位的提升，使得企业内部缺少竞争和创新机制，从而导致这些服务行业国际竞争力较弱。开放的服务市场环境有利于企业更多地利用外资和借鉴国外先进经验，通过技术溢出效应和提高资源配置效率促进服务贸易的发展。且开放程度越高，竞争越激烈，有力的竞争利于本国服务业优胜劣汰，从而提高整个产业的创新速度。

三、提升我国服务贸易国际竞争力的启示

当前中国经济改革的核心问题是处理好政府和市场的关系，发展服务贸易也要处理好政府与市场的关系。

一方面，政府应做好管理与服务，通过服务业开放政策和产业扶持政策为服务业竞争和服务贸易发展创造良好的市场环境。第一，政府应当提高对服务贸易的重视度，加强教育投资和服务业信息、通信技术等基础设施建设，为服务业发展提供良好的经济基础和人才储备；建立健全服务贸易法律体系，营造良好的外部环境。第二，在融入全球价值链过程中多层次、逐步推动服务业开放，渐进式消除服务贸易壁垒，稳健推行服务外包和服务贸易创新试点，加快培育金融、保险和计算机信息服务等高附加值行业，改善我国服务贸

易长期处于结构低端的现状，真正实现服务产业结构优化升级。第三，抓住"一带一路"倡议的机遇，充分推动沿线国家建立双边自贸协定，促进与沿线国家在金融、教育、医疗等服务领域的开放与交流；推进 CEPA 进程，加强内地与港澳经贸关系，逐步实现服务贸易自由化。

另一方面，加强市场的创新与竞争，在全球价值链背景下，推动企业借助国际生产网络培育新的竞争优势，从依靠自身基本要素的成本竞争力转向利用全球生产要素融合的价值链竞争力，促进本国服务业从劳动密集型向资本、知识密集型行业转型升级，推动服务贸易竞争力的提升。①企业应把握中国经济转型中蕴藏的巨大服务贸易需求，有效激发市场活力，合理利用和优化配置服务生产要素，加强人力资本、研发创新等高级生产要素投入，提高服务质量。②加强相关产业的协调与支持。加快运输、旅游等传统服务业的革新改造，充分挖掘和创新其比较竞争优势，使其成为带动整个服务业发展的强势产业；大力发展生产性服务业，充分发挥其内嵌的高级要素溢出效应，促进生产性服务业与制造业的良性协同，推动制造业向设计研发、品牌营销等高附加值服务行业转型升级，构建以我国为主的全球价值链体系。③调整企业发展战略，创新企业商业模式。有效对接国内外市场，拉动外资，学习国外先进生产技术和管理经验，通过产业内部价值链重组拓展企业创新空间，以服务外包形式扩张，通过国际并购方式获取价值链重要环节。在服务贸易国际化进程中，充分发挥本土优势，设计研发自主品牌，提升中国的国际影响力。

第五章　新常态下中国服务业对外开放负面清单管理

第一节　中国服务业负面清单改革历程

负面清单和准入前国民待遇成为近年来国际多双边投资规则发展的重要趋势，很多发展中国家和新兴经济体也主动或被动地在外资法规中采用了负面清单管理模式，并在负面清单的采用过程中积累了诸多转型经验，如菲律宾、印度尼西亚、韩国等。负面清单管理模式是全球投资规则改革的大势所趋，未来中国服务业对外开放面临的冲击势必要在负面清单管理模式下重新进行审视。

一、负面清单历史沿革

1. 负面清单产生与发展

（1）雏形期："例外情况"。"负面清单"源于德意志同盟国之间的关税协议，其模式可称为"负面清单"的雏形。1834年，为了消除贸易壁垒，以普鲁士为首的邦国之间结成了德意志关税同盟。各同盟国之间就关税问题进行了谈判，终于达成了涉及"例外情况"的关税协定。其成员国订立的共同贸易条约中规定："统一开放所有进口市场、取消所有进口限制，除非列明不开放和不取消"，这是负面清单概念最早的表述。关税同盟本质在于减免关税，以推进贸易自由，缓解各国国库空虚和财政赤字。但从"除非列明不开放和不取消"的表述中推断，这种"例外情况"应是同盟国共同达成的不符合关税同盟消除贸易壁垒规则的特殊条款。史料也可证实："一些商品如盐和纸牌等继续保持国家垄断；啤酒、葡萄酒、烧酒和烟草等消费品各邦仍有权征收较高的关税"，这至少可以说明"例外情况"是同盟国以"列明不开放和不取消"条款排除或限制性规则保护特殊商品"垄断合法化"和"征收高关税的权利"。

（2）形成期："概括否定列举"。当今各国学者和政策制定者所谓的"负面清单"概念，确是来源于美国与法国二战之后签订的《友好通商航行条约》。为了保留一定的政策实施空间，在《友好通商航行条约》中还规定了一些保留条款，也叫做有关国民待遇和最惠国待遇义务不符的措施。1953年美国、日本签订了友好通商航海条约，这是"负面清单"的进一步发展。该条约第7条规定："缔约方应当给予另一方的国民或企业国民待遇，以在其境内从事商贸、工业、金融和其他商业活动，但是公共事业、造船、空运、水运、银行等行业除外。"资料显示"负面清单"最初表现为国家间签订国际条约的"保留条款"或"概括否定列举条款"，从"知识产权、人权、国民待遇、最惠国待遇"到"公共事业、运输及银行业安全"等限制或禁止规定。

（3）发展期："限制行业清单"。1986年3月11日美国和埃及签订了双边投资协定（简称BIT），在美国签订的第一个BIT的附件中以文字描述形式列举了双方保留采取限制措施权利的行业清单。在美国总统递交与埃及投资协议的信息中，美埃条约表述为："对外国投资来说，双边投资协定模板给予了更好的国民待遇或最惠国待遇，（它）满足了各方例外，让其单独列为附件。这些例外保护了国家可控利益，且对美国来说，按照国家法或联邦法适当降低了国民待遇相关（行业），如航空运输、海运、银行业、电信业、能源和电力生产、保险业和源于国民待遇和最惠国待遇的不动产所有权。"在美埃关于互惠鼓励和保护投资协议中，"附件"——根据第二条第三段，各方在下列部门保留限制和维持限制：①美方：航空运输业、海（河）运业、银行业、保险业、政府担保（保险）和抵押贷款项目、能源和电力产业、使用土地和自然资源、报关行业、不动产所有权、广播和电视播放、电话（报）服务、海运集装箱服务、卫星传播。②埃方：航空和海上运输、海事代理、陆运（非旅游）、邮递业、电信业、电报服务和其他国家垄断的公共服务业、银行业和保险业；商业行为诸如：分销、批发、零售、进出口行为；商业代理和经纪行业；不动产所有权、土地使用、自然资源、国家贷款、广播、电视和报纸杂志的出版业。

4. 成熟期："体系化限制行业清单"。当前大多国际投资协定（简称IIA）和美国自由贸易协定（简称FTA）都采用了"负面清单"模式，表现为"体系化"限制行业清单：①"内容层级化"：从一般行业到金融业分为三类：一是服务和投资允许保留现有限制措施；二是除维持现有保留措施外，还保留相关行业限制措施的制定和修订权；三是金融业的不符措施。美国的负面清单一般包含三个附件：第一个附件是第一类负面清单，第二个附件是第二类负面清单。第三个附件是将金融服务的不符措施单独列出。②"分类多样化"：美国在负面清单上不符措施的设计上形式多样，措辞灵活。以金融业为例，共涉及七种不符措施：绝对禁止、比例限制、岗位限制、区域限制、市场准入、政府优惠、其他特殊规定。

2. 负面清单特点

（1）法律义务规则为主要形式。①以法律规则出现。从德意志关税同盟关税协议中"除非列明不开放和不取消"的"例外情况"到通商航行条约中"但是公共事业、造船、空运、水运、银行等行业除外"的"概括否定列举"，再到双边投资协定附件中美国和埃及所列"限制行业清单"，最后到国际投资协定和自由贸易协定的"体系化限制清单"，都以国际条约保留条款或保留权利条款与附件形式结合表述，即采用特定法律规则对"负面清单"进行阐述，说明它实质上是一种法律规则。②以义务规则为主。首先，在德意志关税同盟关税协议中"除非列明不开放和不取消"的"例外情况"，即他国"不得"要求任一同盟国对"不开放和不取消"的商品适用关税同盟减免税条款。其次，在通商航行条约中"但是公共事业、造船、空运、水运、银行等行业除外"的"概括否定列举"，即他国"不得"要求缔约国对"概括否定列举"行业适用通商航行条约的国民待遇或最惠国待遇。再次，在美埃双边投资协定"附件"中保留权利条款与美埃所列的"限制行业清单"，即他国"不得"要求缔约国对"保留权利列举行业"适用通商航行条约的国民待遇或最惠国待遇。最后，在国际投资协定和自由贸易协定的"体系化限制行业清单"，即他国"不得"要求缔约国对"保留不同权利列举的不同行业"适用国民待遇或最惠国待遇。总体来说，各国必须遵守国际条约负面清单的义务，不得进入特定商品、服务以及行（产）业从事经营活动。

（2）特定商品或行（产）业为主要内容。负面清单最初仅涉及一国特殊商品，如盐等必需品或烟酒等奢侈品，然后扩展到公共事业、制造（造船）、运输、银行，再拓展到保险、能源、通信，最后发展为将前述行业进行"复合打包行业组合"，但一般分两类：①禁止类：涉及国家安全利益的商品、行（产）业：如19世纪德意志同盟对盐等必需品或烟酒等奢侈品的保护，这些商品对各国来说都会最大可能解决国库空虚和财政赤字，从而保证国家安全：再如各国对公共事业、通信业、能源业等保护，也是保证国家安全。②限制类：涉及国家发展利益但风险可控的行（产）业：如美国金融业盈利性最强，但风险较高，所以美国通过设计风险可控规则，既保证安全利益，又实现发展利益。

（3）平衡安全与发展利益为目的。负面清单主要目的表现为三方面：①保护安全利益：在不同历史阶段国家会面临经济、国防及国土资源安全等问题，所以负面清单必须成为安全利益的"保护伞"。②追求发展利益：国家在确保安全利益的条件下，在风险可控范围内，为实现本国未来行（产）业发展利益，所以负面清单必须成为发展利益的"作战服"。③平衡安全与发展利益。从雏形期的"例外情况"到成熟化的"体系化限制行业清单"，负面清单都是保证国家安全利益的情况下，"逐步减负"实现各国发展利益。特别是从美国总统递交与埃及投资协议的信息和美埃双边投资协定"附件"表述得知，这种以"行业清单"方式明确列举限制投资措施的形式禁止或限制外商进入。从形式上看，以"附件"形式详细列举行业清单限制或禁止外国投资者进入；但从实质上看，无论美国还是埃及，凡涉及限制行业，都基于国家安全利益考虑，如：①航空运输涉及航空安全，即国家领空安全；②银行业、保险业、国家担保或贷款等涉及经济安全；能源、电力和土地、自然资源等涉及国家生存安全；③广播和电视播放、电话和电报服务、电信业、报纸杂志出版、卫星传播等涉及国家信息安全。因此，通过双边投资协定以"附件"形式采用"行业清单禁止或限制"列举方式。既保护了两国安全利益，又以附件清单以外的行业投资自由实现双方发展利益。

（4）国家为制定主体。为推动贸易、服务、金融等自由化，各国通过磋商、谈判、缔结国际条约或国际协定附件形式设计负面清单的主要内容。因此，国家成为负面清单的制定者，但国家制定负面清单的具体表现有所不同：在国际社会，国家通过缔结条约，负面清单表现为国际条约的条款或附件；在国内社会，国家通过立法形式，负面清单表现为立法机关制定的法律法规，如《自由贸易试验区外商投资准入特别管理措施（负面清单）》。

因此，从历史分析负面清单，可将其概括为：为平衡安全和发展利益，国家对特定行（产）业所制定的"以限制或禁止措施表述的"一系列义务规则。该规则既禁止限制特定行（产）业从事经营活动的义务范围，又界定了贸易、投资的权利边界。

二、我国自贸区负面清单发展趋势与特点分析

1. 我国自贸区负面清单的历史与发展

我国自贸区负面清单实践分以下几步：

（1）上海"负面清单 2013"包括国民经济 18 个经济门类，涉及 89 个大类，419 个中类和 1069 个小类，特别管理措施共计 190 项，禁止类 38 项，限制类 152 项，清单适用中国（上海）自由贸易试验区。

（2）上海"负面清单 2014"，特别管理措施共计 139 项，禁止类 29 项，限制类 110 项。2014 年负面清单比 2013 年负面清单减少 51 个项目，清单适用中国（上海）自由贸易试验区扩大区。

（3）国务院"负面清单 2015 年"，负面清单依据《国民经济行业分类》（GB/T4754—2011）划分为 15 个门类、50 个条目、122 项特别管理措施。负面清单中未列出的与国家安全、公共秩序、公共文化、金融审慎、政府采购、补贴、特殊手续和税收相关的特别管理措施，按照现行规定执行。自贸试验区内的外商投资涉及国家安全的，须按照《自由贸易试验区外商投资国家安全审查试行办法》进行安全审查。清单适用于上海、广东、天津、福建四个自由贸易试验区。

（4）国务院"负面清单 2017 年"，自贸试验区负面清单依据《国民经济行业分类》划分为 15 个门类、40 个条目、95 项特别管理措施，与上一版相比，减少了 10 个条目、27 项措施。在 27 项减少的措施中，制造业有 10 项措施。信息技术服务、金融、租赁和商务服务三个行业有 9 项措施。

（5）国家发改委与商务部"负面清单 2018 版"2018 年版自贸区负面清单，全称《自由贸易试验区外商投资准入特别管理措施（负面清单）（2018 年版）》，该负面清单统一适用于我国所有自贸区。2018 年版负面清单由 2017 年的 63 条减至 48 条，并推出了包括大幅扩大服务业开放、基本放开制造业、放宽农业和能源资源领域准入等一系列重大开放措施。经过几次修订 2018 年版保留的限制措施与 2011 年版相比减少约四分之三，大幅提高了开放水平，制造业基本放开，服务业和其他领域也有序推进开放。

（6）国家发改委与商务部《外商投资准入特别管理措施（负面清单）（2019 年版）》

和《自由贸易试验区外商投资准入特别管理措施（负面清单）（2019年版）》。这两个"清单"，自2019年7月30日起施行。2019年版外资准入负面清单保持了2018年版的体例结构，进一步精简了负面清单，全国外资准入负面清单条目由48条措施减至40条，压减比例16.7%。

新版外资负面清单长度进一步缩短的同时，含金量更高，同时也体现了我国开放的底气和信心。随着开放的水平越来越高，对外资我们有更加完善的法律和体制保障，因此，开放的力度和范围也越来越大。

2. 我国自贸区负面清单制度之特点

（1）立法主体的层级不断提高。我国自贸区外资准入负面清单之立法主体经历了从一开始的地方级政府（上海市政府）到中央一级政府再到中央部委的变化。究其原因，无非在于随着我国自贸区数量逐渐增加，倘若仍再授权各个地方政府掌握其自贸区负面清单的立法权，将会导致我国在自贸区的负面清单制度难以统一，无法完成为在全国范围内推行外资准入负面清单制度发挥先试先行作用的任务。

（3）对外商投资的开放程度逐步增大。

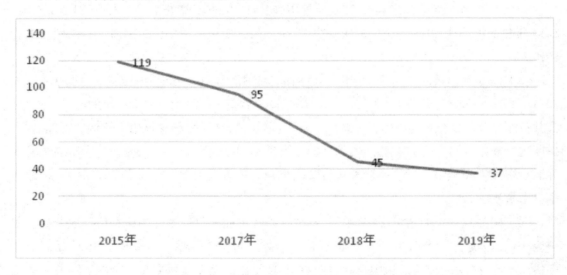

表5-1 国务院负面清单中载明的禁止和限制外资准入条款数量

从表5-1可以明显地看到，国务院对外资的限制和禁止条款在逐年减少，从2015年的119个条款缩减到2019年的仅37个条款。上述结果的原因便在于，随着我国综合国力的提升以及民族产业的崛起，国内经济发展水平以及实施负面清单制度的相关配套措施也得到了较大的提高，与发达国家的差距在逐步缩小，使得我国已有足够的资本和制度经验来管理外资。

3. 负面清单制度实践对我国产生的积极作用

（1）促进了市场机制更好地发挥作用。在外资准入负面清单制度落实后，进入我国的市场主体均是按照市场规则进行公平竞争，对我国的投资更多地是基于对我国明文的法律法规以及现有的市场运作机制所做出的独立和可预见的判断，而远非以往的主要跟着政府的鼓励或优惠政策走。我国政府在这其中则主要作为一个市场监管者，一旦出现违反了市场规则的市场主体，就出手予以治理，从而更好地处理了政府与市场"两只手"的关系，既使市场在资源配置中起决定性作用，也能更好发挥政府作用。

（2）促进了我国更好地吸引外资。自贸区在外资准入阶段适用负面清单体现了我国对外商投资者更为开放的态度，适应了国际经济发展潮流。数据显示，截止 2017 年 9 月 12 日，上海自贸区四年来新设外资企业 8481 家，实到外资 167 多亿美元，是上海自贸区成立前 20 年总和的两倍还多。与此同时，与"一带一路"沿线国家加强投资合作也是自贸区的发展战略，截至 2017 年 6 月，已有 52 个"一带一路"沿线国家在自贸区内投资，占"一带一路"国家总数的 80%。投资企业 3012 个，实到外资 115.83 亿美元。这一系列的成果均表明，我国的负面清单制度对我国引入外资有着不可磨灭的积极作用。

三、我国自贸区负面清单制度的不足与完善建议

1. 自贸区负面清单制度的不足

（1）动态监管机制尚未建成。我国自贸区以备案制替代审批制成为外资准入的监管模式，但是备案制的建立同时也使得外资进入我国门槛降低，从而导致了一些冠以投资为名但实则实施经济诈骗行为甚至寻租的"外资企业"更大可能地逃脱政府的监管。然而，我国尚未完全建立起完善的事中和事后的监管机制，难以保证外资在进入我国市场后对我国安全及发展不构成威胁。

（2）负面清单的部分内容表述较模糊。首先，对某些事项仅是简单陈列，而未对其限制措施作出具体规定。例如《2019 自贸区负面清单》的制药业中，只写明了"卫星电视广播地面接收设施及关键件生产"，但未载明对该领域采取何种限制措施；其次，对"须由中方控股"的表述较模糊，如"核电站的建设、经营须由中方控股"、"文艺表演团体须由中方控股"，但所谓中方控股究竟是中方相对控股还是绝对股或者是二者皆可，以及相关的股份占比规定并不明确。

（3）信息公开程度较低。尽管目前我国各个自贸区都有自己的官方网站，但各个自贸区在对各自的相关政策信息公开方面还不够完善，存在平台信息更新进度缓慢、分类不够明确等问题。目前，我国关于自贸区的法律、法规、决定、通知等内容数目较多，而负面清单仅是这些内容的冰山一角，再加上许多规定未得到很好地公开，自然使得投资者难以预见其投资效益及不利后果。

（4）外商投资法律体系缺失

就目前我国在投资领域的法律现状进行详细分析，当前在投资领域的法律制度存在加大的缺陷，投资领域的法律条款相对较少，同时约束内容范围比较广，在进行贸易合作的

时候，很容易让不法分子找到法律的漏洞，进而降低了法律的权威性。当前的法律条款没有明确规定进行外商投资的相关程序以及需要注意的要点，法律条款的不完善应影响了整个贸易合作的过程，直接决定了合作能否成功。没有一套完善的负面清单体系，在法律面前显得为不足道，这样不能够约束整个贸易合作的过程，很有可能出现非法集资等经济犯罪现象。

2. 完善我国自贸区负面清单制度的建议

（1）健全事中事后监管机制

在具体完善这一机制方面，应当从两个角度入手。一是要建立起全国自贸区统一的市场监管体制，清理妨碍国内市场主体公平竞争的各种做法；二是要联合政府各部门信息，建立起质检、海事、检验检疫、海关、税务、外汇、工商、金融等各部门的信息共享平台，加强各部门的合作，构建起统一、高效的监管机制。

（2）清单格式的标准化

未来负面清单改进需要首先考虑的问题就是格式与国际标准接轨，即按照涉及部门领域、政府层级、国内法律依据、涉及的义务原则、不符措施的具体描述几大方面做进一步系统的修改和细化，列明具体细目。其中，涉及部门领域建议按照国际行业分类标准重新规划，政府层级分为中央政府和地方政府两大层级，分门别类列出相应法律、法规和制度等，涉及的义务原则按照国民待遇、最惠国待遇、业绩要求、商业存在、高级管理人员和董事会、市场准入几大类一一对应并列明。此外，可考虑设计两大类负面清单，即现行不符措施清单及未来有权采取措施和进一步保留的清单。

（3）涵盖范围的细节化和全面化

首先，从现行负面清单涵盖范围来看，自贸试验区的负面清单大多数规定仅限于外资准入前阶段，逐渐提出了对外资具体行为的限制，但对大量的外资准入后的行为尚未涉及，如准入后投资的扩大、管理、经营、出售或其他方式处置等。其次，大量针对外资的事前行政许可等程序可考虑从负面清单中删除，并进一步实现内外资一致，以遵循国内法律条款来进行管理。最后，对于部分敏感行业和涉及意识形态的行业的不符措施的描述可进一步细化。

（4）完善信息公开制度

政府在落实信息公开制度时应当首先注意信息披露的及时性，从而降低外商投资者因信息了解不及时而带来的不必要的损失；其次，应当扩大信息发布的通道，除了在其官方网站公布外，也可以尝试在微信、抖音、微博、今日头条等使用人数较多易于被公众察觉，且更加方便的渠道进行信息公开；最后，在公开信息时也应当将信息按类划分，方便人们检索。

（5）完善外资准入法律体系

一个国家的经济发展水平能够显示出这个国家的综合国力，为了更好的巩固中国在国际舞台上的地位，必须完善外贸相关的法律条款，自贸区的发展在很大程度上展现出我们国家的经济发展水平，建立完善的负面清单体系，将法律作为负面清单的支撑保障，在制定条框的过程中，将相关的法律作为约束的基本条款，通过这些法律条款的约束形成一套完善的体系，推动中国贸易自治区的发展，同时带动中国经济水平的发展提升。

（6）简化外资准入程序

在外资准入程序上，为了促进贸易投资便利化，需要对条款做出一定的修改，删除不必要的法律条款同时添加贸易发展的重要措施，这样有利于贸易自治区的正常进行，同时保证了条款的可行性。这种情况通常出现在项目前置审核和同步审核与负面清单制度的衔接过程中。贸易区涉及到许多方面，针对不同的交易领域规划出不同的条款，进而保证整个交易的可行性，同时保证了消费者的合法权益。发展经济领域还要保证和环境的和谐共存，在环保并且安全的前提下进行交易，符合当前人类发展的需求。比如对于食品领域，一定要保证质量问题，对许可证书进行核查，严格的审查—序列程序，按照标准进行贸易。此外，不同类型行业的企业审核的机构和程序都各有差异，给外资准入造成了障碍。因此，简化外资准入程序，对于促进贸易投资便利化有着重要意义。

第二节　主要国家服务业负面清单改革经验借鉴

考虑到未来服务业对外开放将逐步被纳入负面清单模式下推进，服务业负面清单的设计就成为服务业开放的重要环节。服务业负面清单的设计需要考虑本国服务业发展水平和国际竞争力现状，以及对未来有发展潜力的服务业领域进行预判，在清单的设计过程中为其预留发展空间。基于美式负面清单格式已被接纳作为各国外资准入负面清单的主要形式，对美国负面清单的研究自然为中国自贸区服务业负面清单设计提供了主要的经验。除发达国家外，很多发展中国家和转型经济体都已经率先采用了负面清单管理模式，其经济发展阶段、产业发展水平等与中国更为相近，其在正面清单向负面清单转型的管理改革中采取的措施和做法也更加值得中国借鉴。

一、发达国家负面清单范围和不符措施

1. 美国负面清单范围和不符措施

美国负面清单所覆盖的产业较为集中，主要包括金融业、商业服务业、通信业和交通运输业，前三项都是美国的优势产业。由此可见，在对外开放、吸引国外投资者资金的同时，美国依然对其优势产业采取适度保护，控制风险，避免全盘放开。以金融业为例，在金融服务负面清单中，对保险业、银行及其他金融服务行业分为中央和地方两个法律层级，提出 18 项不符措施，包括保险业 4 项（地方层面 1 项）、银行及其他金融服务行业 14 项（地

方层面 1 项），尤其对于外资银行和政府债券等几个关键领域做出重点阐述。对于相对劣势产业或不占优势产业，美国则予以谨慎开放、审慎保护。以交通运输行业为例，交通运输行业已成为韩国贸易顺差的一大来源。2013 年，韩国向美国出口运输设备位居所有出口国首位，占运输设备出口总额的 17.8%，运输服务出口在世界位列第三；而美国则是这一行业的贸易逆差国，竞争力远不及韩国。因此，在美韩 FTA 负面清单中，美国在第一类和第二类负面清单中共四处设定了交通运输业对外开放的不符措施。

美方负面清单中列明的不符措施分为七大类，大致为股权比例限制、从业资格限制、区域限制、政府优惠等。其中，金融业涉及的不符措施最多（见表 5-2）。

表 5-2 美方负面清单中不符措施种类

不符措施	描述
绝对禁止	外资保险公司的分支机构不得为美国政府签署的合同提供履约担保（保险业）
股权比例限制	用联邦担保抵押基金建造船体的海上船只，当其价值的 50% 以上由非美国保险公司保险时，被保险人必须证明风险大部分来自美国市场（保险业）
岗位限制	国家银行的所有董事必须为美国居民，虽然货币监理署的国籍要求可以放宽，但是比例不能超过 50%（银行及其他金融服务业）
区域限制	所有州、哥伦比亚和波多黎各地区所有现存的不符措施（保险业）
市场准入	作为在美国发行证券的唯一受托人的权利受制于互惠测试（银行及其他金融服务业）
政府优惠	美国可以对联邦住房贷款银行、联邦住房贷款抵押公司、联邦国民抵押贷款协会、农业信贷银行、联邦农业抵押贷款公司和学生贷款协会等政府扶持企业（GSE）给予优惠，包括但不限于下列优惠：①GSE 的资本、准备金和收入免于部分税收；②GSE 发行证券免于注册以及联邦证券法要求的定期报告；③美国财政部可以在自由裁量权内购买 GSE 发行的债券（银行及其他金融服务业）
其他特殊规定	在加拿大有主要经营场所的、在美国法律下注册的经纪自营商根据加拿大的监管应该在加拿大的银行维持其要求的准备金（银行及其他金融服务业）

美国负面清单涉及的原则有关国民待遇、业绩要求、最惠国待遇、高管与董事会成员要求（如要求主要负责人是美国公民）。其中，涉及国民待遇和最惠国待遇的原则最多。美国与韩国的负面清单中，除了，上述四种原则之外，还包括当地存在（如在美国境内设立企业或者办公室）和市场准入（如要求获得美国行政部门的授权），这两种主要适用于美韩之间的服务贸易。

美国负面清单不涉及任何一个制造业。相比而言，中国负面清单中涉及的制造业行业包括航空制造、船舶制造、汽车制造、轨道交通设备制造、通信设备制造、矿产冶炼和压延加工、医药制造和其他，共涉及 17 项特别管理措施。虽然这在全部 122 项特别管理措施中所占比重并不大，但从具体描述内容看，不符措施主要包括禁止投资、限制投资、中方控股、限于合资合作，其他少数不符措施还包括：城市轨道交通项目设备国产化比例须达到 70% 以上，新建纯电动乘用车生产企业生产的产品须使用自有品牌，拥有自主知识产权和已授权的相关发明专利。虽然不符措施数量和具体限制措施已大大减少，但与美方要求仍相去甚远。

对于中美 BIT 在服务业领域负面清单可能出现的行业和不符措施的预判，可以参照美韩 FTA 和中澳 FTA 的内容进行预估。因为中美分别都与韩国签订了 FTA，韩国一些产业的发展情况与中国存在相似的地方，如汽车制造等，所以在一定程度上中方可以借鉴韩国与美国在负面清单设计方面的经验。

2. 韩国负面清单范围和不符措施

在美韩 FTA 中，不符措施分为两大部分：一是现有不符措施，二是有权保留或进一步采取的不符措施。对于后者而言，基本涉及的是服务业，也包括所有行业和武器、渔业等。现有不符措施中，在制造业方面，只对生物产品制造保留了业绩要求。中澳 FTA 负面清单不符措施同样分为两大部分：一是现有不符措施，二是有权保留或进一步采取的不符措施。两份清单大多数涉及的也是服务业。

因此，从美韩 FTA、中澳 FTA 中负面清单（见表 5-3、表 5-4）来看，中美 BIT 负面清单的设置中，制造业部分的不符措施内容和长度将受到很大限制，负面清单中服务行业的修改和调整不仅是中美 BIT 谈判中美国的重点和双方的主要分歧点，也是 TISA、FTA 等双边、多边协定的主要依据。

表 5-3 美韩 FTA 中韩方涉及服务业领域的负面清单（现行不符措施）

部门	不符措施描述	涉及原则
建筑业服务	当地商业存在	当地存在
工程机械租赁、销售、维护相关服务	当地商业存在	当地存在
烟酒批发零售	当地商业存在，禁止电子商务等在线销售，指定零售商	市场准入，当地存在
批发、零食服务	当地商业存在，需行政许可，经营实体数量限制	市场准入，当地存在
运输服务	需行政许可，法人资质要求，市场需求测试，当地商业存在，国籍限制，需注册，注册主体国籍限制等	市场准入，当地存在
快递服务	当地商业存在，市场需求测试，需行政许可	市场准入，当地存在
电信服务	需行政许可，外资股权比例限制，设两年过渡期，经营主体国籍限制	市场准入，当地存在，国民待遇
房地产经纪和估价服务	当地商业存在	当地存在
医疗器械零售、租赁、维护	当地商业存在	当地存在
汽车租赁	当地商业存在	当地存在
科研服务、海洋地图制作	需要许可和授权	国民待遇
专业服务	经营资质要求，需在当地专业执业协会注册，当地商业存在，经营实体数量限制	市场准入，当地存在
工程等技术服务	当地商业存在，不允许以合作形式提供服务	当地存在
商业服务	当地商业存在，具体经营内容限制，经营者国籍限制，经营资质规定，法人实体性质要求，经营实体数量限制等	市场准入，当地存在，业绩要求，高级管理人员和董事会要求
调查和安保服务	业务种类限制，经营资质要求	市场准入，当地存在
出版物配送分销	需获文化旅游部部长推荐	国民待遇

续表

部门	不符措施描述	涉及原则
教育	高级管理人员和董事会成员50%以上为本国人，经营资质要求，学生人数限制，业务领域限制，当地商业存在等	国民待遇，市场准入，高级管理人员和董事会要求
兽医	当地商业存在	当地存在
环境服务	当地商业存在	当地存在
演出服务	外国人在韩国表演或邀请外国人表演需获得来自媒体分级委员会的推荐	国民待遇
新闻社通讯社服务	限于合作，国籍限制，外国人权益比例限制	市场准入，当地存在，高级管理人员和董事会要求
分销（农业、畜牧业）	外国人权益比例限制，经营环节专营权规定	国民待遇，市场准入
通信服务——广播服务	经营者国籍限制，需获得许可，外国人权益比例限制，设置三年过渡期，对播出内容、业务领域、播出时间等均有明确规定	市场准入，当地存在，业绩要求，高级管理人员和董事会要求
娱乐、文化、体育——电影放映	本土电影放映天数要求	业绩要求，市场准入

表5-4 美韩FTA中韩方涉及服务业领域的负面清单

（有权保留或进一步采取不符措施的行业）

部门	有权保留采取相关措施的领域	涉及原则
所有部门	有权采取2007年外商投资促进法相符的程序性要求、执行措施以及其他适用法律相符的措施；对社会利益构成威胁的投资；保证非歧视和公正的执行，不对投资构成变相的限制；仲裁相关的例外措施	国民待遇，业绩要求
	国有资产处置例外（符合透明度要求）	国民待遇，业绩要求，高级管理人员和董事会要求，当地存在
	针对CATS第16条的相关保留权利（跨境服务）	市场准入
	本协议签订前就实施和生效的多双边协定不适用的规定，在海事、航空、渔业领域签订的多双边协定不适用本协议，即使这些协议在本协议签订后生效	最惠国待遇
	有关行使政府权力的服务不适用于已签订的协定	国民待遇，业绩要求，高级管理人员和董事会要求
土地收购	对外资参与土地买卖保留权利（不违反外国人土地法案的相关规定）	国民待遇
枪支、刀剑、爆炸物	有权对枪支、刀剑和炸药、爆炸物的制造、使用、销售、储存、运输、进出口采取措施	国民待遇，业绩要求，高级管理人员和董事会要求，当地存在
弱势群体	有权采取措施给予弱势群体相关权利	国民待遇，业绩要求，高级管理人员和董事会要求，当地存在，最惠国待遇
国有电子、信息系统	对于含有政府专有信息或由政府监管职能和权利收集到的信息的国有电子信息系统的运营和管理有权采取保留措施，此项条款不适用于相关金融服务支付和结算系统	国民待遇，业绩要求，高级管理人员和董事会要求，当地存在

续表

部门		有权保留采取相关措施的领域	涉及原则
社会服务		对于执法和惩戒相关的社会服务、收入保障或保险，社会保障或保险，社会福利，公共培训，卫生和儿童保育等公共服务保留采取措施的权利	国民待遇，业绩要求，高级管理人员和董事会要求，当地存在，最惠国待遇
通信服务业	广播部门	无线电谱共享等互惠措施、市场准入、直接到户的单向卫星传输和直接广播卫星电视和数字|音频服务相关的国际协定例外	最惠国待遇
	非垄断的邮政服务	由军事服务人员或具同等地位的其他人员提供的邮政支持服务，信息与通信部的部长无需建设与交通部长授权，即可以分配相关服务所需车辆	国民待遇
	广播服务	媒体部门间跨部门所有权限制，设置外资认定所依据的股权比例或权益比例标准，广播服务提供商董事会成员国籍要求，需要一个平台运营商（如有线电视系统或卫星广播运营商）来重发地面广播信道或发送公益频道，要求一定比例的时间播放韩国动画，强制性外包配额，视频点播服务韩语内容比例要求，限制或禁止外商重传广播服务	国民待遇，市场准入，业绩要求，当地存在，高级管理人员和董事会要求
	广播和电信业务	订阅视频服务供应商	国民待遇，业绩要求，高级管理人员和董事会要求，市场准入，当地存在
	广播和视听服务	电影和电视制作由合作生产安排补足作品国民待遇，确定广播和视听节目是否是韩国制作	最惠国待遇，业绩要求，国民待遇
运输服务	铁路运输	与其他国家的多双边协议不适用该协议规定	最惠国待遇
	公路客运运输服务	出租车服务和定期客运道路运输服务	国民待遇，业绩要求，高级管理人员和董事会要求，当地存在，最惠国待遇
	内部水路运输和航天运输	国内水路运输服务和空间运输服务	国民待遇，业绩要求，高级管理人员和董事会要求，当地存在，最惠国待遇
	仓储服务	大米仓储服务	国民待遇
	海上旅客运输和海洋船运	国际海上旅客运输服务，海上沿海运输和韩国船只运营，行政许可要求，市场需求测试要求，沿海运输限于韩国船只	国民待遇，业绩要求，高级管理人员和董事会要求，最惠国待遇，当地存在
环境服务		处理和供应服务饮用水，收集和处理服务城市污水，收集、运输和处置服务城市生活垃圾；卫生和类似服务，自然和风景保护服务（环境影响评价服务除外），私人当事人之间根据合同提供上述服务是允许的	国民待遇，业绩要求，当地存在
原子能		核能发电，制造和核燃料供应，核材料，放射性废物处理与处置，放射性同位素和辐射发电设施，监控辐射服务，涉及核能的规划、维护和维修服务	国民待遇，业绩要求，高级管理人员和董事会要求，当地存在

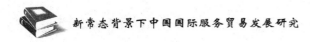

续表

部门	有权保留采取相关措施的领域		涉及原则
能源服务	发电（除核电外），电力传输，配送销售电力业务，但不低于附件一承诺水平		国民待遇，业绩要求，高级管理人员和董事会要求，当地存在
	天然气的进口、分销、终端运营、国家高压管网建设等，但不低于附件一承诺水平		国民待遇，业绩要求，高级管理人员和董事会要求，当地存在
分销服务	佣金代理服务，批发（含进口）服务，水稻、人参和红参的零售服务		国民待遇，业绩要求，当地存在
商业服务	房地产服务（不包括房地产经纪及评估服务）	房地产开发、供应、管理、销售、租赁服务（经纪和评估服务除外）	国民待遇，业绩要求，当地存在
	破产接管和服务	破产和接管服务，企业重组	国民待遇，当地存在，高级管理人员和董事会要求
		地籍测量服务以及地籍图相关服务	国民待遇
		农业、狩猎、林业和渔业附带服务	国民待遇，当地存在，高级管理人员和董事会要求，业绩要求
数字音频和视频服务	对于面向韩国消费者的数字音频和视频服务，韩国保留采取任何措施		国民待遇，最惠国待遇，业绩要求，当地存在
商业和环境服务	考试、发证和农业原料和活畜的分类		国民待遇，当地存在
报纸发行	出版报纸（包括印刷和分发）		国民待遇，当地存在，高级管理人员和董事会要求
教育服务	学前、小学、中学、高等教育和其他教育		国民待遇、当地存在、高级管理人员和董事会要求、业绩要求，最惠国待遇
社会服务	健康服务		国民待遇、当地存在、高级管理人员和董事会要求、业绩要求，最惠国待遇
娱乐、文化与体育服务	运动画面推广，广告或后期制作服务		国民待遇，最惠国待遇，业绩要求，当地存在
	博物馆和其他文化服务		国民待遇，当地存在，高级管理人员和董事会要求，业绩要求
其他娱乐服务	农村旅游业、渔业和农业网站		国民待遇
法律服务——外国法律咨询	外国授权的律师或外国律师事务所在韩国提供法律服务，外国执业律师、律所与韩国执业律师、律所等机构结成伙伴关系、隶属关系等；例外：美国律所建代表处以及美国执业律师提供相关服务，两年过渡期后允许外国法律顾问办公室与韩国律所合作，共同应对国内外法律相互混合的情况，五年过渡期后允许美国律所在韩国成立合资公司，韩国可以有股权比例或权益限制，要求雇佣韩国执业律师作为合伙人		国民待遇，当地存在，高级管理人员和董事会要求

续表

部门		有权保留采取相关措施的领域	涉及原则
专业服务	外国会计师事务所	根据外国法律注册的会计师或会计公司及在外国注册的会计师在韩国提供审计服务,高级管理人员和法人董事会提供合格的公共会计服务;针对美国的例外规定,包括五年过渡期等	国民待遇,当地存在,高级管理人员和董事会要求
	外国注册税务师	根据外国法律注册认证税务师或税务代理公司,国外认证税务师在韩国提供税务对账服务及税务代表服务,高级管理人员和法人董事会提供注册税务师会计服务,包括有关的主席;针对美国的例外规定,包括五年过渡期等	国民待遇,当地存在,高级管理人员和董事会要求
商业服务		受控制的商品、软件、技术的出口和再出口	国民待遇,当地存在

从韩国负面清单来看,其在一定程度上代表了韩方可以接受的不符措施的限制方式和程度,从涉及原则来看,当地存在、市场准入、国民待遇、业绩要求、高级管理人员和董事会等都有涉及。总体来看,韩国服务业对外资普遍存在当地商业存在要求,在大多数行业存在经营主体的国籍限制,少数行业存在外资股权比例、权益比例方面的限制以及行政许可,极少数行业还限制了外资进入的方式。从服务业各细分行业不符措施看,运输服务、商业服务、专业服务、教育、通信服务领域限制措施较多,并且规定较为细致,有具体的业务领域、经营方式等外资行为限制。

3. 澳大利亚负面清单范围和不符措施

从澳方负面清单看,涉及原则较为集中,即市场准入、国民待遇和最惠国待遇,很少涉及业绩要求、高级管理人员和董事会等。并且,澳方清单中还有中央政府和地方政府两个层面不同的规定,许多服务业领域存在地方层面的特殊规定。专业服务、运输、分销、教育、通信等领域不符措施相对较多,规定也较为细致,存在大量对外资行为的限制(见表5-5、表5-6)。

表5-5 中澳FTA中澳方涉及服务业领域的负面清单(现行不符措施)

部门	内容	涉及原则
安保服务	只有澳大利亚公民或永久居民方可取得在新南威尔士州开展安保业务的许可证	国民待遇
专业服务	专利代理人必须是澳大利亚常住居民; 非澳大利亚常住居民的人士,可能会被拒绝注册成为公司审计师或清算师。提供审计服务的事务所,至少必须有一名合伙人是澳大利亚常住的注册公司审计师; 移民代理人必须是澳大利亚公民或永久居民,抑或是持特殊类别签证的新西兰公民,方可在澳大利亚开展移民代理; 报关服务提供者必须在澳大利亚境内或从澳大利亚提供服务; 地方政府也有其他规定等	国民待遇
通信服务	澳大利亚邮政公司享有在澳大利亚境内发行邮票和在澳大利亚为来自澳大利亚境内外的信件提供寄递服务的专营权	市场准入,国民待遇,最惠国待遇

部门	内容	涉及原则
研发服务	经营实体优先排序	国民待遇
房地产与分销服务	非澳大利亚居民不可被委任为代理人，有注册地点要求	国民待遇
采矿与相关服务	要求使用当地劳动力和服务	国民待遇
其他商业服务	根据澳大利亚北领地《性交易监管法》要求：只有北领地居民方可获发陪侍机构业务的经营许可证或管理许可证，满足居住要求	国民待遇
分销服务	新南威尔士州对大米保留经销管理局制度，而西澳大利亚州对马铃薯也保留经销管理局制度； 只有北领地居民方可获发火器许可证。许可证与牌照将在持证人不再永久居住于北领地三个月后失效； 居住地点要求、营业范围限制等	国民待遇
健康服务	经营地点要求，董事会成员国籍要求，联邦血清实验室不得在境外注册等	国民待遇
旅游与旅游相关服务	取得旅游代理经营许可证的人员，必须在昆士兰拥有营业地址（地方政府要求）	国民待遇
娱乐、文化与体育服务	办事处地点要求、要求首席执行官为当地居民	国民待遇
运输服务	每家提供澳大利亚往来国际班轮货物运输服务的海运承运人，必须始终以居住在澳大利亚的自然人作为代表人；股权比例限制、董事会成员国籍要求、经营地点限制；地方政府其他要求等	国民待遇
金融服务	要在澳大利亚开展银行业务的实体，必须是法人实体，并获得澳大利亚金融监督管理局（APRA）授权，成为经授权的存款吸收机构（ADI）；地方政府其他规定，包括总部设在当地、在地方设有经营场所等	市场准入，国民待遇

表 5-6 中澳 FTA 中澳方涉及服务业领域的页面清单

（可以维持现行措施或将来采纳新的限制性更高的措施）

部门	内容	涉及原则
所有部门	澳大利亚保留权利，采取或维持任何通过自然人存在或其他自然人移动方式提供服务的措施，包括入境或临时居留，采取或维持优先照顾原住民组织	市场准入，国民待遇
	对于外国人及外国政府投资者在澳大利亚的投资计划，澳大利亚有权采取或维持其认为出于保护基本安全利益所必需的任何措施	市场准入，国民待遇，最惠国待遇
社会服务	澳大利亚保留权利，采取或维持有关提供执法与惩教服务及以下方面的措施，该类服务属于为公共利益而创办或维持的社会服务：收入保障或保险、社会保障或保险、社会福利、公共教育、公共培训、医疗卫生、托儿、公共事业、公共交通与公共住房	市场准入，国民待遇，最惠国待遇
通信服务与娱乐、文化和体育服务	澳大利亚保留权利，采取或维持以下方面的措施： 创意艺术、文化遗产及其他文化产业，包括视听服务、娱乐服务与图书馆、档案、博物馆及其他文化服务； 广播与视听服务，包括规划、许可与频谱管理方面的措施	市场准入，国民待遇，最惠国待遇

续表

部门	内容	涉及原则
分销服务	澳大利亚保留权利，采取或维持烟草制品、酒精饮料或火器批发与零售贸易服务方面的任何措施	市场准入
教育服务	澳大利亚保留权利，采取或维持初等教育方面的任何措施； 澳大利亚保留权利，采取或维持以下方面的任何措施： 独立的教育和培训机构在录取政策、学费设置、课程大纲或课程内容制订方面保持自主权的能力； 针对教育和培训机构及其项目非歧视性的认证质量保证程序，包括必须满足的标准； 提供给教育和培训机构的政府资金、补贴或补助，如土地划拨、税收优惠和其他公共利益；或教育和培训机构需遵守关于在特定司法管辖区内建立和运营某设施	市场准入，国民待遇，最惠国待遇
博彩业	澳大利亚保留权利，采取或维持博彩业方面的任何措施	市场准入，国民待遇
海运	澳大利亚保留权利，采取或维持沿海运输服务与离岸运输服务方面、在澳船舶注册的任何措施	市场准入，国民待遇
运输服务	澳大利亚保留权利，采取或维持联邦出租机场投资方面的任何措施	市场准入，国民待遇
金融服务	澳大利亚保留权利，采取或维持由政府对政府所有实体提供担保的任何措施，包括实体私有化方面的担保，该担保可能开展金融操作	国民待遇

二、代表性发展中国家负面清单简介

印度尼西亚、菲律宾等已经实行负面清单管理模式的发展中国家，其经济发展阶段、经济总量规模、产业发展现状等特征与中国更为相近，因此，其负面清单的设计对中国更有参考价值（见表5-7）。

表5-7 代表性发展中国家负面清单对比

	不符措施	清单范围
菲律宾	外资持股比例限制分七个档次：禁止投资；20%最高持股比例；25%最高持股比例；30%最高持股比例；40%最高持股比例；49%最高持股比例；60%最高持股比例等。依据《外商投资法》，除禁止外资的领域外，对于未列入负面清单的领域和清单A的领域，外资只需向证券交易委员会或贸易与工业部的贸易与消费者保护处登记备案即可。对于清单B的领域，外资必须得到警察厅或国防部的事前审批和授权。另外，对于一些需特许经营或向特定政府部门特别登记的行业，仍然要遵循特别法	分清单A和清单B。清单A列出的是依据菲律宾宪法或其他法律限制外资投资比例的领域；清单B列出的是依据国家安全、防卫、健康和道德风险，或者保护中小企业等原则限制外资投资比例的领域。但是金融领域仍然适用专门的银行法
印度	外资持股比例限制有四种：26%，49%，51%和74%。这些比例上限的设定是为了与1956年的《公司法》配套。按照政府的解释，26%以上的股份才能阻止某些特定的公司决策；49%意味着不能控股；51%以上意味着能够控制公司的一般决策；74%以上则能阻止特别重大的公司决策；51%以上印度国民控股的公司再投资的，不受负面清单限制，这就意味着所有行业的外资持股至少能达到49%	印度禁止四个行业的外商投资：①零售贸易（除单一品牌零售以外）；②原子能；③彩票；④赌博。除此之外，印度对外资准入的限制分为三个方面：①持股比例限制；②准入许可程序；③附加条件，如国籍要求、最低资本要求、锁定期限等

续表

	不符措施	清单范围
印度尼西亚	不符措施大致分为十类：①为中小企业保留行业；②与中小企业合作；③有限外资所有权；④特定地点；⑤需要特殊许可；⑥100%国有资本；⑦外资及特定地点；⑧外资与特殊许可；⑨100%国有资本及特殊许可；外资所有权／东盟国家资本投资地点等	农业、林业、工业（对环境有害）、运输、通信信息服务、教育、文化、旅游等

总体来看，首先，发展中国家大致将以下几类行业纳入了负面清单，①战略性行业，如能源、资源；②农业；③教育、通信、文化等敏感领域。部分敏感行业和领域没有以负面清单的形式进行规制，如菲律宾对金融领域的做法，仍适用其国内银行法。其次，发展中国家负面清单开放程度显然并不高，不符措施中外资股份比例的限制、业绩要求、行政许可要求等大量存在，这明显与美式投资规制不符。

三、对我国负面清单的启示

美国是负面清单管理模式的先行者，在推动外资自由化和保留东道国对外资采取管理措施的权利之间的均衡有很多好的经验。另一方面，韩国、澳大利亚在面对美国，进行"准入前国民待遇加负面清单"承诺，也充分运用协定条款和负面清单保障本国利益。这对我国外商投资负面清单管理模式实施提供了有益经验。

1. 负面清单管理模式是一项系统工程

外商投资从"正面清单"到"负面清单"管理模式的转变是一项系统工程，它涉及国内外商投资管理体制的重大改革。由于负面清单模式在很大程度上削弱一国对外资的管辖权，因此，即使是美国这样经济高度发达的国家，在实施负面清单管理模式时，也需要通盘考虑，充分协调和均衡外国投资者的利益以及本国的产业安全和经济安全。在国际层面，通过条款和规则的设定在保障投资者利益和国家利益间进行平衡；在国内层面，通过政策法律法规的制定加强对外资的监管。

我国作为发展中国家，产业的国际竞争力远低于美国，尤其是服务行业，因此，在更大范围内实施外商投资负面清单管理模式时应更加慎重，对产业进行全面、系统的梳理，在政策设计时应有清晰思路。

2. 负面清单管理模式的核心是维护国家利益

美国一直以来在国际上倡导外商投资负面清单管理模式，根本目的并不是为了保护在美国投资的外资企业，而是为了更好地推动本国产业发展，维护国家核心利益。因此，美国在推动外商投资负面清单管理模式时，充分利用其在国际上影响力，在投资规则制定上，从维护本国利益出发，制定出系统、详细、周全而严密的各类条款，同时在国内积极完善各类法律法规保障本国安全。韩国在实施外商投资负面清单管理模式时，为保护本国产业利益和国家经济安全，对负面清单的制定也非常慎重，基本涵盖国内产业的各个方面。

因此，我国需要很好地借鉴这些国家的经验，在全面推进负面清单管理模式实施过程中，构建起完整系统的风险防御措施，保障国家核心利益。

3. 实施负面清单模式应坚持国内改革和开放优于对外开放

发展中国家在面对发达国家进行外商投资负面清单方式承诺时，最重要的一点是国内改革应优先于对外开放。

从我国的改革开放进程来看，一直延续的是以对外开放促对内改革，对内改革往往滞后于对外开放，对内开放更是明显落后于对外开放。负面清单管理模式和准入前国民待遇紧密相连。对外资的准入前国民待遇加负面清单的管理模式意味着，在外资的准入阶段将极大减少审批手续，并在外国企业建立和运营之前就赋予与本国投资者的同等待遇。而我国目前对内还没有实现充分有效开放，私人投资者进入相关行业的自由化和便利化水平远低于外国投资者。因此，要特别强调对内开放应优于对外开放。

4. 国内法律法规完善是实施负面清单的基础

一般来说，负面清单中的不符措施包含四个要件：涉及行业及子行业；涉及原则；国内法依据；具体不符措施的描述。也就是说，负面清单当中要把不符措施适用的国内法律法规尽数列出，否则将不能以违反国内法为由对市场开放进行限制。可见，要制定透明度高并易被缔约方接受的负面清单，最主要的是国内行业法律法规的完善，从现有法律法规中理清那些与国际通行规则及相关承诺不符的国内法律法规条款和政策措施。

我国政府长期以来通过行政审批来管理经济事务和市场准入，各种部门立法、措施、文件汗牛充栋，差别待遇广泛存在。与此同时，服务业相关行业法律法规又相对滞后。这给我国实施外商投资负面清单管理模式造成障碍。因此，如果想制订国际认可和接受的负面清单，我国应重点以市场准入和国民待遇的不符措施为梳理对象，同时兼顾当地存在、业绩要求、高管构成与最惠国待遇，着重梳理中央（特别是各部门立法）和省级层面的政策措施。

5. 基于本国产业竞争力制定负面清单

作为实力悬殊国家之间签署的自由贸易协定，弱势的一方都会非常慎.重，根据本国产业在国民经济中的地位和竞争力状况，针对不同的行业制定出差异化的不符措施或负面清单。如韩国对于建筑、运输等优势产业并未全盘放开,而是有针对性地设计一些保护措施；对于旅游这一逆差行业，由于本国旅游业发展潜力不大，韩国也没有大加保护，只是保留部分限制。我国作为全球服务贸易大国，服务贸易进出口发展极不平衡，各行业之间的发展也不均衡，因此，制订负面清单时应对各领域及细分行业的发展现状、竞争能力、问题成因等进行认真细致的研究，形成能够被缔约方接受并且符合我国产业发展水平的负面清单。如果有可能的话，应尽可能保留更多种类的负面清单附件。

以运输和旅游业为例，我国的运输和旅游产业原本是传统优势产业，但近年来却成为服务贸易逆差的最大来源。多项研究表明,在未对产业竞争力进行科学评估的基础上对外资过度开发,以及实施外资超国民待遇,是造成我国运输业竞争力急剧下滑的重要原因之一。因此,未来要尽可能地利用 WTO 的保护性条款,保留和采取一些有助于我国运输企业提高竞争力的不符措施。旅游业则不同,造成其贸易逆差的原因不在于开放过度,而在于国内旅游环境不完善造成的入境游客消费意愿降低,以及过高的税收与物流成本引起的大陆公民出境购物大量增加。可见,国内旅游产业链单一、旅游形象僵化和低端化,以及不合理的税收和流通体制等,才是迫切需要解决的问题。从开放角度讲,如能进一步放开自然人移动(如外国导游入境可增强外国游客的信任感和购物欲望),反而有利于贸易逆差的减少。

6. 注重开放承诺的统一性和延续性

韩国对外签署的 FTA 中,无论采用正面列表还是负面清单,其关键部门的开放承诺都基本一致。如在建筑服务领域,无论是同智利、印度、东盟等发展中国家,还是与新加坡、美欧等发达国家所签订的协议中,都有当地存在的要求。也就是说,并不因伙伴国某一产业竞争力相对强/弱而做出不同的开放承诺,这样做,可以避免伙伴国以先前达成的协定为由提高准入要价。事实上,当前美欧等国家就以我国大陆与港澳之间达成的 CEPA 为由,提出很多不符合我国发展国情的要求。必须指出,CEPA 尽管是 WTO 不同关税区之间达成的经贸合作协定,却是在我国"一国两制"的大框架下形成的,很多条款是大陆单方面给予港澳地区的特殊优惠政策,不能将其完全等同于协议开放。鉴此,我国在对外签署 FTA 时,应尽量保持各个协定之间的统一性。

对外签署 FTA 还应加入一些延续性内容。事实上,韩美 FTA 的附件 2 主要就是对不符措施在未来继续实行的一种保障。这种保障既有针对细分领域的具体举措,也有基于国家公共秩序、弱势群体保护等理由,适用于所有领域的规定。此外,由于服务贸易新业态和新模式发展很快,我国还可在协定中明确规定,保留对本国尚未出现的产业制定不符措施的权利。

7. 负面清单并不是保护本国产业的唯一方式

美国实施外商投资负面清单管理模式的经验表明,并不是只能通过负面清单列表未保护本国的产业。一方面可以通过各类条款的完善来保障本国安全和争取更多的外资管辖权,包括重大安全条款的设置和完善,投资者对国家争端解决机制的慎用等。另一方面,更多的限制措施体现在国内政策法律法规中,尤其是技术条件、备案和登记的办法和制度等,都可以对外商投资进入构成实质性限制。

从我国来看,由于一直过分依赖审批手段来对外资进行管理,国际层面相关保障国家安全利益条款不多,尤其是有针对性的保护条款,此外,国内层面还没有太多技术手段未保护本国产业,这些都是需要进一步完善的。

第三节　未来中国服务业负面清单调整方向

负面清单是东道国对外商进行准入前国民待遇承诺的一种模式，它代表东道国通过极大削弱本国对外资的管辖权来提升投资自由化水平。因此，外商投资负面清单管理模式对于东道国来说，应是一把"双刃剑"，既有非常积极的作用和意义，但是一旦法律法规和管理体制机制不完善，也容易引发各类重大风险。

一、实施负面清单的意义及风险

1.积极意义

2013 年，我国开始试验外商投资负面清单管理模式，它的实施是国内外新环境下党中央做出的重大决定，对于我国进一步对外开放，参与国际投资新规则的制定以及进一步促进和深化对内改革有着重要意义。

（1）提高我国在全球经济治理中的制度性话语权

2008 年全球金融危机后，世界经济贸易格局出现新调整，以中国为代表的发展中国家整体性崛起，在世界上话语权增强，与此相对应的是发达国家整体地位的下降。为保持现有全球规则和制度制定者的地位，在多边领域受挫的前提下，美欧等发达国家通过诸边和区域协定积极推动以负面清单和准入前国民待遇为核心的，并包含众多新议题的新一代投资规则的建立，其中最有影响力的是 TISA、TPP 以及 TTIP。2015 年 10 月，澳大利亚、文莱、加拿大、智利、日本、马来西亚、墨西哥、新西兰、秘鲁、新加坡、美国和越南共同宣布 TPP 谈判达成协议。TPP 协议共有 30 个章节，覆盖范围广泛的贸易和相关问题，包括货物贸易、海关和贸易设施、卫生检疫措施、贸易的技术壁垒、贸易救济、投资、服务、电子商务、政府采购、知识产权、劳动、环境以及一些"横向"章节等，由于全面的市场准入以及包括 21 世纪的新议题使之成为标志性协议，意味着新一代贸易投资规则已有雏形。《中共中央关于制定国民经济和社会发展第十三个五年规划的建议》中第一次提出，提高我国在全球经济治理中的制度性话语权。由于中国基本被排除在 TISA、TPP 和 TTIP 之外，为了积极参与并引领新一代贸易投资新规则，提升在全球经济治理中的制度话语权，2013 年我国同意在中美 BIT 中以准入前国民待遇加负面清单的模式进行谈判，同年我国在上海自贸试验区中实行外商投资准入前国民待遇加负面清单模式的试点，2015 年进一步将试点的范围从上海自贸区扩展到广东自贸试验区、天津自贸试验区和福建自贸试验区。2014 年和 2015 年我国又分别签署《内地与香港 CEPA 关于内地在广东与香港基本实现服务贸易自由化的协议》《内地与澳门 CEPA 关于内地在广东与澳门基本实现服务贸易自由化的协议》《内地与香港 CE-PA 服务贸易协议》以及《内地与澳门 CEPA 服务贸易协议》，分别在广东和内地全境以准入前国民待遇和负面清单的模式基本实现广东与港澳服务贸易自由化以及内地与港澳服务贸易自由化。2015 年中国—韩国自由贸易区协定（简称中韩 FTA）和中国—澳大利亚自由贸易区协定（简称中澳 FTA）签署，在这两个新签署的协定中我国创新性地承诺对投资和服务贸易领域分两阶段进行谈判，在第二阶段将以准入前国民待遇和负面清单进行谈判。因此可以看出，我国主动进行外商投资准入前国民待遇加负面清单模式的实践是充分考虑化解金融危机后我国在国际上面临的外部压力，化被动为主动，积极融入全球贸易投资新规则，参与并引领新一代规则，提高我国在全球经济治理中的制度性话语权的有效战略。对全球投资规则由加入 WTO 时期的被动适用到目前的主动参与并积极掌握主动权，是支撑我国从经济大国向经济强国转变的必由之路。

（2）带动外商投资管理体制变革

我国外商投资负面清单管理模式从准入后国民待遇加正面清单逐渐转变为准入前国民待遇加负面清单。由于实施准入后国民待遇的东道国对准入阶段外商投资不赋予国民待遇，东道国在准入阶段保持对外商投资准入的审批程序，而实施准入前国民待遇的东道国由于在准入阶段给予外商投资国民待遇，除了进入负面清单的行业、领域以及业务继续保持准入审批外，东道国取消其他所有外商投资在准入阶段的审批程序。我国已经开始在四个自贸试验区对外商投资试点准入前国民待遇加负面清单以及从 2016 年 6 月 1 日开始正式在内地全境对来自港澳服务领域的外商投资实行准入前国民待遇加负面清单的管理模式，首先必然要求外商投资审批部门在自贸试验区以及对来自港澳的服务业投资简政放权。除负面清单中的行业、领域、业务外，我国对在自贸试验区内设立的以及对来自港澳服务提供者投资的外商投资项目由审批制向备案制转变。这是我国外商投资管理体制的重大变革，我国开始由注重事前审批向注重事中事后管理转变，不断完善事中事后监管措施以及与事中事后监管措施相关的体制制度，如社会信用体系、信息共享和综合执法制度、企业年度报告公示和经营异常名录制度、市场监督制度等。而且与新一代投资规则要求接轨的、新的外商投资管理体制将随着我国改革开放进程的不断推进由局部范围和局部领域逐渐向全国推广，最终促进全国外商投资管理体制的变革和创新。

（3）推动更好地发挥政府作用

外商投资负面清单管理模式的实施体现了新时期中央政府管理经济事务理念的转变，有利于推动更好地发挥政府作用。一直以来，我国政府是政策制定者、市场监管者，又通过国有企业直接参与生产、分配和资源的配置等微观环节，导致管得过多过细、统得过宽过死。主要原因在于各级政府和各级主管部门对经济事务的管理采取正面清单方式，核心在于"管"。同时，由于正面清单的不可穷尽，导致政府和部门对经济事务管理的自由裁量权过大。外商投资负面清单制度的实施在国家层面不断促进政府管理经济事务逐渐从"管理"转向"服务"，寓监管于服务。负面清单取代正面清单，政府将对外商投资管理事项列入一张清单，从而在制度上保障政府和部门对外商管理范围是有限的。同时，外商投资负面清单，与政府的权力清单、责任清单一起，成为政府行为的规范，在"法无禁止皆可为、法无授权不可为、法定职责必须为"的理念下，第一次清晰地、完备地界定了政府和部门管理经济事务的职能和边界，大幅收缩政府审批的事项和范围，推动行政审批制度改革的深化，促进政府运用法治手段加强市场监管，创新行政管理方式，提高行政管理效率，带动政府职能大转变。这一制度与十八届五中全会提出的运用法治思维和法治方式推动发展的理念一脉相承，强调加强法治政府建设，依法设定权力、行使权力、制约权力、监督权力，依法调控和治理经济，实现政府活动全面纳入法制轨道。此后，来源于外商投资管理的负面清单被国内各级地方政府和各个行业广泛地、创造性地使用，其归根结底还是践行中国政府职能转变以及管理经济事务新理念，减少"管"，加大"服务"，建设服务型政府。

（4）实现市场在资源配置中的决定性作用

改革开放以来，经过30多年高速增长，我国经济步入"增速放缓、转型换挡、结构优化、全面提质"的新常态。通过过多行政审批和行政命令来配置资源已明显不符合经济发展新常态，因此需要重新界定政府和市场的关系，真正实现让市场在资源配置中起决定性作用。党的十八届三中全会第一次明确提出：使市场在资源配置中起决定性作用。这就要求从广度和深度上积极稳妥推进市场化改革。外商投资负面清单管理模式的实施直接明确了清单以外的行业、领域、业务等，外商投资企业可依法平等进入，它通过一张清单有力地推动了市场化改革，极大降低市场主体之外商投资企业的市场准入门槛。与此同时，国务院又将外商投资负面清单管理模式引入到国内市场，通过市场准入负面清单制度进一步降低外资企业和民营企业市场准入的障碍，让外资企业、民营企业与国有企业在相同的规则下开展竞争，有利于打破市场准入中的地域分割、行业垄断和部门垄断，形成各类市场主体平等使用生产要素、统一开放、竞争有序的市场环境，为发挥市场在资源配置中的决定性作用提供更大空间。

（5）有利于构建开放型经济新体制

全球价值链的发展让各国相互依存和交融日益增长。发达国家和发展中国家加快推进诸边和区域合作以构建和打造国际投资新规则。我国实行外商投资准入前国民待遇加负面清单制度是依照国际投资新规则在准入阶段赋予外商准入国民待遇，有利于积极推动我国开放型经济新体制的建立。首先，外商投资负面清单管理模式极大放宽了外商投资市场准入，尤其是进一步放宽服务业外资的市场准入，重点推进金融、教育、文化、医疗、育幼养老、建筑设计、会计审计、商贸物流、电子商务等服务领域的不断开放。其次，外商投资负面清单管理模式创新了利用外资管理模式，从"重事前审批、轻事后监管"向"轻事前审批、重事后监管"转变，从而加快实现外商投资制度的新变革和创新。再次，外商投资负面清单管理模式从国内自主开放逐渐延伸到对外的自由贸易区建设中，如我国2015年签署的中韩FTA和中澳FTA中都承诺未来使用准入前国民待遇加负面清单的方式进行谈判，区域全面经济伙伴关系（RECP）也是以准入前国民待遇加负面清单的模式在加紧推进。最后，外商投资负面清单管理模式实施通过对外的加速开放，进一步破除国内阻碍开放的体制机制障碍，以开放促改革、促发展、促创新，最终提升我国开放型经济水平，构建开放型经济新体制，打造开放型经济新格局，形成国际合作竞争新格局。

（6）促进我国企业走出去

2014年，来自联合国贸发组织对全球主要跨国企业的调查显示，由于国内稳健的经济增长以及巨大的市场潜力，我国继续在全球十大最具吸引力的投资目的地中排名首位，28%的跨国企业将我国作为首选投资目的地。随着我国投资环境的不断完善，我国连续多年保持全球跨国公司首选的投资目的地。但是，跨国公司对我国的抱怨有增无减，最大的问题在于跨国公司认为，在中国的外国投资缺乏公平的市场环境。《中国欧盟商会企业信心调查2015》显示，55%的欧洲企业认为外资企业与本行业的本土企业相比更容易受到不合理对待。中国美国商会发布的《中国商业环境调查报告2015》显示，许多美国企业已开始重新审视在华投资战略，2015年超过30%的企业没有扩大投资的计划，这是2009年经济衰退以来出现的最高比例。从监管的角度看，近半数的企业认为外国企业在华没有以前受欢迎，市场准入限制是主要制约在华投资意愿的行政手段。中国欧盟商会和中国美国商会一致认为，外商投资负面清单管理模式的全面实施将有利于降低中国外资监管的复杂性，有利于改进外资市场准入状况。外商投资负面清单管理模式的实施不但有利于改善我国投资环境，吸引高质量外资进入，更有利于促进我国企业走出去。这是因为一国一旦认为本国企业在中国市场受到歧视性待遇，一般也会相应给予中国企业歧视性待遇。外商投资负面清单管理模式的实施能够极大减少各级政府对外商投资项目的审批，为包括外商投资企业在内的各类市场主体提供统一有序、公平竞争的市场环境，最大可能地降低对外资企业的歧视性待遇，从而赢得更多国家和地区对我国企业走出去的公平待遇。同时将外商投资负面清单管理模式从国内延伸到与其他国家和地区签署的自由贸易区协定中，换取对方国家和地区对我国企业走出去的公平对待，通过以准入前国民待遇加负面清单的形式签署FTA，变成具有法律约束力的条款，形成制度性安排和投资新规则，能够充分为我国企业走出去营造更加安全和公平的海外市场环境。

2. 可能面临的风险

虽然实施外商投资负面清单管理模式对我国来说意义重大，但是从另一方面来看，风险也是显而易见的。从现有国际上以负面清单方式进行承诺的非发达国家来看，以小国为主，主要分为两类：一类是国内经济和产业发展基础非常薄弱，急切希望与美国等发达国家以负面清单方式换取本国其他方面的利益，包括对方对本国大范围援助等。同时，也希望在充分和完全的市场竞争中发展本国产业，如越南。另一类是经济实体较强、开放度较高，但本国产业体系并不完整的国家，如新加坡，它一直在高度开放中提升本国优势产业。像我国这样经济体量庞大、产业体系完整齐全，但竞争力弱的发展中国家，实施外商投资负面清单管理模式在全球是独一无二的，将面临各方面巨大风险，对于这一点，我国中央政府应保持清醒的认识。

（1）陷入美国制度霸权的风险

从20世纪90年代开始，美国就极力在全球推行以其为主导的投资规则，服务于其在投资领域的霸权国地位。金融危机后，为进一步压制发展中国家尤其是我国的崛起，美国在积极倡导高水平投资自由化的同时，加入了竞争中立、环境、劳工等新议题，以促进在区域范围内率先形成新的国际投资规则和准则。目前，我国已基本接受美国主导的高标准投资自由化，以准入前国民待遇加负面清单模式进行中美投资谈判。但由于双边投资谈判是一项巨大的工程，耗时耗力，需要一定的时间。短期内，如果我国陷入对负面清单模式的过分崇拜，在国内改革没有完全到位的情况下，激进、盲目地全面推进外商投资负面清单管理模式，为开放而开放，那将真正有可能掉入美国设计好的制度霸权陷阱。

（2）让渡国家核心安全的风险

负面清单最大的特点是大范围地让渡国家的外资管辖权，因此，在承担具有约束力的国际义务的同时，如何保障国家核心利益是东道国最关注的问题。即使如美国这般高调推行投资自由化的国家，还是尽一切可能在开放中保障本国的核心利益。负面清单管理下的市场基本是对外开放的，每个国家都会出台相应的措施来保障本国的核心安全和经济利益。我国之前由于对外商投资的管理侧重在准入阶段，因此，没有形成保障国家利益的安全门。例如，在国际层面上，对国家安全保障条款不重视，很多协定中都没有签署这个核心条款；在国内层面，外资并购审查制度的保障力度和可操作性差，没有起到真正的屏障作用。

（3）阻碍我国产业竞争力提升的风险

我国实施外商投资负面清单管理最直接的风险就是国内产业面对来自发达国家的强势竞争。根据我国产业的发展情况，面临的风险主要有以下几种：一是我国原有的竞争优势产业在过度开放后竞争力明显下降；二是我国弱势产业面临激烈竞争后的全军覆没；三是我国需要保护的新兴产业在竞争中出现成长困难；四是没有给未来产业发展预留足够空间引发的风险。这主要涉及负面清单的制订，包括哪些行业和领域是需要国家进行保护而放入清单，以限制或禁止外资进入。如果清单过长，负面清单管理意义不大，并且容易受到其他国家的诟病，在国际也不容易达成协定；如果清单过短，则我国产业安全得不到保障。

（4）监管体系不完善引发的风险

监管体系的完善是我国实施外商投资负面清单管理模式的基础条件，这一点可能有别于越南等发展中国家的情况。主要原因在于：美国等发达国家对我国的发展、崛起和强大心存顾虑，发达国家希望通过负面清单和准入前国民待遇等全球投资新规则将我国纳入其管控范围。外商投资负面清单管理模式下，国家的行政壁垒将被大幅削减，发达国家对外资的监管主要依靠技术手段和技术壁垒。我国长期以来实施正面清单管理模式，对外资的监管主要依靠行政手段和行政壁垒，一旦过早全面推进负面清单管理，行政手段和行政壁垒取消，我国对外资的监管手段和监管方式没有建立，包括政府的监管能力严重不足，真正意义上的行业自律组织没有建立，行业法律法规不健全等，这将引发监管风险。同时，由于法律体系的不一致，我国实施负面清单管理的监管风险也大于美国。按照美国的法律体系，国内法高于国际法，尽管政府在对外谈判中达成了开放协定，但如果国会不通过，国内不承担开放的国际义务，这等于给美国设置了一道屏障。而我国法律体系刚好相反，国际法高于国内法，一旦在国际层面达成负面清单方式的承诺，将有开放的义务，如果监管体系不完善，引发的风险将是不可控的。因此，监管体系的完善对我国实施外商投资负面清单管理模式非常关键。

二、我国负面清单管理模式发展存在的问题和挑战

由于我国负面清单管理模式实践还处于摸索阶段，与目前国际上负面清单管理模式相比，我国还面临许多挑战和问题。

1. 负面清单管理模式缺乏系统设计

由于我国实施外商投资负面清单管理模式的试验更多的是外部压力推动的。从国内看，最初，不但是政府层面、产业界对负面清单管理模式的理解停留在概念上，甚至是学术界也没有对我国实施负面清单管理模式进行过深入研究，现有专门针对负面清单的研究也都是在上海自贸试验区成立后出现的。因此，我国外商投资管理从正面清单模式真正过渡到负面清单模式，还有很长的路要走，当务之急是对我国实施外商投资负面清单管理模式进行深入研究，做好顶层设计和系统设计，提出明确的思路、实施路径和对策建议。

2. 国内改革没有完成

我国外商投资负面清单模式的实施并不是国内改革完成后水到渠成的结果，因此，国内改革尤其是重要领域的改革没有完成，会对负面清单模式的全面实施造成较大阻碍。

（1）重要改革还没有完成

对我国来说，实施外商投资负面清单管理模式涉及整个政府管理体制的重大变革，其中首当其冲的是外商投资管理体制变革。此外，重要领域市场化改革也是负面清单管理模式实施的基础和前提。目前看，我国符合负面清单管理模式所需的外商投资管理体制改革刚刚开始，外商投资法律法规完善还需时日。同时由于国内一直以来服务经济发展的滞后，重点服务业市场化改革仅处于起步阶段，尤其是金融、电信等领域，这些都制约了外商投资负面清单管理模式的全面实施。

（2）行业法律法规不完善

外商投资负面清单的制定，一方面要求对产业政策进行全面梳理，另一方面还需国内有完善的法律法规以及发达的商协会等行业中介机构，以便更好地制定负面清单和加强对外商投资的监管。由于我国一直实施的是正面清单模式，对外资进入实行审核制，尤其是服务领域的开放相对有限，所以法律法规的一致性、合规性等和发达国家相比，还有较大

差距。加入 WTO 前后，我国对所有涉及外商投资法律法规进行了一轮较为彻底的废止、修订和更新，包括涉及行业的法律法规。但是由于当时我国开放的重点在于制造业，服务业开放是相对被动的，因此服务领域法律法规的调整并不完善，导致目前我国服务业开放面临很多玻璃门、弹簧门等问题，大门已开，但中门、小门没开。负面清单管理模式下对行业法律法规的要求更加具体明确。如果我们没有在行业法律法规中将限制外商进入的措施和手段做出明示，那么在外商投资负面清单管理模式下认为这个行业是完全对外开放的，这将对我们产业安全造成明显负面影响，尤其是国际竞争力差且对国民经济非常重要的服务领域，如金融、电信等。此外，由于我国商协会等行业中介组织发展行政色彩浓厚，没有形成较好的行业自律和行业监管，导致对包括外资在内的行业监管缺失和手段缺乏。

3. 负面清单格式与国际标准相去甚远

此外，与国际通行负面清单格式相比，我国外商投资负面清单格式还有很多不足，主要表现为以下几个方面。

（1）特别管理措施缺乏国内法律法规支撑

从国际负面清单管理模式看，绝大部分国家在国内并没有出台统一的负面清单来规范外国投资，对外商投资的限制条款分散于各行业法律法规中。在所签署 BIT 和 FTA 中，各国则将国内散见于各法律法规中的与当地成分、市场准入、国民待遇、最惠国待遇、业绩要求、管理人员和董事会人员等不符的措施通过负面清单形式整理出来。因此，在国际层面，各国在制定负面清单时，其中不符措施条款是援引自国内法律法规。也就是说，国内法律法规是各国制定负面清单的基础。相比之下，我国自贸试验区特别管理措施并没有列明引自的行业法律法规及所涉及的相关原则，因此缺乏法律支撑，这也直接导致负面清单的法律效率以及透明度等问题。

（2）负面清单中的特别管理措施过于繁杂

与《外商投资产业指导目录》为基础的外商投资正面清单管理模式比较，上海自贸试验区外商投资负面清单管理模式实际上是换汤不换药，形式上有所变化，但实质内容没变，只是将产业指导目录中禁止和限制类行业直接转化在负面清单上。另外，上海自贸试验区每年在发布负面清单时，都单独出台开放措施，如 2013 年在试验区总体方案中出台了包括金融在内的 6 大服务领域的 23 项扩大开放措施；2014 年国务院又进一步批准试验区扩大开放的 31 条措施。上海自贸试验区在推进开放时更多不是参照负面清单，而是依据相应的开放措施。负面清单的意义更多在于外商投资管理体制改革，对行业改革的意义相对较小，这也直接导致负面清单中的不符措施内容繁杂，需要保护的行业重点不突出。如2013 年版负面清单中总共有高达 190 项特别管理措施，2014 年版负面清单虽然经过了修正和调整，但也依 1 日保留了 139 条措施，即使 2015 年版负面清单进行大幅调整后依旧保持了 122 条特别管理措施，这些条款如果直接放入国际谈判中，达成一致的可能性很低。

（3）特别管理措施透明度低、可操作性不强

上海自贸试验区负面清单中特别管理措施中有很多限制过于笼统，可操作性较差。如房地产中介服务，特别管理措施规定：限制投资房地产二级市场交易及房地产中介或经纪公司。但是，具体限制措施如何？是要求中方控股？外商参与形式限于合资、合作？还是对房地产中介服务中具体某一项或几项服务外商不能提供？这些问题并没有明确表达，导致负面清单的可操作性大打折扣。之后修订的负面清单尽管放开了外资企业进入房地产业的限制，但相关的笼统的限制措施还是不少。国际上现有的负面清单中，不符措施要素清晰，描述具体详细，援引的法律法规条款也很明确，透明度较高。与之相比，我国负面清单中的特别管理措施明显缺乏法律法规条款依据，透明度低，不利于具体实施。

（4）负面清单中不符措施的行业分类未与国际接轨

我国自贸试验区的负面清单按照《国民经济行业分类及代码》分类编制。而国际上，包括美国在内诸多国家，不管是多边协议如 WTO 协定，还是诸边、双边协议如 TISA、BIT、FTA 当中，服务行业或部门的分类都是依据 WTO《服务部门分类列表的文件》（MTN. GNS/W/120），服务贸易部门分为 12 大类 155 个子部门。因此，国际上通行的负面清单中不符措施行业分类与我国并不一致，这就必然导致以我国自贸试验区负面清单为基础的对外谈判出现行业或部门的对接等技术性问题，从而影响试验效果。

4. 在国际法中保障国家安全条款不完善

从国际层面来说，我国一直是以正面清单模式进行承诺，保留对外资准入的自由酌处权，国民待遇仅是在投资准入后和设立后的阶段，因此，我国对外资管理的政策空间很大。从正面清单模式承诺到负面清单模式承诺转变，对于我国来说，风险明显加大，因此，除了开放外，最重要的是要控制风险，保障国家安全。从我国签署的 FTA 和 BIT 协定看，因为有较大外资管辖权，因此在具体条款中并不十分在意相关国家安全保障条款的签订。但是，如果负面清单模式承诺下，这类条款的不完善将给我国带来很大产业风险、经济风险甚至政治风险。

三、未来中国服务业负面清单调整的基本思路

从国际上实施外商投资负面清单管理模式国家的经验来看，外商投资负面清单管理模式的全面实施是一个系统工程，它不仅是一个对外开放问题，更是一个对内改革问题。它不但涉及东道国自身改革开放的问题，更是牵扯到与缔约国在国际谈判中全面博弈的问题。因此，我国在完善负面清单管理模式时应通盘考虑，系统设计。

1. 基本原则

外商投资负面清单管理模式实际是国内法律法规在国际上的延伸，它涉及三个核心问题：①国内外商投资管理体制改革问题；②国内重要行业改革尤其是服务业改革的问题；

③在进一步对外开放中如何通过新规则来保障国家利益的问题。因此，我国在完善负面清单管理模式时应坚持以下几个基本原则。

（1）对内改革和对外开放相结合

我国实施外商投资正面清单管理模式向负面清单管理模式的转变，一方面表明更高水平的对外开放，另一方面也是希望通过更高水平的对外开放倒逼国内改革。改革开放 30 多年以及加入 WTO 的 10 多年来，我国国内内生改革动力不足，外生动力也明显减弱，因此需要借助进一步开放来促改革、促发展、促创新。实施外商投资负面清单管理模式首先要求我国外商管理体制的改革和创新，从审批制向备案制转变。同时，外商投资负面清单管理模式实施的同时必然带动国内相关体制和制度的变革，需要不断建立健全与外商投资负面清单模式相适应的法律法规、市场准入制度、监管制度、社会信用体系和激励惩戒制度、信息公示制度和信息共享制度等。因此，外商投资负面清单管理模式的完善必须坚持对内改革和对外开放有机结合，以开放促改革、促发展、促创新，以改革促更高水平的开放。

（2）引进来和走出去相结合

我国实施外商投资负面清单管理模式，一方面是通过扩大市场开放，创新外商投资管理制度，促进各级政府对外商管理理念的转变，从以管为主向以服务为主转变，为外商投资企业营造稳定、透明、可预期的市场环境，带动引资引智引技，全面提升利用外资水平，服务于我国创新型国家的建设。另一方面，外商投资负面清单管理模式实施能够提升我国外资自由化水平，促进国内外资规则与新一代国际投资规则接轨。同时随着国内外商投资负面清单管理模式的不断完善，我国准入前国民待遇加负面清单的承诺模式将不断纳入到多、双边国际协定谈判中，通过我国市场的进一步开放来换取缔约方对我国的对等开放，为我国企业走出去创造更加公平和安全的海外环境，从而有利于提升我国企业国际竞争力。因此外商投资负面清单管理模式的完善必须坚持引进来和走出去紧密结合的原则，注重开放的互惠性和对等性。

（3）开放和保护（监管）相结合

外商投资负面清单管理模式的全面实施对于我国这样一个发展中大国来说，风险较大。如美国这样积极推进投资自由化的世界第一强国，在实施外商投资负面清单管理模式时，对本国产业和安全等核心利益都设置了重重保护的阀门。因此，我国在完善外商投资负面清单管理模式时，必须坚持国家总体安全观，以保障经济安全为重点，不断建立健全预防和化解经济安全风险的机制体制，保障关系到国家经济命脉的重要行业、关键领域，保障国家核心和重大经济利益，同时创新外商投资事中、事后监管方式和手段，将开放和保护以及监管紧密结合。

2. 实施路径

外商投资负面清单管理模式对我国来说，在国内改革没有取得突破性进展的前提下，短时期内全面实施，风险将会很大，因此，在路径的选择上应循序渐进，由局部逐渐向全面推进，在国内自主开放和国际协议开放两个层面都应遵循渐进实施的原则。

（1）加快国内重点区域的试验

首先，应在上海自贸试验区、广东自贸试验区、天津自贸试验区、福建自贸试验区范围内继续深化外商投资管理体制机制改革，加快重点服务领域如金融等市场化改革，通过推进准入前国民待遇和负面清单的深入试验，测试开放风险，为外商投资负面清单管理模式在国内其他区域以及全国的推广提供经验。同时，为今后在多边、区域和双边的协议中以负面清单模式进行开放承诺创造条件和积累经验。由于外商投资负面清单管理模式的实施冲击最大的应该是我国竞争力较弱的服务行业，因此，在四个自贸试验区内应有针对性地对不同的重点服务行业的改革和开放进行试点。《中共中央关于制定国民经济和社会发展第十三个五年规划的建议》中明确指出，提高自由贸易试验区建设质量，在更大范围推广复制。同时考虑区域协调均衡发展的内在需要，应推进在中西部地区选取合适的区域开展有地方特色和优势的外商投资负面清单模式试点。最终形成东中西部有重点、有特色的改革开放局面，为外商投资负面清单模式在全国推开打好基础。

（2）以周边为基础在协议开放中逐步试点

尽管我国已经同意就中美 BIT 以准入前国民待遇和负面清单的模式进行谈判，但在国内改革还没有基本完成的情况下，负面清单模式的全面实施风险较大。另外，根据以往的国际谈判经验，中美 BIT 的谈判也应是一个相对较长的过程。在这个过程中，我国在国内局部试点的基础上，可以以周边国家和地区，尤其是东盟等发展中国家为基础，如在中国—东盟 FTA 升级版中率先试点负面清单管理模式，通过开放进一步倒逼国内改革，同时也为我国与发达国家进一步的谈判积累经验。这是因为我国与发展中国家产业和经济发展水平相近，与这些国家进行负面清单模式承诺，不会对我国产业和经济造成过大冲击。当然，在国际上试点负面清单管理模式的前提是我国外商投资管理体制改革到位，不然承诺了也无法在国内实施和落地。

（3）国内的负面清单模式的全面实践

在特定区域试点和试验外商投资负面清单管理模式的同时，国内应加快进行外商投资管理体制改革以及配套的体制机制的改革，逐步完善重点领域的市场化改革、行业法律法规以及对外商投资事中事后监管手段和方式。与此同时，外商投资负面清单管理模式的局部开花测试形成了基本的风险评估，也积累了大量应对经验和措施，到这个阶段，外商投资负面清单管理模式就可以从局面试点向全国推广了。《中共中央关于制定国民经济和社会发展第十三个五年规划的建议》中首次明确提出，全面实行准入前国民待遇加负面清单管理制度，促进内外资企业一视同仁、公平竞争。

（4）在国际协定中成为普遍的开放模式

外商投资负面清单管理模式在国内全面推开，以及与部分区域或国家在国际协定中以负面清单模式进行开放承诺试点后，我国已积累了大量开放和风险防范经验，在这种情况下，我国在签署多边协议、区域协议以及双边协议时，负面清单承诺方式就可以成为普遍的开放模式。

3. 主要任务

完善我国外商投资负面清单管理模式最重要的任务包括根据国际惯例和国际规则，进一步改进负面清单不符措施，创新体制机制，扩大和深化开放。同时，完善监管体系，加大风险防范。

（1）加大外商投资负面清单与国际接轨

由于我国在自贸试验区试点的负面清单基本格式与国际通行标准有很大不同，尽管意义重大，但依旧在国内外受到众多诟病。为了实现进一步对外开放尤其是服务业对外开放目的，给我国在国际多、双边协定中以准入前国民待遇加负面清单承诺模式谈判提供可供借鉴的经验，我国应根据负面清单国际通行做法不断规范和完善现有外商投资负面清单。

第一，增加特别管理措施的可操作性和透明度。

国际上外商投资负面清单中不符措施的操作性和透明度高，而不符措施的操作性和透明性要求主要来自东道国国规范外商投资法律法规以及行业法律法规中对外商投资的具体性规定。我国要想在中美、中欧双边投资协定谈判中取得实质性进展，目前在四个自贸试验区负面清单中特别管理措施条款的操作性和透明度还需不断改进。主要的问题是我国外商投资负面清单管理模式正在进行中，国内相对应的体制机制改革也处于发展中。与此同时，国内外商投资法律法规因为从正面清单管理向负面清单管理转变也处于大调整中，行业法律法规随着对外开放水平和开放深度的提升也需进一步修订。这些发展现状导致外商投资负面清单的可操作性和透明度不够。因此，我国应在梳理行业对外开放的基础上，不断完善外商投资法律法规以及相关行业法律法规，按照国际惯例不断增强特别管理措施的操作性和透明度。

第二，大量减少特别管理措施条款。

2013年上海自贸试验区外商投资负面清单一经公布，便受到外界不少质疑，最主要的原因在于，特别管理措施条款过多过长。直到2019年版投资负面清单进行发布时，明显减少特别管理措施条款，但相比国际上其他国家尤其是发达国家的不符措施数量看，我国出台的特别管理措施还是过于庞大，因此应大量减少特别管理措施条款。对于大量已在市场中充分竞争的行业原则上应不设置特别管理措施，如租赁和商务服务业等相关行业可直接通过行业法律法规来统一监管。对于敏感性行业、领域和业务也应抓住重点和核心，设置相应的特别管理措施。

第三，修订负面清单服务行业分类。

为与国际接轨，更好地将负面清单管理模式运用到国际实践中，我国必须将自贸试验区外商投资负面清单中服务行业分类按照WTO《服务部门分类列表的文件》（MTN. GNS/W/120）进行较大的调整和修订。为避免负面清单过长受到诟病，我国可借鉴美国负面清单模式的经验，尽可能对 12 大类部门进行不符措施描述，同时只针对 155 个子部门中的核心和关键子部门如金融领域的银行、保险等进行不符措施描述。此外，在国际谈判中也应对行业的定义和范围按照我国经济发展和产业发展水平进行界定，以免新的业态和新的模式出现对我国造成不利影响。

（2）创新外商准入模式促进对外开放深化

外商投资负面清单管理模式实施核心目标应是促进对外开放的扩大和深化，并由此创新包括外商投资准入等在内的一系列体制机制，带动政府职能和政府管理经济事务理念转变，重新界定政府和市场的边界，为新常态下经济增长提供新动力。因此，完善外商投资负面清单管理模式还应不断创新外资准入模式，带动扩大和深化进一步开放。

①加快外资准入模式转变。

外商投资负面清单管理模式的不断完善和向更大范围推进必然要求外商投资准入制度的进一步变革，从审批、核准制度向备案制度转变。尽管我国保持跨国公司心目中全球十大最具吸引力的投资目的地中的首位，但是我国对外商投资的过多限制，尤其是一些复杂、繁琐而效率低下的外资准入程序将极大制约经济新常态下我国引进高质量外国资本和海外中高端人才。经济合作与发展组织（OECD）发布的外商投资政策限制指数显示，尽管纵向看，我国外商投资限制指数从 1997 年 0.626 已经降为 2014 年的 0.418，从与其他国家横向比较看，2014 年我国依旧是 OECD 发布的包括 34 个成员国以及 24 个非成员国中外商投资限制指数水平最高的国家，说明我国对外商投资准入限制最多。因此，我国外商投资负面清单管理模式的实施，需要着力降低外资准入障碍，大规模减少对外商投资审批和核准的范围、领域，除负面清单上列明的行业、领域外，外商投资的准入模式一律转为备案制，同时，外商投资备案程序也需不断优化和完善。此外，对于在负面清单上列明的国家确实需要保持审批或核准的行业、领域，在把好风险关的基础上，审批权限也需不断下放，并持续简化审批流程和环节。因此，外商投资负面清单管理模式的完善和全面推开将显著降低我国外资准入壁垒，尤其是高端制造业和服务业领域的外资准入限制，为我国引进高质量、高水平的外商投资创造条件，促进积极引进资本、技术、人才等经济发展核心要素以及促进服务新模式、新业态和新理念的引进。

②进一步扩大和深化对外开放。

进入新常态后，中国经济发展阶段要想迈过中等收入陷阱，进入有创造力的高收入国家，必须在深化改革开放中不断鼓励和增强良性竞争，带动中国经济向全球产业链和价值链高端攀升。实施外商投资负面清单管理模式通过梳理现行政策法规，将原本的对外商投资没有具体限制措施的领域进一步放开，同时根据现有经济形势发展，大幅度进行金融等服务业领域的开放试点，强化市场竞争，提高经济效益。此外，实施外商投资负面清单本身也会带动国内制度和法律法规政策环境的不断完善，并以此为基础，利用中国巨大的市场潜力，营造开放型创新环境，充分引进国外的资本、技术、品牌和服务，提高效率，促进中国创新型社会的建设。因此，不断完善外商投资负面清单管理模式的同时还需要进一步扩大和深化对外开放，尤其是制约我国经济发展的金融、通信等核心服务领域的开放，带动经济逐渐转向中高端制造业和高附加值的服务业，以获取更多新常态下经济增长的新动力和新源泉。

（3）完善外商投资监管体系防范风险

外商投资负面清单管理模式在进一步促进和深化对外开放外，还需不断完善外商投资的监管体系以防范可能出现的各类风险。这也是我国外商投资负面清单管理模式采取局部试点、逐步推进的主要考虑。下一步在完善我国外商投资负面清单管理模式时最核心的是要建立健全监管体系。

①第一，建立健全外商投资事中事后监管

对外商投资采用准入后国民待遇加正面清单方式承诺时，我国对外商投资管理主要通过严格的准入以及事无巨细的审批程序来把好外资进入关。从正面清单管理模式向负面清单管理模式过渡时期，外商投资的审批程序将大幅取消，如何对已经进入国内市场的外商投资企业进行监管是我国政府面临的一大难题。目前，四个自贸试验区都积极创新事中事后监管手段和方式，完善市场主体信用信息公示系统，实施外商投资全周期监管，建立健全境外追偿保障机制。同时，积极推进监管标准规范制度建设，加快形成对外商投资的行政监管、行业自律、社会监督、公众参与的综合监管体系。

②第二，建立健全法律法规

现有外商投资法律法规，包括《中华人民共和国外资企业法》《中华人民共和国中外合资经营企业法》以及《中华人民共和国中外合作经营企业法》，从法律上确认对外商投资企业准入进行审批。在四个自贸试验区内实施外商投资负面清单管理模式，全国人民代表大会常务委员会需要通过授权国务院，暂时调整《中华人民共和国外资企业法》《中华人民共和国中外合资经营企业法》《中华人民共和国中外合作经营企业法》规定的有关行政审批以及暂时调整实施有关行政法规、国务院文件和经国务院批准的部门规章的部分规定。同时通过自贸试验区所在的省市地方立法，制定自贸试验区条例和管理办法来具体对外商投资负面清单管理模式进行操作。一旦外商投资负面清单管理模式向全国范围内复制推广，需要在国家层面有上位法提供法律保障，同时通过外商投资国家安全审查和经营者集中反垄断审查等条款的完善，对外商投资企业在法律上进行监管。此外，目前全国对外开放不断深入，尤其是四个自贸试验区服务业领域的开放不断往前推进，现行行业法律法规已明显滞后于开放新形势，这些都需要在不断推进外商投资负面清单管理模式的同时，加大对行业法律法规的修订和完善。

③第三，建立健全配套体制机制

外商投资负面清单管理模式的实施是一项牵一发而动全身的系统工程，因此，除了外商投资管理体制的变革外，还需建立与外商投资负面清单管理体制相适应的配套体制机制，包括行政管理体制的创新、商事登记制度的改进、社会信用体系的建设以及信息公示制度的完善等，这些配套机制体制的建立一方面便利外资进入，另一方面有助于加强对外商投资企业的事中、事后监管。

第六章 中国自贸区服务业开放实践探索与经验

第一节 中国入世后服务业开放与服务贸易发展

自2013年9月29日上海自贸区正式挂牌成立以来，中国各省市积极开展自贸区相关试点工作。2014年12月，经中央政治局常委会会议、国务院常务会议讨论决定，并经全国人大常委会授权，在广东、天津、福建依托现有新区、园区新设三个自贸试验区，并扩展上海自贸试验区区域。自贸区相关改革的快速推进展示了中央全面深化改革的决心与魄力，意味着中国迈向更高的对外开放水平，是加快打造中国经济升级版的重要表现，是新形势下推进改革开放的重大举措，对加快政府职能转变、积极探索管理模式创新、促进贸易和投资便利化，全面深化改革和扩大开放，探索新途径、积累新经验，具有重要意义。

当前，中国服务业面临对外进一步开放的国内和国外压力。一方面，国内服务业产业竞争力尚未达到能够自由充分参与国际竞争的程度，面临着保护本土服务业发展、解决就业等方面的各种压力，各项配套措施和管理程序也尚未跟进，服务业开放尚不具备竞争基础和配套环境。另一方面，经济全球化背景下全球服务业各环节相互融合发展，开放是全球服务业大势所趋，国际投资规则发展的新趋势对中国服务业领域外资管理相关体制机制的冲击越发明显，服务业对外开放的硬实力和软实力均有待进一步提升。而自贸区的一项重要任务就是扩大服务业开放，在服务业市场准入等方面进行制度改革，逐步适应服务业外资的准入前国民待遇和负面清单管理模式，并形成可复制、可推广的经验，进一步在全国范围内推行相关成功做法，为把握服务业开放的步伐、具体路径等积累经验。

从当前中国自贸区已取得的成果来看，自贸区在深人推进投资管理、贸易便利化、金融创新、事中和事后监管四个领域的制度创新过程中，已经形成了一批可复制、可推广的试验成果。其中，上海自贸区27项改革事项已先后在全国或部分地区复制推广，包括境外投资备案管理制度、外商投资项目备案管理制度、注册资本认缴制、企业年度报告公示、贸易监管、跨国公司外汇资金运营管理等事项。未来随着各地自贸区改革不断取得成功，中国服务业对外开放将逐渐具备产业竞争力基础和政策环境基础。本章即以自贸区服务业开放相关改革措施和经验为切入点，提出中国服务业开放存在的体制和机制问题，以及服务业进一步开放所面临的挑战。在此基础上，进一步分析中国服务业进一步开放涉及的重点行业和应对策略。

一、中国服务业开放阶段性历程.

1. WTO 框架下的服务业开放承诺

加入 WTO 极大地促进了中国服务业对外开放水平。当时，中国政府就 149 个服务业细分行业的 82 个部门 J 做出了开放承诺，并设置了过渡期，承诺比例高达 55%。从加入 WTO 的发展中国家来看，该承诺水平和开放程度相对较高。根据有关研究，高收入国家对所有服务业的 53.3% 做出了某种承诺，而发展中国家承诺的范围只有 15.1%，其中较大的发展中国家（大致定义为 GDP 高于 400 亿美元的国家）所做的承诺要比发展中国家整体水平高出许多，达到 29.6%，有 1/4 的发展中国家仅对其 3% 的服务业部门做出过某种承诺。

在 WTO 框架下，一成员对其他成员的承诺基于多边磋商机制，根据成员国内实际情况，采取肯定列表方式承诺什么兑现什么。GATS 减让表的部门分类以《联合国中心产品分类系统》（CPC）为基础，共包括乌拉圭回合谈判的 12 大类约 160 个具体服务活动。

成员对世贸组织的服务贸易承诺均分为水平承诺和具体承诺两部分。两者均针对四种服务贸易方式的市场准入和国民待遇的条件分别进行承诺。区别在于，水平承诺是针对跨境服务、境外消费、商业存在、自然人移动四种服务模式的所有服务部门就市场准入和国民待遇做出的承诺；而具体承诺是只针对成员本身选定的服务部门就市场准入和国民待遇对四种服务模式做出的承诺。具体而言，减让表中的承诺内容包括 GATS 第三部分（具体承诺）中对市场准入（第 16 条）、国民待遇（第 17 条）和附加承诺（第 18 条）的基本要求。与其他成员相似，在中国的减让表中只针对个别服务活动做了附加承诺。中国"入世"议定书中的《服务贸易减让表》和《最惠国豁免清单》是遵照 WTO 的样板格式达成的，服务业方面的承诺也分为具体部门承诺和水平承诺两部分。前者按照服务提供方式和所属具体部门进行承诺，后者则适用于所有提供方式，并且不针对某种具体的服务业分部门。成员国在国民待遇和市场准入方面的具体承诺只适用于其所列入承诺表中的部门，并服从于具体部门的限定条件和限制，成员方按照服务提供方式做承诺可以保留最惠国待遇例外。金融、电信、视听、运输等曾是被广为引用的最惠国待遇例外。不过中国的第 2 条豁免清单却比较简单，只涉及海运、国际运输、货物与旅客三个运输部门，这些部门尚未在 WTO 内达成相关的协议。在中国的"入世"议定书中，对服务贸易的承诺方式包括"没有限制""不做承诺"、有保留的承诺和未列入减让表四种。"没有限制"是指对以某种方式提供服务的外国服务提供者不采取任何市场准入或国民待遇的限制，这意味着近乎完全的自由化。需要注意的是，如果对于某种提供方式在水平承诺中列明了限制措施，即使在部门承诺中没有限制，后者也被视为受到限制。"不做承诺"和未列入减让表说明不承担任何义务，保留充分的政策自由权是另一个极端。介于它们之间的是有保留的承诺，即详细列明对市场准入和国民待遇进行限制的具体内容及措施，其性质是不完全的自由化。它的一种特殊形式是"除水平承诺中的内容外，不做承诺"。可见，"没有限制"和有保留的承诺都是"约束承诺"，类似于 GATS 减让表中的"约束关税"。从服务提供方式看，中国对自然人流动和商业存在的限制较多，有超过一半的部门受此限制，对跨境交付和境外消费的限制则相对宽松。但基于当时中国的国情，内资和外资甚至内资企业之间存在的广泛的准入前和准入后差别化待遇是根本违背 GATS 国民待遇原则的，并且中国各服务业细分行业和部门的承诺情况有相当大的差别。环境服务业开放程度最高，分销服务部门次之，金融和通信服务属于中等开放水平，建筑及相关工程服务部门开放水平最低，娱乐、文化及体育、健康及相关社会服务和其他服务部门开放程度相对较高，这在实际中构成了服务业对外开放的巨大门槛和障碍。

2. CEPA 和 ECFA 下的服务业开放

（1）CEPA 下的服务业开放承诺

2003 年 6 月 29 日，香港与内地签署了旨在加强两地之间经贸联系的贸易协定—《内地与香港关于建立更紧密经贸关系的安排》（以下简称 CEPA）及其六个附件。其中，附件四列明了关于开放服务贸易领域的具体承诺，附件四又分为两部分，一是内地向香港开放服务贸易的具体承诺，二是香港向内地开放服务贸易的具体承诺，协议规定 17 个服务行业获得放宽准入（见表 6-1）。

表 6-1 CEPA 附件四：内地向香港开放服务贸易的部门

部门		细分部门
商业服务	专业服务	法律服务
		会计、审计和簿记服务
		建设设计服务
		工程服务、集中工程服务
		城市规划和风景园林设计服务（城市总体规划服务除外）
		医疗及牙医服务
	房地产服务	涉及自有或租赁资产的房地产服务
		以收费或合同为基础的房地产服务
	其他商务服务	广告服务
		管理咨询服务
		会议服务和展览服务
通信服务	电信服务	增值电信服务
	视听服务	录像分销服务（CPC83202），录音制品的分析服务
		电影院服务
		华语影片和合拍影片
建筑及相关工程服务	CPC511，CPC512，CPC513，CPC514，CPC515，CPC516，CPC517，CPC518	

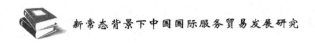

续表

部门	细分部门	
分销服务	佣金代理服务（不包括盐和烟草）	
	批发服务（不包括盐和烟草）	
	零售服务（不包括烟草）	
	特许经营	
金融服务	所有保险及其相关服务	寿险、健康险和养老金/年金险
		非寿险
		再保险
		保险附属服务
	银行及其他金融服务（不包括保险和证券）	接受公众存款和其他应付公众资金
		所有类型的贷款，包括消费信贷、抵押信贷、商业交易的代理和融资
		金融租赁
		所有支付和汇划工具、包括信用卡、赊账卡和贷记卡、旅行支票和银行汇票（包括进出口结算）
		担保和承诺
		自行或代客外汇交易
		证券服务
旅游和与旅游相关的服务	饭店（包括公寓楼）和餐馆	
	旅行社和旅游经营者	
运输服务	海运服务	国际运输（货运和客运，不包括沿海和内水运输服务）
	辅助服务	集装箱堆场服务
		其他
	公路运输服务	公路卡车和汽车货运
		公路客运
	所有运输方式的辅助服务	仓储服务
		货代服务
服务部门分类（GNS/W/120）未列出的部门	物流服务	

2005~2006 年，CEPA 补充协议二和补充协议三签署，在 2003 年签署的"安排"和 2004 年签署的"安排"补充协议的基础上，内地进一步对香港扩大开放。在服务贸易领域，从 2007 年 1 月 1 日起，内地在法律、会展、信息技术、视听、建筑、分销、旅游、运输和个体工商户等领域原有开放承诺基础上，进一步采取 15 项具体开放措施。其中，4 项属于放宽股权限制，2 项属于降低注册资本、资质条件等门槛，9 项属于放宽地域、经营范围和自然人流动的条件。2008~2013 年，CEPA 补充协议四到补充协议十三陆续签署，服务业领域开放不断扩大。

总体来看，CEPA 中内地向香港开放的服务业部门较为广泛。从具体承诺描述看，CEPA 基本没有涉及业绩要求，对一些敏感领域（如法律服务等），开放程度明显高于现阶段中国所签订的 FTA 中的相关规定，如允许香港居民参加内地司法考试。对香港投资者、从业者在内地的业务领域、业务主体、提供服务的形式、从业时间等行为和细节的规定较多，有部分行业提出了注册资本要求，但基本没有强制性的商业存在要求，基本允许香港服务提供者以合作或者独资的形式进入内地市场。此外，在投资比例方面，除金融服务部门以外，香港服务提供者很少受中外方投资比例限制。

（2）ECFA下的服务业开放

2010年6月29日，中国大陆海协会与台湾海基会领导人正式签署了《海峡两岸经济合作框架协议》（以下简称ECFA），ECFA以"服务贸易早期收获计划"的方式率先推动了服务业市场准入。在早期收获计划中，大陆在金融服务和计算机、研发服务以及医疗服务等非金融服务方面都给予了台湾更为优惠的市场准入条件。在金融服务部门，只要台湾银行在大陆营业两年以上并盈利一年以上，即允许从事人民币业务，这与CEPA给予香港服务提供者的待遇基本一致。此外，大陆还在研究和开发服务、医院服务等领域第一次做出开放承诺。

相对于CEPA而言，ECFA内容较为全面，增加了投资合作和经济合作等两项内容。投资合作包括建立投资保障机制、提高投资透明度、减少相互投资限制和促进投资便利化等。

3. FTA背景下的服务业开放

从国内服务业开放相关制度改革历程来看，自"入世"以来，中国积极履行各项承诺，国内的服务业市场日渐成熟，经济快速增长，但是服务业整体发展水平较低以及产业结构不合理带来的压力日益增大。进一步深化改革开放，转变经济发展方式，优化产业结构，实现经济转型成为国内经济发展最大的诉求。党的十八大报告强调"加快实施自贸区战略"，增强深化改革开放的动力，全面提高开放型经济发展水平，实施更加主动的开放战略，推动服务业特别是现代服务业的发展壮大。而发展自贸区服务业须有合理高效的制度环境作保障，因此国内对自贸区服务业开放性制度创新建设的诉求不断加大，自贸区服务业开放相关制度改革需要进一步深化。

现阶段中国已经与12个国家和地区签订了FTA，与海湾阿拉伯国家合作委员会、挪威、斯里兰卡、巴基斯坦（第二阶段）、马尔代夫、格鲁吉亚、中日韩的FTA正在谈判阶段，与印度、哥伦比亚、摩尔多瓦、斐济、尼泊尔正在开展FTA研究。中国与各国的FTA中基本都涉及了服务业开放的内容。其中，中国与澳大利亚FTA是第一次在负面清单管理模式下签订的FTA，但是澳大利亚单方提出了负面清单，中国对其在正面清单模式下进行谈判和最终签署。

以中韩FTA附件8的中方承诺表为例，中方在具体承诺减让表中针对市场准入限制、国民待遇、其他承诺三部分，对所有部门以及具体部门均列明了详细的限制范围、措施、允许从事的业务等。总体看，中方承诺表与WTO下的服务业开放承诺格式的分类大致相同，也包括水平承诺和具体承诺两部分，即针对具体部门，在市场准入和国民待遇以及其他承诺三方面，分别又针对不同服务提供方式进行具体描述。

对比CEPA框架下和FTA框架下的服务业开放，可以发现：总体来看，两者服务部门分类相同，覆盖的具体服务部门也大致相同，但CEPA下开放度相对高于FTA框架下的开放度，两者在承诺形式、限制措施描述等方面存在明显不同。

（1）在承诺形式方面，CEPA以"负面清单＋正面清单"的方式进行承诺。其中，负面清单专门针对商业存在方式提出了各具体部门允许进行的业务的具体描述，而且涉及的均为国民待遇原则。与中韩FTA明显不同的是，CEPA还以正面清单的方式列明了跨境服务开放措施。而FTA框架下中方承诺则通过水平承诺和具体承诺的方式，对四种服务提供方式进行市场准入、国民待遇和其他方面的具体承诺。

（2）从实际开放程度看，CEPA的服务业开放水平总体而言要高于现有的FTA。从CEPA正面清单中的具体承诺来看，开放程度较高。如法律服务项下，CEPA允许香港永久性居民在满足一定条件后取得内地法律职业资格，对香港律师事务所驻内地代表机构的代表在内地的居留时间也不做要求。在服务提供方式的具体限制方面，中韩FTA中对自然人流动的限制大致以水平承诺为主，CEPA中对自然人流动的限制程度则较低，只要满足一定条件，基本非常接近国民待遇。在商业存在方面，CEPA虽然针对这一方式列出了负面清单，但大部分服务部门在商业存在方面已经实现了国民待遇。此外，中韩FTA中某些具体服务部广没有对跨境交付、境外消费等服务提供形式做出承诺，而CEPA中对这两类服务提供方式限制措施较少（见表6-2）。

表6-2 CEPA和中韩FTA中关于服务贸易的具体承诺对比

部门	CEPA	中韩FTA
法律服务	对所驻内地代表机构的代表在内地的居留时间不做要求	代表均应每年在中国居住不少于六个月
	允许香港永久性居民中的中国公民按照《国家司法考试实施办法》参加内地统一司法考试，取得内地法律职业资格，并从事相关内地法律业务	韩律师事务所以代表处方式提供服务，在上海FTA内可以联营的形式开展业务，且有业务种类限制
会计、审计和簿记服务	允许香港会计师在内地开展相关业务，申请内地执业资格	允许韩国会计师事务所与中国会计师事务所结成联合所，开展许可范围内的业务
建筑设计服务、工程服务、集中工程服务、城市规划和风景园林设计	允许取得内地执业资格的香港专业人士在划定范围内执业、注册等，认可其业务资质；放宽香港专业及技术人员在内地居留期限的规定，将其在港时间也计算在内地居留时间内；允许香港服务提供者雇用的合同服务提供者以自然人流动的方式在内地提供服务	允许设立合资、合作、独资企业；自然人流动方面遵循水平承诺
医疗和牙医服务	自然人流动方面期限为三年；允许符合一定条件的香港永久居民参加内地资格考试。成绩合格者，发给内地资格证书	允许设立合作合资机构，对外资股权比例有限制；自然人流动方面允许不超过一年的短期执业
计算机及其相关服务	允许香港服务提供者在前海、横琴试点提供跨境数据库服务；允许香港服务提供者雇用的合同服务提供者以自然人流动的方式在内地提供服务	自然人移动方面，需为注册工程师，或具有学士（或以上）学位并在该领域有三年工作经验的人员

续表

部门		CEPA	中韩FTA
房地产服务		商业存在方面实行国民待遇； 允许香港服务提供者雇用的合同服务提供者以自然人流动的方式在内地提供服务	允许独资； 自然人流动方面遵循水平承诺
其他商业服务	技术测试和分析服务	自然人流动的方式在内地提供服务； 产品认证合作、互认； 在中国（广东）自由贸易试验区内试行粤港澳认证及相关检测业务互认制度，实行"一次认证、一次检测、三地通行"； 允许香港服务提供者雇用的合同服务提供者以自然人流动的方式在内地提供服务	允许独资，跨境提供主体有所限制； 要求经济需求测试、注册资本要求、从业年限要求
	人员安置和提供服务	海员外派无须申请外商投资职业介绍机构或人才中介机构资格； 允许在广东设立独资海员外派机构向香港籍船舶提供服务，不需要专门成立船舶管理公司	仅限于合资企业形式，允许外资拥有多数股权，需进行经济需求测试； 自然人流动方面遵循水平承诺
	建筑清洁	允许香港服务提供者雇用的合同服务提供者以自然人流动的方式在内地提供服务	允许外资独资； 自然人流动方面遵循水平承诺
摄影		允许香港服务提供者雇用的合同服务提供者以自然人流动的方式在内地提供服务	仅限于合资企业形式，允许外资拥有多数股权； 自然人流动方面遵循水平承诺
会议展览		允许香港服务提供者在指定地点举办展览； 委托广东省审批香港服务提供者在广东省主办展览面积1000平方米以上的对外经济技术展览会； 允许香港服务提供者雇用的合同服务提供者以自然人流动的方式在内地提供服务	仅限于合资企业形式，允许外资拥有多数股权； 自然人流动方面遵循水平承诺
口译和笔译		允许香港服务提供者雇用的合同服务提供者以自然人流动的方式在内地提供服务	从业经验要求
建筑及相关工程服务		港资可在内地设建筑企业，取得内地资质，项目经理人数不受限制，香港工程技术人员和经济管理人员在内地的居留时间不受限制； 允许香港服务提供者雇用的合同服务提供者以自然人流动的方式在内地提供服务	允许合资，外商独资业务范围有限制
批发销售、零售		允许香港服务提供者雇用的合同服务提供者以自然人流动的方式在内地提供服务	允许独资但有限制； 允许分销在中国生产的产品
教育		允许广东省对本省普通高校招收香港学生实施备案	允许合作办学，允许受邀入境提供服务； 资质要求等，工作经验要求
环境服务		允许香港服务提供者雇用的合同服务提供者以自然人流动的方式在内地提供服务	允许外商独资； 自然人流动方面遵循水平承诺
保险及相关服务		允许香港永久居民获取内地执业资格并从业； 同意在香港设立内地保险中介资格考试考点； 鼓励内地的保险公司以，人民币结算分保到香港的保险或再保险公司； 鼓励香港的保险公司继续扩大有关分出再保险业务到内地再保险公司的规模； 允许符合监管要求的广东保险公司委托香港保险公司在香港开展人民币保单销售业务	不得从事法定保险业务； 允许设独资、合资公司、内部分支机构； 跨境提供业务有限制； 市场准入有限制； 从业经验要求； 经济需求测试要求； 资产要求

续表

部门	CEPA	中韩 FTA
银行及其他金融服务	允许符合一定条件的香港银行在内地注册的法人银行将数据中心设在香港； 银行业专业人员职业资格互认； 简化香港居民在内地资格考试程序； 允许香港交易及结算所有限公司在北京设立办事处； 深化内地与香港金融服务及产品开发的合作方面有各种优惠条件； 支持符合条件的香港金融机构在广东自贸区以人民币进行新设、增资或参股自由贸易试验区内金融机构等直接投资活动； 允许广东自贸区内金融机构按规定为自由贸易试验区内个人投资者投资香港资本市场的股票、债券及其他有价证券提供服务	将允许韩国金融租赁公司与国内公司在相同时间提供金融租赁服务； 对于外汇业务和本币业务，无地域限制； 跨境提供业务有限制； 商业存在方面有资产要求、营业年限要求、盈利要求
旅游和旅游相关服务	口岸便利化措施； 允许符合一定条件的香港永久居民取得内地导游资格； 允许赴台团体以过境方式在香港停留； 允许香港服务提供者雇用的合同服务提供者以自然人流动的方式在内地提供服务	不允许从事中国公民出境及赴中国香港、中国澳门和中国台北的旅游业务； 允许有合同基础的自然人流动； 允许经营饭店，允许外商独资
娱乐、文化和体育服务	允许香港服务提供者雇用的合同服务提供者以自然人流动的方式在内地提供服务； 允许跨境交付	有股权比例限制； 没有对跨境交付和境外消费做出承诺
海运服务、辅助服务	对特定航线审批权下放； 允许香港服务提供者雇用的合同服务提供者以自然人流动的方式在内地提供服务； 允许香港服务提供者利用干线班轮船舶在内地港口自由调配自有和租用的空集装箱	跨境交付有业务限制、外资股权比例限制
航空运输	允许跨境交付机场管理、机票销售、酒店套票预订等； 允许香港服务提供者雇用的合同服务提供者以自然人流动的方式在内地提供服务（仅限于航空运输销售代理）	没有对跨境交付做出承诺； 允许合资
公路运输	货运"直通车"业务； 便利香港司机参加内地机动车驾驶证考试； 允许香港服务提供者雇用的合同服务提供者以自然人流动的方式在内地提供服务	允许独资； 客运方面外资股权比例超过49%

二、中国服务业开放存在的体制和机制问题

中国服务业开放经历了 WTO 框架下服务贸易开放承诺、CEPA 和 ECFA 框架下服务业开放更为优惠性的承诺以及 FTA 框架下服务业有序开放三大阶段，未来服务业开放势必继续在国内 FTA 和多双边 FTA 框架下继续推进。然而，制度壁垒一直是中国服务业开放的最大阻碍，多头管理、部门协调不畅等问题依然存在，未来服务业开放亟待打破体制机

制方面的各种制度壁垒。

1. 准入前行政许可

（1）CEPA、FTA框架下的服务业特殊承诺缺乏相应的政策支撑。以CEPA为例，虽然CEPA框架下服务业开放程度相对较高，开放领域达50多个，但每个行业都存在准入前各项行政许可、审批程序。如CEPA允许香港服务提供者以独资、合资或合作形式在内地设立经营性培训机构，但教育部认为中国尚未针对该项规定出台具体操作办法，只能依据《中外合作办学条例》进行处理。该条例规定中外合作办学者可以合作举办各级各类教育机构，且中外合作办学者的知识产权投入不得超过各自投入的1/3，未涉及独资、合资形式的相关规定，因此各级教育行政部门无法对其进行审批。这导致CEPA该项规定一直未得到很好的落实。CEPA框架下关于市场调研、技术检验和分析、建筑物清洁、摄影、笔译和口译、环境、社会服务、旅游、文化娱乐、体育、航空运输、商标代理等多个领域的项目落实均面临这一制度性障碍。

（2）存在多头管理问题。从负责审批的各级行政部门来看，仍然以CEPA为例，CEPA下部分服务部门的审批权限可以下放。因此，CEPA框架下第一类审批机关是国家部委审批，如法律、金融等部门；第二类审批机关是地方商务部门，如广告、物流、旅游等部门需地方商务部门审批，即这些审批需先报地方商务部门，再由相关行业主管部门进行审批，包括环评等涉及具体行业的前置行业许可等，再经地方商务部门审批，程序较为复杂；第三类审批主体则为地方相关行政主管部门，如会展、仓储、房地产服务等是由这类主管部门负责审批的。这意味着在服务业开放度较高的CEPA框架下，境外服务提供者也要面临国家和地方各级主管部广的审批、国家和地方各级行业主管部门的行业许可等准入前的多项审批程序以及较长的审批周期，尤其是在实际操作过程中，审批周期可能更长，这在很大程度上制约了CEPA框架下投资便利性的提升。

2. 准入后监管不到位

中国服务业外资监管在事中、事后监管存在法律依据不足、诚信体系不健全、部门协调不力、监管方法有待创新等一系列问题。

（1）中国各级政府部门侧重于事前审批，在准入前设置诸多门槛、审批要求和程序等，但忽视了事中、事后监管。并且，现有政府职能部门设置也无法满足事后监管的动态性、及时性、专业性、精细化要求，特别是职能部门人力投入不足，过多人员集中在事前审批环节，往往无法应付精细化事中、事后监管要求，对外资准入后风险防控不足，倾向于采取重审批、轻监管的粗放式管理方式。

（2）对监管内容不明确。各部门对事中、事后监管的方法、手段等的探索和认识不到位，处于进一步研究梳理过程，对被监管事项的哪些环节、领域、项目应纳入政府监管范围还存在不同认识。

（3）部门协调不力。各部门合作监管职责不清晰，事中、事后监管存在盲区。如商事登记制度改革中，工商部门推动"先照后证"改革，然而，从发执照到申领许可证之间的时间环节里很容易出现监管真空。

（4）事中、事后监管尚缺乏法律基础。事中、事后监管是政府职能转变的新趋势、新要求，作为政府管理模式的一种新的制度安排，中国在很多行业领域尚未形成完善、高效的监管体系。以美国食品安全领域事中、事后监管为例，美国食品安全体系是以联邦和各州法律及行业生产安全食品的法定职责为基础，美国总统宣布并实施了《食品安全行动计划》《食品药品法》《肉类制品监督法》等多部法律。面对多次食品污染事件，2009 年美国加快了食品安全立法进程，继 2009 年《消费品安全改进法》后，又通过了几经修改的 2009 年《食品安全加强法案》。2011 年又出台《食品安全现代化法案》，及时调整食品监管体系，形成一整套完善的事中、事后监管法律依据。

3. 内外资不一致、区内区外不一致问题

（1）内资和外资不一致。在内资方面，民资和国资仍存在待遇不一致、门槛不一致问题，部分服务行业民企准入门槛高，市场无法实现充分竞争，面临监管要求和标准也不一致。在内外资不一致方面，外资严于内资以及外资超国民待遇的问题仍然存在，与内外资一致的标准仍相差甚远。

（2）区内区外不一致。我国现存大量产业园区，区内企业相对于区外企业往往能够享受更多优惠，这本身就导致了区内区外两种政策体系并存，人为制造了企业间的不平等待遇。

4. 社会参与度不足

事中、事后监管涉及诸多细节，仅靠政府职能在短期内向这些环节转移是不现实的，社会组织在事中、事后监管环节中应发挥更多的作用，而中国现阶段尚无法动员这一社会力量。在传统"大政府"职能的运作模式下，更多的社会事项由政府包揽，加上政府购买社会服务的机制尚不完善，导致政府没有更多精力加强事中、事后监管，造成社会组织承担社会服务管理的空间比较有限，加之社会组织自身管理能力尚有待进一步提升，自身治理结构、管理能力和组织能力等都存在不足，形成政府监管之外的多元社会监管体系。

第二节　中国自贸区服务业开放相关措施

我国经济已到工业化后期，正在迈向服务经济时代。与制造业相比，服务业发展水平较低，服务业开放滞后。新常态下推进服务业有序开放，放开准入限制成为必然选择，因此，需要顶层设计，在构建开放型经济新体制中，制定我国扩大服务业开放的战略，并选择恰当的路径加以实施。

一、新常态背景下我国扩大服务业开放的战略

1. 战略背景与战略意义

（1）后危机时代，服务全球化趋势十分明显。由 WTO 的一些发达缔约方进行的新"服务贸易协定"谈判，开始制定国际服务贸易新规则。美国主导的跨太平洋伙伴关系协定（TPP）和跨大西洋伙伴关系协定（TTIP）谈判，也都将服务业开放与服务贸易作为核心领域。美国主导的投资协定（BIT）谈判，更是以准入前国民待遇和负面清单为原则开启了高标准的投资规则时代。在此背景下，我国需要以开放的心态，加快制定相应的战略策略，并妥善加以应对。

（2）我国服务业与服务贸易发展严重滞后，需要引入竞争，促进其加快发展。目前全球的平均服务业占比应该在 60% 以上，美国等高收入过程达到 70% 或 80%。这也说明服务业占比与一国经济结构升级和经济发展的息息相关，而我国的服务行业发展还有巨大空间。在巨大差距面前，我国需要迎头赶上，通过扩大服务业开放，加快培育服务贸易国际竞争新优势。

（3）我国服务业发展水平较低，服务业开放滞后，迫切需要以开放倒逼改革，推动服务业开放发展。在服务领域扩大市场开放，降低市场准入标准，制定规制、规范、标准等方面需要大胆地破旧立新，破除各种行政干预和各种利益集团的束缚，深入推进市场化改革。十八届三中全会提出进一步扩大开放与减少市场准入限制的九大服务领域仅仅是第一步，未来还将有更多领域逐步开放与放宽市场准入，以此倒逼服务业改革。与此同时，还要特别关注解决外向开放度高于内向开放度的问题，为国内服务企业发展创造平等竞争的环境。

（4）在我国经济进入新常态的条件下，服务业快于制造业的发展，服务贸易快于服务业的发展，服务外包成为新的增长点。有关研究表明，从全球价值链角度来看，中国服务出口不仅在吸纳就业方面高于一般贸易出口，而且在增加值上更是高出货物出口 20 多个百分点。服务企业走出去开拓国际市场的潜能也将随之释放，服务贸易和服务业国际投资双向对流、均衡发展的格局也将在构建开放型经济新体制中发挥更大的作用。

2. 指导思想与基本原则

新常态背景下我国扩大服务业开放的指导思想应当是按照十八大和十八届三中、四中全会有关服务业开放的一系列指导方针，以邓小平理论、"三个代表"重要思想和科学发展观为指导，深入贯彻落实习近平总书记系列重要讲话，深化改革，扩大开放，以开放倒逼市场化改革，在市场配置资源起决定性作用和更好地发挥政府作用中，形成服务业发展的法律环境，促改革、促发展、促创新，坚定不移推进服务贸易自由化和便利化，打破制约服务业开放的体制机制和政策障碍，加大重点行业和关键领域的开放力度，对内开放与对外开放并重，自主开放与协议开放并举，探索"准入前国民待遇"和"负面清单"开放

模式，"引进来"与"走出去"相结合，大力发展服务贸易，推进多边、区域、双边服务业开放与合作，全面提升服务业核心竞争力。

新时期扩大服务业开放应把握如下基本原则：

（1）扩大开放与深化改革相结合。也就是通过开放倒逼改革。服务业开放在解决市场准入问题和为服务业发展注入外部活力的同时，还要加大国内服务业改革力度，破除制约服务业和服务贸易发展的国内规制，即边境后措施，这是形成我国服务业发展自身活力的重要环节。制约服务业发展的规制更多体现为边境后措施，唯有通过改革服务业发展的体制机制，把服务业开放转化为服务业改革的动力，才能激活服务业市场竞争活力。因此，必须把改革与开放结合起来，以开放推动服务业体制机制和管理创新，以开放促发展、促改革、促创新。

（2）对内开放与对外开放相结合。也就是对内资开放应先于对外资开放，至少是同步开放，以此改变过去外资享受所谓"超国民待遇"的现象。世界银行的一项研究表明，我国的内向开放度低于外向开放度。新的历史时期，应明确在完全对内开放尤其是民营资本开放的条件下，打破国内服务行业垄断，引入国内竞争，再对外开放，引进国际竞争，推动我国服务业新业态、新模式的发展。通过引入民营资本和外国资本进入服务业领域，打破服务业的所有制度壁垒，深化服务业改革，提升我国服务业国际竞争力。

（3）自主开放与协议开放相结合。也就是自主开放先行，试验风险，积累经验，然后再通过国际协议相互开放市场，以达到互利共赢。自主开放更加灵活主动、风险可控，在一定时期，通过特定领域和区域的自主开放，可为协议开放铺平道路，防范协议开放的约束性和不可逆性的开放风险。

（4）双边、区域开放与多边开放相结合。也就是以双边区域开放逐步推进多边开放。在服务业开放中，必须首先加快实施自由贸易区（FTA）战略，稳步推进双边投资协定谈判，促进我国包括服务业开放在内的贸易投资自由化。与此同时，要在多边贸易体系框架内，积极参与多哈回合新议题谈判，特别是要更加积极主动地参与新的服务贸易协定（TiSA）谈判，在新规则形成中取得更大话语权。

（5）全面开放与重点领域开放相结合。也就是在全面提升服务业开放水平的前提下，更加精准地实施差异化开放。服务业涵盖面广，行业差别极大。在坚持全面提高服务业开放度和开放水平的同时，要根据不同行业特点，采取不同的开放策略。对于事关国家战略安全、意识形态等领域，要坚决顶住压力，保留必要的管制手段。对于纯竞争性的经济领域，要完全开放。尤其是有利于国内经济体制改革，能够激发市场活力和竞争的行业和领域，要作为重点，坚决彻底开放，不给"玻璃门"和"弹簧门"留下生存空间，不能因为行业利益的阻挠而迟滞开放。总之，不能开放的坚决不开放，可以开放的要做到彻底开放。

（6）扩大开放与维护国家安全相结合。也就是要在维护国家安全的大前提下扩大服务业的对外开放。不同于制造业，由于部分服务行业在国民经济中的重要性和特殊性，如金融业关系国民经济命脉，通信服务业涉及我国的信息安全，文化、教育等服务业事关价值观及国家意识形态等等，因此，服务业的开放必须要强调国家安全意识和风险防范意识，在开放过程中要加强监管，对部分行业要审慎开放，对于国内十分敏感，容易出现问题的行业和领域，在一定时期内采取保护措施，然后逐步开放，在打破"玻璃门"、"弹簧门"的同时，建立起我国服务业开放的"安全门"。

3. 主要任务

新时期我国扩大服务业开放的总体目标是：服务业对国民经济的贡献度明显提升，服务业占 GDP 的比重达到 55%；服务业就业人数占全社会就业人数的比重提高到 45%；服务贸易占我国贸易总额的比重达 15% ~ 18%，服务出口规模不断提升，服务贸易逆差大幅度减少；非金融领域服务利用外资流量占全国利用外资总额的比重将大幅超过制造业外资比重，非金融服务业对外投资稳定增加，在对外投资中的比重进一步提高。

通过服务业的进一步开放，引进一批国际性跨国服务企业，在开放竞争中形成一批具有核心竞争力的本土大型服务企业集团，培育若干具有国际竞争力的跨国服务公司，创建一批具有国际影响力的著名服务品牌，建设一批主体功能突出、辐射范围广、带动作用强的服务业和服务贸易发展示范区。

扩大服务业开放的主要任务如下：

（1）建立服务业利用外资新模式。积极探索服务业"准入前国民待遇＋负面清单"的开放新模式，在扩大市场开放、放宽准入限制、规范规制标准等方面形成新的体制机制。借鉴国际通行规则，实施准入前国民待遇，在外国企业和外资项目投资过程的所有环节实行完全的国民待遇，包括准入前、准入后和经营过程中都应对国企、民企、外企一视同仁、平等对待。同时，改变我国以往"正面清单"的低水平开放承诺模式，不断尝试服务业"负面清单"承诺方式，提高服务贸易自由化水平，使"负面清单"管理成为我国服务业外资进入的常态化管理模式。

（2）着力培育我国服务产业国际竞争力。一是向外资开放服务业前，首先应向社会资本尤其是民营资本开放。一直以来，我国对民营资本的开放低于对外资和国有资本的开放。新时期应营造市场竞争环境，让所有资本平等参与竞争，破除对外国投资的优惠以及国有企业的垄断。在开放过程中，应减少直至取消对民营资本进入垄断服务业的限制，培育本土竞争者。二是服务业开放要着力培育服务企业出口竞争力和对外投资能力，逐步形成本土具有国际竞争力的服务提供商，增强服务企业开拓国际市场的能力，将"中国制造"与"中国服务"有机结合起来，形成参与国际竞争的新的比较优势。

（3）推动不同区域服务业差异化开放。①进一步扩大和深化上海自贸试验区服务业开放试验，以此引领服务业开放。②在国务院新批准设立的广东、天津和福建自贸试验区进行特色化的服务业开放试验。③加快落实新近出台的《国务院关于推广中国（上海）自由贸易试验区可复制改革试点经验的通知》。④充分考虑到区域经济的协调发展，相应在中西部地区以及东北老工业基地选取特定的区域，进行差异化的服务业开放试验。⑤切实落实最近签署的《内地与香港、澳门 CEPA 关于内地在广东与香港、澳门基本实现服务贸易自由化的协议》，在一国两制框架内，进一步推进内地与港澳地区服务贸易自由化。

（4）提升我国对国际服务贸易新规则制定的影响力。通过积极参与多边、区域和双边的谈判，提升我国对国际服务贸易新规则制定的影响力，最终引领国际服务贸易新规则的制定。我国要适应服务贸易自由化新趋势，在坚持开放性和平等性原则下，尽早参与国际服务贸易协定谈判，促进我国服务贸易自由化和投资自由化水平与国际接轨。推动自由贸易谈判，通过我国服务市场的进一步开放换取其他国家的对等开放，降低我国服务业输出面临的市场准入障碍，极大地促进我国服务贸易出口和服务业企业走出去，在区域领域谋求我国服务业开放的最大利益。加快中美和中欧投资协定谈判，使我国在双边领域的服务业开放取得实质性进展，创新服务业开放新模式。

4. 制定扩大服务业开放的策略与实施步骤

从服务业开放策略上，应考虑到行业开放的先后时序、轻重缓急以及针对不同的谈判对象的差异化策略。考虑到服务业竞争力现状和开放的可承受能力，以及国内改革发展对服务业开放需求和对外谈判的紧迫程度，现阶段应首先有序地推进已明确的九大服务领域的进一步开放，随后逐步推进其他服务领域开放，通过开放促进国内改革，激发服务业发展活力。

（1）重点推进现阶段严重制约我国经济活力和效率的服务部门开放。目前金融、电信等服务业的开放整体性滞后，造成我国资金和信息的自由进出受到较大限制，对我国经济转型升级造成影响。但是由于这两类服务部门的开放关系全局，且有可能引发系统风险，因此要在保护和开放中找好平衡点，着力提升开放水平。特别需要指出的是，应适时考虑资本管制和人民币资本项下可自由兑换的"终点开放"的时间表。

（2）优先开放有利于提升和激活人力资本的服务行业。经济进入新常态下，我国对外开放优势将从廉价的劳动力和资源的优势转变为以人力资本为核心的创新驱动带来的综合优势。因此，需加快高素质的人力资本密集型服务行业的进一步开放，包括建筑设计、会计、法律等专业服务领域以及教育培训等。

（3）加快推动民生服务领域的开放。对医疗、养老等有利于普通百姓的公共服务领域也应是我国下一步的开放重点，应对内对外逐渐放开，并且确立对内开放优先于对外开放。

（4）全面开放我国具有传统竞争优势的服务行业。目前我国传统优势服务领域开放程度较高，进一步开放面临的压力较小，如运输服务、建筑服务、旅游服务等。在开放中适当对其中有利于整个行业长远发展的高附加值子行业进行保护，包括建筑服务中的租赁、维修、保养、出售等，运输服务中的专业航空服务、飞机维修保养、内河运输等。

（5）对过度开放的服务行业加大监管力度。完善反垄断、反不当竞争条款及其实施，对商业流通等开放过度的一些领域，应通过制定商业法、大店法等完善监管，改进建筑法、商业规划等来加强对行业的监管。

（6）限制或禁止开放影响我国国家安全的敏感行业。对涉及教育、文化、娱乐等意识形态的敏感行业，应持高度谨慎态度，对包括广播、影视、影院等领域的开放，应通过设置严格的审批限制、业务限制、股比限制进行保护。对于涉及国家核心安全的服务行业应全面禁止开放，如基础教育、核能、军事等领域，应完全禁止任何国外政府、企业和个人进入。

二、我国自贸区服务业开放的成效与措施创新方向

1. 上海自贸区

（1）上海自贸区发展历程

中国（上海）自由贸易试验区，简称上海自由贸易区或上海自贸区，是中国政府设立在上海的区域性自由贸易园区，位于浦东境内，属中国自由贸易区范畴。2013 年 9 月 29 日中国（上海）自由贸易试验区正式成立，面积 28.78 平方公里，涵盖上海市外高桥保税区、外高桥保税物流园区、洋山保税港区和上海浦东机场综合保税区等 4 个海关特殊监管区域。2014 年 12 月 28 日全国人大常务委员会授权国务院扩展中国（上海）自由贸易试验区区域，将面积扩大到 120.72 平方公里。

1）发展阶段一（2013 ～ 2014 年）。2009 年，中国生产力科学协会的一位专家访问上海，考察了"建立上海自贸区的可能性和必要性"，并向中央政府汇报。到 2012 年底，时任总理的温家宝原则上批准了这一方案。2013 年 7 月，李克强主持召开国务院常务会议，肯定了建立中国（上海）自由贸易试验区的总体规划，不久，国务院正式批准了这一计划。

2013 年 9 月 29 日，中国（上海）自贸区试点正式启动，面积 28.78 平方公里，涵盖上海市外高桥保税区、外高桥保税物流园区、洋山保税港区和上海浦东机场综合保税区等 4 个海关特殊监管区域。经过一年多的运行，上海自贸试验区在经济发展和制度创新方面取得了显著成效。2014 年，除固定投资外，主要经济指标——工业总产值、总收入、收入、进出口总额、税收、外国直接投资、就业均较 2013 年大幅增长。共完成境外投资项目 160 个，中国企业累计投资 38 亿美元。此外，自贸试验区还实现了投资、贸易和金融的中间目标。

2）发展阶段二（2015 ～ 2020 年）。上海自贸区试点初期取得了良好的效果，积累了很多经验，可以推广到其他地方。但由于上海的面积只有 28.78 平方公里，改革开放力度不够，规模不足以实现上海"五个中心"（世界经济中心、金融中心、航运中心、贸易中心和创新中心）的核心目标。因此，中国决定扩大这一试验区。

2015 年 4 月 30 日，国务院批准了《关于进一步深化中国（上海）自贸区试点的改革规划》。总体目标是进一步完善以负面清单为重点的投资管理体系；以贸易便利化为重点的贸易监管体系；以开放资本项目可兑换和金融服务为目标的金融创新体系；以重点推进贸易过程中和交易后的监管体系转变政府职能。最终目标是形成一个世界级的商业环境，以促进金融和贸易、先进制造业和技术创新。扩建后的上海自贸区占地 120.72 平方公里。包括上海外高桥保税区、外高桥保税物流园、洋山保税港区、浦东机场综合保税区四个海

关特殊监管区（面积 28.78 平方公里）、陆家嘴金融区（34.26 平方公里）、金桥开发区（20.48 平方公里）和张江高新区（37.2 平方公里）。

（2）上海自贸区服务业开放措施和进展

2013 年 9 月 18 日，国务院下达了《关于印发中国（上海）自由贸易试验区总体方案》（以下简称《方案》）的通知。该《方案》就总体要求、主要任务和措施、营造相应的监管和税收制度环境、扎实做好组织实施等主要环节做出了明确的要求。

《方案》包括：在上海自贸区先行先试人民币资本项目下开放，并逐步实现可自由兑换等金融创新；未来企业法人可在上海自贸区内完成人民币自由兑换，个人则暂不施行；上海自贸区也很可能采取分步骤推进人民币可自由兑换的方式，如先行推动境内资本的境外投资和境外融资；上海自贸区在中国加入环太平洋伙伴关系协议（TPP）谈判中也将起到至关重要的作用，并有望成为中国加入 TPP 的首个对外开放窗口，其核心内容包括推动服务业开放、加快

金融改革、促进对外贸易的转型升级与实现简政放权。在服务业开放方面，《方案》具体列出了金融服务、航运服务、商贸服务、专业服务、文化服务、社会服务领域的具体开放措施（见表 6-3）。

表 6-3 上海自贸区服务业扩大开放措施

		对应国民经济部门	开放措施
金融服务	银行服务	金融业：货币银行服务	允许符合条件的外资金融机构设立外资银行，符合条件的民营资本与外资金融机构共同设立中外合资银行。在条件具备时，适时在试验区内试点设立有限牌照银行； 在完善相关管理办法、加强有效监管的前提下，允许试验区内符合条件的中资银行开办离岸业务
	专业健康医疗保险	金融业：健康和意外保险	试点设立外资专业健康医疗保险机构
	融资租赁	金融业：金融租赁服务	融资租赁公司在试验区内设立的单机、单船子公司不设最低注册资本限制； 允许融资租赁公司兼营与主营业务有关的商业保理业务
航运服务	远洋货物运输	交通运输、仓储和邮政业：远洋货物运输	放宽中外合资、中外合作国际船舶运输企业的外资股权比例限制，由国务院交通运输主管部门制订相关管理试行办法； 允许中资公司拥有或控股拥有悬挂非五星红旗的船只，先行先试外贸进出口集装箱在国内沿海港口和上海港之间的沿海捎带业务
	国际船舶管理	交通运输、仓储和邮政业：其他水上运输辅助服务	允许设立外商独资国际船舶管理企业

		对应国民经济部门	开放措施
商贸服务	增值电信	信息传输、软件和信息技术服务业：其他电信业务、互联网信息服务、数据处理和存储服务、呼叫中心	在保障网络信息安全的前提下，允许外资企业经营特定形式的部分增值电信业务，如涉及突破行政法规，须国务院批准同意
	游戏机、游艺机销售及服务	批发和零售业：其他机械及电子商品批发	允许外资企业从事游戏游艺设备的生产和销售，通过文化主管部门内容审查的游戏游艺设备可面向国内市场销售
专业服务	律师服务	租赁和商务服务业：律师及相关法律服务	探索密切中国律师事务所与外国(港澳台地区)律师事务所业务合作的方式和机制
	资信调查	租赁和商务服务业：信用服务	允许设立外商投资资信调查公司
	旅行社	租赁和商务服务业：旅行社服务	允许在试验区内注册的、符合条件的中外合资旅行社从事除台湾地区以外的出境旅游业务
	人才中介服务	租赁和商务服务业：职业中介服务	允许设立中外合资人才中介机构，外方合资者可以拥有不超过70%的股权；允许港澳服务提供者设立独资人才中介机构；外资人才中介机构最低注册资本金要求由30万美元降低至12.5万美元
	投资管理	租赁和商务服务业：企业总部管理	允许设立股份制外资投资性公司
	工程设计	科学研究与技术服务企业：工程勘察设计	对试验区内为上海市提供服务的外资工程设计（不包括工程勘察）企业，取消首次申请资质时对投资者的工程设计业绩要求
	建筑服务	建筑业：房屋建筑业、土木工程建筑业、建筑安装业、建筑装饰和其他建筑业	对试验区内的外商独资建筑企业承揽上海市的中外联合建设项目时，不受建设项目的中外方投资比例限制
文化服务	演出经纪	文化、体育和娱乐业：文化娱乐经纪人	取消外资演出经纪机构的股权比例限制，允许设立外商独资演出经纪机构为上海市提供服务
	娱乐场所	文化、体育和娱乐业：歌舞厅娱乐活动	允许设立外商独资的娱乐场所，在试验区内提供服务
社会服务	教育培训、职业技能培训	教育：职业技能培训	允许举办中外合作经营性教育培训机构；允许举办中外合作经营性职业技能培训机构
	医疗服务	卫生和社会工作：综合医院、专科医院、门诊部（所）	允许设立外商独资医疗机构

　　《国务院关于推广中国（上海）自由贸易试验区可复制改革试点经验的通知》明确了服务业开放领域可复制推广的改革事项，包括：允许融资租赁公司兼营与主营业务有关的商业保理业务、允许设立外商投资资信调查公司、允许设立股份制外资投资性公司、融资租赁公司设立子公司不设最低注册资本限制、允许内外资企业从事游戏游艺设备生产和销售等。

　　对比上海自贸区服务业开放举措和CEPA、中韩FTA下相应服务部门开放举措，可以看出：

　　1）FTA框架下各项开放承诺仍有诸多限制，特别是股权限制出现的次数较多，注册资本和从业年限、经验等要求也频频出现。总体来看，上海自贸区在商业存在、自然人流动这种服务提供方式上的限制较少，基本允许各种形式的试点，在跨境交付和境外消费这两种服务提供方式上，三种框架下的服务开放承诺水平差异并不大。

2）CEPA框架下的服务业开放举措仍然是开放水平相对最高的，如在教育、律师服务、医疗等行业自然人流动方面的举措开放度相当高在资格认可方面开放度最为超前，但在部分业务先行先试方面，上海自贸区各项举措具有一定的超前性。

3）上海自贸区内相关改革是中国FTA战略中的进一步深化和探索，中国已签订的FTA中的很多试点性措施在上海自贸区内积极进行具体操作方式的推进，这使得中国服务业开放在新阶段下具有一定的承前启后的作用。如律师服务，中韩FTA中明确可以在上海自贸区内进行联营、协议方式的合作，上海自贸区则进一步对此项承诺进行操作层面的探索（见表6-4）

表6-4 上海自贸区与中韩FTA、CEPA服务业开放内容的区别和联系

部门	上海自贸区	中韩 FTA	CEPA
银行服务	允许设立外资银行，民营资本与外资金融机构共同设立中外合资银行。在条件具备时，适时在试验区内试点设立有限牌照银行	将允许韩国金融租赁公司与国内公司在相同时间提供金融租赁服务；对于外汇业务和本币业务无地域限制；跨境提供业务有限制；商业存在方面有资产要求、营业年限要求、盈利要求	允许数据中心设在境外；银行业专业人员职业资格互认；简化香港居民在内地资格考试程序；允许香港交易及结算所有限公司在北京设立办事处；深化内地与香港金融服务及产品开发
专业健康保险	试点设立外资专业健康保险机构	基本无企业形式限制、有业务限制等，有资产要求、从业年限要求	资产要求、从业年限要求、参股有股权比例限制等
融资租赁	无注册资本限制、允许从事主营业务相关业务	资产要求、营业年限要求、盈利要求	资产要求、股权比例限制
远洋货物运输	放宽外资股权比例限制，特定航线业务试点	跨境交付有业务限制、外资股权比例限制	对特定航线审批权下放；允许香港服务提供者雇用的合同服务提供者以自然人流动的方式在内地提供服务；允许香港服务提供者利用干线班轮船舶在内地港口自由调配自有和租用的空集装箱
国际船舶管理	允许独资	仅限于合资企业形式，允许外资拥有多数股权	允许独资，可经营特定航线相关业务
增值电信	允许外资企业经营特定形式的部分增值电信业务	允许合资，有股权限制	部分业务对港资不设股权限制，设置业务开放正面清单
游戏机、游艺机销售及服务	允许外资企业从事游戏游艺设备的生产和销售，审查要求	允许独资但有限制；允许分销在中国生产的产品	允许香港服务提供者在内地从事游戏游艺设备的销售服务
律师服务	积极探索合作形式、机制	在上海自贸区内允许联营、以协议形式开展业务	允许互派法律顾问，允许取得内地执业资格等

续表

部门	上海自贸区	中韩 FTA	CEPA
旅行社	允许在试验区内注册的、符合条件的中外合资旅行社从事除台湾地区以外的出境旅游业务	不允许从事中国公民出境及赴中国香港、中国澳门和中国台北的旅游业务	独资设立旅行社试点经营内地居民前往香港及澳门以外目的地（不含台湾）的团队出境游业务限于五家
工程设计	对试验区内为上海市提供服务的外资工程设计（不包括工程勘察）企业，取消首次申请资质时对投资者的工程设计业绩要求	允许在评估韩国服务提供者（无论是否在中国）在中国设立工程设计企业的资质时，将合同履行情况作为评估的标准之一	允许设立事务所、注册执业人员资格认定、允许作为合伙人（数量比例、出资比例、香港合伙人在内地居留时间没有限制）
建筑服务	对试验区内的外商独资建筑企业承揽上海市的中外联合建设项目时，不受建设项目的中外方投资比例限制	韩国服务提供者应为在韩国从事建筑／工程／城市规划服务的注册建筑师／工程师或企业；允许在评估韩国服务提供者（无论是否在中国）在中国设立工程设计企业的资质时，将合同履行情况作为评估的标准之一	商业存在实行国民待遇，有业务限制，放宽业绩评估要求
演出经纪	取消股权比例限制允许设立外商独资演出经纪机构为上海市提供服务	允许合资，有股权限制	无企业形式限制，跨境交付（广东、上海）
娱乐场所	允许设立外商独资的娱乐场所在试验区内提供服务	允许合资设立娱乐场所，有股权比例限制，中方有决策权	允许香港服务提供者在广东设立独资娱乐场所
教育培训、职业技能培训	允许中外合作经营性教育培训机构和职业技能培训机构	允许合作办学	设立以内地中国公民为主要招生对象的学校及其他教育机构，限于合作办学
医疗服务	允许外商独资	允许合资合作，有股权比例限制	申请设立医疗机构须经省级卫生与计划生育主管部门和省级商务主管部门按国家规定审批和登记，允许香港专业技术人员在内地短期执业

总体来看，上海自贸区服务业扩大开放相关改革措施取得积极成效。基于投资领域、贸易监管、金融制度等相关配套创新与政策支持，再保险经纪、专业健康医疗、独资医院、增值电信之呼叫中心、认证机构、游艇设计等一批新兴服务业领域项目已落户自贸区。根据上海自贸区官网数据，截至 2015 年 12 月底，区内新设外资项目近 2500 个，同比增长 56%，占上海市总量比重提高至 66%。同期，吸引合同外资 242.15 亿美元，同比增长 136%，占上海市总量比重提高至 70%；实际利用外资 56.16 亿美元，同比增长 83%，占上海市总量比重提高至 43%。其中，外资新设和增资的项目产业，主要集中在服务业领域。自从上海自贸区区域扩展以来，自贸区内第三产业项目数占总量的百分比达到了 94.9%。从整体数据来看，占比较大的行业有金融租赁、投资管理、批发贸易、专业咨询、房地产、交通运输六类。从行业分类看项目数最多的为批发贸易业，占自贸区区域扩展后新设企业

数的一半以上；合同外资金额最大的为金融租赁业，占自贸区区域扩展后吸引合同外资的近一半。

（2）外商投资相关管理制度和程序改革进展

《进一步深化中国（上海）自由贸易试验区改革开放方案中明确提出："对外商投资准入特别管理措施（负面清单）之外领域，按照内外资一致原则，外商投资项目实行备案制（国务院规定对国内投资项目保留核准的除外）；根据全国人民代表大会常务委员会授权，将外商投资企业设立、变更及合同章程审批改为备案管理，备案后按国家有关规定办理相关手续。"

2016年4月，国务院批复了商务部提出的《服务贸易创新发展试点方案》，同意在天津、上海、海南、深圳、杭州、武汉、广州、成都、苏州、威海和哈尔滨新区、江北新区、两江新区、贵安新区、西咸新区等省市（区域）开展服务贸易创新发展试点，推进服务贸易领域供给侧结构性改革，健全服务贸易促进体系，探索适应服务贸易创新发展的体制机制和政策措施，着力构建法治化、国际化、便利化营商环境，打造服务贸易制度创新高地。依照《服务贸易创新发展试点方案》的要求，各地政府在坚持深化简政放权、放管结合、优化服务等改革领域将围绕培育主体、探索新模式、提升服务贸易便利化水平、优化政策支持等方面积极开展相关试点。

2. 广东自贸区

2014年12月，国务院决定设立中国（广东）自由贸易试验区（以下简称广东自贸区），广东自贸区涵盖三个片区：广州南沙新区片区（广州南沙自贸区）、深圳前海蛇口片区（深圳前海自贸区）、珠海横琴新区片区（珠海横琴自贸区），总面积116.2平方公里，面向港澳台深度融合。其中，南沙新区片区将面向全球进一步扩大开放，在构建符合国际高标准的投资贸易规则体系上先行先试，重点发展生产性服务业、航运物流、特色金融以及高端制造业，建设具有世界先进水平的综合服务枢纽，打造国际性高端生产性服务业要素集聚高地；前海蛇口片区将依托深港深度合作，以国际化金融开放和创新为特色，重点发展科技服务、信息服务、现代金融等高端服务业，建设中国金融业对外开放试验示范窗口、世界服务贸易重要基地和国际性枢纽港；横琴新区片区将依托粤澳深度合作，重点发展旅游休闲健康、文化科教和高新技术等产业，建设成为文化教育开放先导区和国际商务服务休闲旅游基地，发挥促进澳门经济适度多元发展新载体、新高地的作用。

（1）服务业开放措施和进展

根据《中国（广东）自由贸易试验区建设实施方案》内容广东自贸区在服务业开放先行先试方面重点围绕打造粤港澳深度合作示范区以及深化金融领域开放创新两大方面进行设计和布局。

1）打造粤港澳深度合作示范区。广东自贸区要求在CEPA框架下，在广度上拓宽粤港澳合作领域，进一步取消和放宽港澳投资者准入限制；在深度上创新粤港澳合作机制，在规则标准对接、项目资金互通、要素便捷流动等方面先行先试，打造粤港澳联手参与国际竞争的合作新载体，即对港澳服务提供者设计开放度更高的合作平台和制度体系，在负面清单的制订、规划布局服务业集聚区和产业基地以及促进市场对接和要素便利化流动三大方面出台相应的措施。

①制订对港澳投资者的特别负面清单。在落实总体方案对港澳扩大开放措施的基础上，推动在金融服务、交通航运服务、商贸服务、专业服务、科技服务等领域取得突破。在现有对全球投资者负面清单的基础上，梳理对港澳服务提供者更开放的措施，在 CEPA 框架下制订港澳投资负面清单。

②规划布局针对港澳投资者的现代服务集聚区和产业发展基地。优化广东自贸试验区区域布局，在南沙新区片区探索引人港澳规划设计，粤港澳联合开发建设现代服务业集聚区；前海蛇口片区实施深港合作"万千百十"工程，建设香港优势产业十大聚集基地；横琴新区片区建设粤澳中医药产业园，建设特色产业聚集区。加强与港澳科技合作，在广东自贸试验区积极承接和孵化港澳科技项目，推动粤港澳合作共建科技成果转化和国际技术转让平台，引进技术评估、产权交易、成果转化等科技服务机构，建设战略性新兴产业研发基地。支持粤港澳企业、高校、科研院所在广东自贸试验区联合组建人才创新创业基地、开展联合技术攻关、协同创新和科研成果转化。

③先行先试推进服务行业管理标准和规则衔接。借鉴港澳服务行业协会管理机制，探索与港澳的行业管理标准和规范相衔接，强化行业自律。探索与港澳在货运代理和货物运输等方面的规范和标准对接，推动港澳国际航运高端产业向内地延伸和拓展。针对与港澳市场监管执法标准差异问题，研究制订与港澳市场经营行为差异化责任豁免目录。推动跨境数字证书在政务、商务领域的应用。

④促进内地与港澳市场对接和要素流动便利化。首先，支持港澳专业服务业拓展内地市场。支持港澳检验、检测、计量、会计、律师、建筑设计、医疗、教育培训、育幼等专业服务机构在广东自贸试验区集聚发展。推动粤港澳检验、检测、计量三方互认，逐步扩大粤港澳三方计量服务互认范畴，探索推行"一次认证、一次检测、三地通行"，并适度放开港澳认证机构进入广东自贸试验区开展认证检测业务。允许港澳服务提供者发展高端医疗服务，率先开展粤港澳医疗机构转诊合作试点。设立港澳独资外籍人员子女学校，将其招生范围扩大至在广东自贸试验区工作的海外华侨和归国留学人才子女。允许港澳服务提供者在广东自贸试验区设立自费出国留学中介服务机构。支持在广东自贸试验区内设立的港澳资旅行社经营内地居民出国（境）（不包括中国台湾地区）团队旅游业务。其次，促进粤港澳专业人才集聚。争取国家授权允许港澳律师、会计师、建筑师率先直接在广东自贸试验区内从事涉外涉港澳业务，并逐步扩展职业资格认可范围。探索通过特殊机制安排，推进粤港澳服务业人员职业资格互认，研究制订支持港澳专业人才便利执业的专项支持措施。探索在广东自贸试验区工作、居住的港澳人士的社会保障与港澳有效衔接。争取

广东自贸试验区内地人才赴港澳"一签多行"。建设粤港澳（国际）青年创新工场、前海深港青年梦工场、横琴澳门青年创业谷等创业基地，为港澳专业人才创新创业提供孵化器服务。促进粤港澳服务要素便捷流动。推动粤港澳投融资汇兑便利化，促进粤港澳三地跨境支付服务，实现粤港澳资金更加便捷流动，支持建设广东自贸试验区至中国国际通信业务出入口局的直达国际数据专用通道，降低广东自贸试验区与港澳的通信资费水平，建设与港澳互联互通的信息环境。加快研究制订便利澳门机动车进出横琴的工作方案，积极争取实施相关便利进出政策。探索建立广东自贸试验区游艇出入境便利化监管模式。指导推动粤港澳游艇"自由行"试点工作。

2）深化金融领域开放创新。围绕人民币国际化、资本项下放开、利率和汇率市场化改革，积极推进广东自贸试验区在跨境人民币业务创新、促进投融资及汇兑便利化、深化粤港澳金融合作、打造全国性和区域性重大金融平台等方面先行先试，建设人民币离岸业务在岸结算交易中心，构建以人民币结算为主的大宗商品和碳要素交易平台，探索金融产品交易的负面清单管理措施，巩固和提升粤港澳区域在人民币国际化中的战略地位，构建与国际规则接轨的金融服务体系（见表6-5）。

表6-5 广东自贸区金融领域创新内容

方案任务	内容
建立本外币账户管理新模式	创新本外币账户设置、账户业务范围、资金划转和流动监测机制，构建符合广东自贸试验区实际的本外币账户体系，支持市场主体通过广东自贸试验区本外币账户开展跨境投融资创新业务。探索形成境内境外互动、本币外币互动、内企外企互动的人民币离岸业务在岸结算交易中心
打造粤港澳人民币业务合作示范区	推动人民币作为广东自贸试验区与港澳、国外跨境大额贸易和投资计价、结算的主要货币。支持符合条件的港澳金融机构在广东自贸试验区内以人民币开展新设、增资或参股广东自贸试验区内金融机构等直接投资活动，便利和推动广东自贸试验区内的港澳资金金融机构使用人民币资本金开展日常经营活动，为广东自贸试验区内企业和个人提供便捷的人民币计价结算服务。探索开展境内金融机构与港澳地区同业之间的贸易融资等信贷资产的跨境转让人民币结算业务，拓宽人民币跨境金融交易渠道。支持广东自贸试验区内证券公司、基金管理公司、期货公司、保险公司等各类非银行金融机构按照相关规定与港澳地区开展跨境人民币业务
推动跨境人民币融资	支持广东自贸试验区内企业用好用活现行政策，通过境外放款、跨境借款、跨国企业集团跨境双向人民币资金池等方式开展双向人民币融资。鼓励广东自贸试验区内银行开展境外项目人民币贷款。研究探索广东自贸试验区内银行、非银行金融机构和企业与港澳地区开展跨境双向人民币融资。允许广东自贸试验区内银行按照实际需要在一定额度内与港澳同业开展跨境人民币借款等业务
加强与境外及港澳金融市场合作	支持广东自贸试验区内具有直接投资业务的港澳企业在境内资本市场发行以人民币计价的债券，并筹集资金以支持广东自贸试验区内投资项目的建设。支持符合条件的广东自贸试验区内企业在香港发行以人民币计价的股票，推动相关政府部门简化广东自贸试验区内企业在境外发债的审批流程和手续，争取提高企业的发债规模。支持广东自贸试验区内企业将发行股票和债券所筹本外币资金根据广东自贸试验区内企业自身经营和管理需要调回广东自贸试验区内使用。允许广东自贸试验区内机构在境外发行本外币债券

方案任务	内容
放宽金融机构准入限制	允许符合条件的外国金融机构设立外商独资银行，允许符合条件的外国金融机构与中国公司、企业出资共同设立中外合资银行。适时在广东自贸试验区内试点设立有限牌照银行。积极争取降低港澳资保险公司进入广东自贸试验区的门槛，支持符合条件的港澳保险公司在广东自贸试验区设立分支机构，对进入广东自贸试验区的港澳保险公司分支机构和港澳保险中介机构，适用与内地保险机构和中介机构相同或相近的监管法规。推动港澳资机构设立合资证券公司和合资基金管理公司
放宽港澳金融服务业务范围	在 CEPA 框架下，推动广东自贸试验区公共服务领域的支付服务向粤港澳三地银行业开放，允许广东自贸试验区内注册设立的、拟从事支付服务的港澳非金融机构，依法依规从事第三方支付业务。探索研究港澳地区符合条件的金融企业作为战略投资者入股广东自贸试验区的企业集团财务公司，支持资质良好的信托公司在广东自贸试验区开展业务
开展以资本项目可兑换为重点的外汇管理改革试点	积极争取开展资本项目可兑换外汇管理改革试点。广东自贸试验区内试行资本项目限额内可兑换，符合条件的广东自贸试验区内机构在限额内自主开展直接投资、并购、债券工具、金融类投资等交易。深化外汇管理改革，直接投资外汇登记下放银行办理，外商直接投资项下外汇资金可意愿结汇，进一步提高对外放款比例。发展外币离岸业务，支持商业银行在广东自贸试验区内设立机构开展外币离岸业务，允许广东自贸试验区内符合条件的中资银行试点开办外币离岸业务
深化跨国公司本外币资金集中运营管理改革试点	放宽跨国公司外汇资金集中运营管理准入条件，对广东自贸试验区内跨国公司取消跨境收支规模限制，允许符合条件的跨国公司备案开展外汇资金集中运营管理业务。进一步简化业务管理程序，允许银行为跨国公司办理集中收付汇、轧差结算等经常项目外汇收支。在现行跨国企业集团跨境人民币资金集中运营政策的基础上，进一步降低业务准入门槛，简化办理条件，便利更多跨国企业集团在广东自贸试验区开展跨境双向人民币资金池业务
完善公共服务领域和个人跨境金融服务	支持与港澳地区开展个人跨境人民币业务创新。积极推动个人本外币兑换特许机构、外汇代兑换点发展，便利港币、澳门元在广东自贸试验区兑换使用，推动广东自贸试验区公共服务领域的支付服务向粤港澳三地银行业开放，逐步推进粤港澳三地支付服务同城化建设。推动广东自贸试验区公共服务领域的支付服务执行统一标准，打造金融 IC 卡刷卡无障碍示范区，率先实现金融服务和社会服务"一卡通"
建设全国性重大金融创新平台	积极争取在广东自贸试验区设立以碳排放为首个品种的创新型期货交易所，探索和研发其他新型期货交易品种。争取国家支持，推动省内大型金融机构、投资基金和科技企业共同发起设立服务科技创新创业企业的金融机构。推动在广东自贸试验区探索开展股权众筹试点，为中小微企业提供融资服务。争取在广东自贸试验区内推动设立银行卡清算机构
建设区域性重大金融创新平台	支持在南沙新区片区发起设立大宗商品仓单登记交易中心，发展大宗商品仓单的登记、管理和交易。在前海蛇口片区设立广东自贸试验区金融仲裁中心。推动全国中小企业股份转让系统（新三板）有限公司在广东自贸试验区横琴新区片区设立新三板区域中心。推动广东金融资产交易中心升级为国际金融资产交易中心，积极探索开展跨境金融资产交易业务。研究设立横琴国际知识产权交易中心，重点探索知识产权金融创新以及跨境知识产权交易等特色业务。争取尽快研究设立创新型互联网保险平台，设立再保险中心和深圳保险交易所

（2）外商投资相关管理制度和程序改革进展

根据《广东省企业投资项目负面清单管理工作方案》，通过 1~2 年的试点，在全省范围内对企业投资项目实行清单管理，建立健全与负面清单管理制度相适应的投资管理制度、行政审批制度、商事制度、市场监管制度、企业信息公示制度和信息共享制度、公平竞争审查制度等，为全国实行统一的市场准入负面清单制度探索路径、积累经验、提供示范。根据该方案的具体分工要求，广东省级部门从以下五个方面完善相关制度。

1）完善企业投资项目负面清单管理制度。规范负面清单管理制度下的准入方式，对列入负面清单的项目分别实行禁止准入、核准准入，对负面清单以外的项目区别不同情况实行承诺准入和告知性备案。按照简政放权的原则，根据改革总体进展、结构调整、法律法规修订等情况适时调整负面清单。各地对负面清单确需进行调整的，必须报省政府批准。

2）改革企业投资项目行政审批制度。全面清理涉及企业投资项目管理的地方法规、规章、规范性文件以及各类变相行政审批，及时加以修改、废止或提出修改、废止的建议，按规定程序报批调整。对属于企业经营自主权的事项以及法律法规没有设定为审批或行政许可的事项，一律予以清理取消。对清理后确需保留的企业投资项目行政管理事项，要按照简化手续、优化程序、在线运行、限时办结的要求，建立标准明确、程序严密、运作规范、制约有效、权责一致的管理制度，在省、市、县三级实现统一事项清单、统一审批标准、统一项目编码、统一网上办理。

3）建立完善企业投资项目管理系统。依托广东省网上办事大厅，从2015年3月1日开始，在全省范围全面实行企业投资项目网上备案。按照国家要求，加快推进企业投资项目核准相关审批事项并联办理，同一阶段同一部门实施的多个审批事项一次受理、一并办理。按照全面覆盖、全系统共享的要求，加快建立"统一规范、并联运行，信息共享、高效便捷，阳光操作、全程监督"的企业投资项目管理系统。企业投资项目管理事项，除涉密事项和确需纸质化办理的事项外，通过网上办事大厅全程办理，省、市、县各级政府、各个部门的审批信息互联互通和共享互认，实现所有审批事项"一网告知、一网受理、一网办结、一网监管"。

4）建立健全与实行负面清单管理相适应的各项制度。建立健全与实行负面清单管理相适应的投资管理体制、行政审批制度、商事制度、市场监管制度、企业信息公示制度和信息共享制度、公平竞争审查制度等。制订保障各类市场主体平等进入特许经营领域的具体办法。加强社会信用体系建设，健全守信激励和失信惩戒机制，将良好的信用状况作为企业投资准入的必备条件。做好相关政策法规及专项工作的衔接，处理好负面清单与权力清单、责任清单的关系，确保负面清单与权力清单中涉及企业投资的行政审批事项相衔接。加快与负面清单管理制度相适应的地方法规立法工作，确保管理措施职权法定、事中和事后监管有法可依。

5）建立企业投资项目纵横联动监管机制。各地级以上市政府、省各有关部门要强化监管意识，完善监管机制，创新监管办法，提高监管能力，强化对准入后市场行为的全过程监管，不留真空，不留死角，不留盲点确保负面清单以外的事项放得开、管得住。根据"各司其职、依法监管"的原则，按照"重心下移、横向到边、纵向到底"的要求，建立纵横联动协同监管机制，加强对企业投资活动的事中和事后监管。制订出台企业投资项目监管办法，明确监管主体、监管内容、监管方法、监管程序和处罚措施。充分发挥发展规划、产业政策、技术标准的约束和引导作用，构建法律约束、行政监督、行业规范、公众参与和企业诚信自律有机结合的监管格局。强化行业自律、公众参与和社会监督，形成政府监管与行业自律、社会监管的合力。

3. 天津自贸区

（1）天津自贸区服务业开放措施和进展

2014 年 12 月 12 日中央决定设立天津自由贸易试验区（以下简称天津自贸区），试验区总面积为 119.9 平方公里，主要涵盖三个功能区：天津港片区、天津机场片区以及滨海新区中心商务片区。天津自贸区内的三大区域各有基本定位与功能：东疆保税港区主要着眼于航运、物流、仓储等功能；空港保税区则是先进制造业的集聚区；滨海新区中心商务区则侧重金融、贸易与商务服务业。三个区域力争实现产业相互支撑与功能互补。

在 2016 年 5 月出台的《天津市人民政府办公厅关于加快落实国家自贸区战略的实施意见》中，天津市为对接服务贸易开放措施、提升服务贸易发展水平，明确指出："加快建设国家服务贸易创新发展试点城市，巩固提升运输、旅游等传统服务贸易规模，不断壮大融资租赁等服务贸易优势领域，大力推动金融服务、技术贸易、文化贸易、健康服务等特色及新兴服务贸易加快发展。支持企业提升国际服务能力。巩固信息技术和业务流程外包业务优势，培育一批特色鲜明的中小型服务外包企业；扩大生物医药研发、工程设计、动漫网游研发等高端 KPO（知识流程外包）业务离岸执行额，支持企业向行业服务供应商发展。"

在服务业扩大开放方面，根据 2015 年 4 月出台的《中国（天津）自由贸易试验区管理办法》，天津港片区重点发展航运物流、国际贸易、融资租赁等现代服务业。天津机场片区重点发展航空航天、装备制造、新一代信息技术等高端制造业和研发设计、航空物流等生产性服务业。滨海新区中心商务片区重点发展以金融创新为主的现代服务业。

天津市特别提出放宽教育业外资准入的具体措施，包括加快建设文化服务贸易基地。创新机制引进国外优质教育资源，推动教育部与天津市共建教育国际化综合改革试验区，鼓励创办中外合作经营性教育机构，允许设立外商独资、合资自费出国留学中介机构，接近 CEPA 的开放水平。

在融资租赁这一天津自贸区重点发展的优势金融服务业领域，天津自贸区一方面将上海自贸区方案中融资租赁业所获得的各种政策优惠复制推广到天津，包括下放外资融资租赁公司审批权限、在自贸区内融资租赁公司可开立跨境人民币专户、向境外借取跨境人民币贷款、跨境人民币借款额度采取余额制管理、外商融资租赁企业的外汇资本金实行意愿结汇、融资租赁公司开展对外融资租赁业务时不受现行境内企业境外放款额度限制、允许融资租赁公司兼营与主营业务有关的商业保理业务等。另鉴于天津自贸区的融资租赁业务与上海的融资租赁业务存在较大的不同（前者多是以跨境、大型设备融资租赁为主，而后者的客户多为贸易企业，主要为其提供增值服务），天津自贸区更希望打造一个跨境租赁的"自由港"，发展离岸金融、外汇兑换、交易支付将是创新探索的重中之重。目前，东疆保税港区管委会已经与国内四家具有离岸业务资质的商业银行进行合作，并完成制订离岸金融的试点方案，通过天津市政府向国务院上报了降低行业准入、简化离岸账户审批、拓宽融资渠道、实施资本项目意愿结汇、增加短期外债指标、开展租赁资产交易等进一步推进融资租赁业的方案。

（2）外商投资相关管理制度和程序改革进展

天津自贸区外资开放重点领域为航运服务、商贸服务、专业服务、文化服务、社会服务等现代服务业和装备制造、新一代信息技术等先进制造业。按照负面清单管理模式的要求，对外商投资实行"准入前国民待遇＋负面清单"管理模式，即负面清单之外的领域，按照内外资一致的原则，对外商投资项目实行备案管理。除此之外，天津自贸区还对外资准入领域和限制等适当地放宽，采取了一系列先行先试措施。

1）在对外资采取的限制措施方面，《中国（天津）自由贸易试验区管理办法》要求适当减少对境外投资者在金融领域的资质要求、股权比例、业务范围等方面的准入限制，旨在减少对外资具体行为的限制，并且鼓励国内外企业在自贸试验区设立地区性总部、研发中心、销售中心、物流中心和结算中心。

2）在股权比例限制方面，放宽中外合资、中外合作国际船舶企业的外资股权比例限制，允许设立外商独资国际船舶管理企业，允许外商以合资、合作形式从事公共国际船舶代理业务，外方持股比例放宽至51%。

3）实行具有竞争力的国际船舶登记政策，在落实国际船舶登记制度相关配套政策的基础上，中方投资人持有船运公司的股权比例可以低于50%，充分利用现有中资"方便旗"船税收优惠政策，促进符合条件的船舶在自贸试验区落户登记；推动建立教育国际化综合改革试验区，支持引进境外优质教育资源，开展合作办学。

4）在外商投资管理制度的完善方面，天津市于2016年4月对设立外商投资融资租赁企业实行备案管理。

5）完善国际邮轮旅游支持政策，提升邮轮旅游供应服务和配套设施水平，建立邮轮旅游岸上配送中心和邮轮旅游营销中心。

4. 福建自贸区

（1）福建自贸区服务业开放措施和进展

中国（福建）自由贸易试验区（以下简称福建自贸区）范围总面积118.04平方公里，包括平潭、厦门、福州三个片区。其中，平潭片区43平方公里、厦门片区43.78平方公里、福州片区31.26平方公里。按功能定位和区域布局划分，平潭片区重点建设两岸共同家园和国际旅游岛，在投资贸易和资金人员往来方面实施更加自由便利的措施；厦门片区重点发展两岸新兴产业和现代服务业合作示范区、东南国际航运中心、两岸区域性金融服务中心和两岸贸易中心；福州片区重点建设先进制造业基地、21世纪海上丝绸之路沿线国家和地区交流合作的重要平台、两岸服务贸易与金融创新合作示范区。

在扩大服务业开放措施方面，福建自贸区重点就对台服务贸易开放出台了相关特殊举措，推进对台湾地区的深度开放，促进闽台服务要素自由流动。重点在通信、运输、旅游、医疗等行业进一步扩大开放，支持自贸试验区在框架协议下，先行试点，加快实施。对符合条件的台商，投资自贸试验区内服务行业的资质、门槛要求比照大陆企业。允许持台湾地区身份证明文件的自然人到自贸试验区注册个体工商户，不需要经过外资备案（不包括特许经营，具体营业范围由工商总局会同福建省发布）。探索在自贸试验区内推动两岸社会保险等方面对接，将台胞证号管理纳入公民统一社会信用代码管理范畴，方便台胞办理社会保险、理财业务等。探索台湾专业人才在自贸试验区内行政企事业单位、科研院所等机构任职。深入落实《海峡两岸共同打击犯罪及司法互助协议》，创新合作形式，加强两岸司法合作。发展知识产权服务业，扩大对台知识产权服务，开展两岸知识产权经济发展试点。在电信、运输产品认证、工程技术服务、专业技术服务领域，针对在自贸区内注册企业出台了一批先行先试举措，率先推进与台湾地区贸易投资便利化（见表6-6）。

表6-6 福建自贸区对台服务贸易开放特殊举措

开放领域	先行先试举措
电信和运输服务	允许台湾服务提供者在自贸试验区内试点设立合资或独资企业，提供离岸呼叫中心业务及大陆境内多方通信业务、存储转发类业务、呼叫中心业务、国际互联网接入服务业务（为上网用户提供）和信息服务业务（仅限应用商店）。允许台湾服务提供者在自贸试验区内直接申请设立独资海员外派机构，并仅向台湾船东所属的商船提供船员派遣服务，无须事先成立船舶管理公司。对台湾投资者在自贸试验区内设立道路客货运站（场）项目和变更的申请，以及在自贸试验区内投资的生产型企业从事货运方面的道路运输业务立项和变更的申请，委托福建省审核或审批
商贸服务	在自贸试验区内，允许申请成为赴台组团社的三家台资合资旅行社试点经营福建居民赴台湾地区团队旅游业务。允许台湾导游、领队经自贸试验区旅游主管部门培训认证后换发证件，在福州市、厦门市和平潭综合实验区执业。允许在自贸试验区内居住一年以上的持台湾方面身份证明文件的自然人报考导游资格证，并按规定申领导游证后在大陆执业。允许台湾服务提供者以跨境交付方式在自贸试验区内试点举办展览，委托福建省按规定审批在自贸试验区内举办的涉台经济技术展览会
建筑业服务	在自贸试验区内，允许符合条件的台资独资建筑业企业承接福建省内建筑工程项目，不受项目双方投资比例限制。允许取得大陆一级注册建筑师或一级注册结构工程师资格的台湾专业人士作为合伙人，按相应资质标准要求在自贸试验区内设立建筑工程设计事务所并提供相应服务。台湾服务提供者在自贸试验区内设立建设工程设计企业，其在台湾和大陆的业绩可共同作为个人业绩评定依据，但在台湾完成的业绩规模标准应符合大陆建设项目规模划分标准。台湾服务提供者在自贸试验区内投资设立的独资建筑业企业承揽合营建设项目时，不受建设项目的合营方投资比例限制。台湾服务提供者在自贸试验区内设立的独资物业服务企业在申请大陆企业资质时，可将在台湾和大陆承接的物业建筑面积共同作为定依据
产品认证服务	在强制性产品认证领域，允许经台湾主管机关确认并经台湾认可机构认可的、具备大陆强制性产品认证制度相关产品检测能力的台湾检测机构，在自贸试验区内与大陆指定机构开展作承担强制性产品认证检测任务，检测范围限于两岸主管机关达成一致的产品，产品范围及制造商为台湾当地合法注册企业且产品在台湾设计定型、在自贸试验区内加工或生产的品。允许经台湾认可机构认可的具备相关产品检测能力的台湾检测机构在自贸试验区设立分支机构，并依法取得资质认定，承担认证服务的范围包括食品类别和其他自愿性产品认证领域。在自愿性产品认证领域，允许经台湾认可机构认可的具备相关产品检测能力的台湾检测机构与大陆认证机构在自贸试验区内开展合作，对台湾本地或在自贸试验区内生产或加工的产品进行检测。台湾服务提供者在台湾和大陆从事环境污染治理设施运营的实践时间，可共同作为其在自贸试验区内申请企业环境污染治理设施运营资质的评定依据

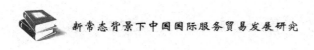

续表

开放领域	先行先试举措
工程技术服务	允许台湾服务提供者在自贸试验区内设立的建设工程设计企业聘用台湾注册建筑师、注工程师，并将其作为本企业申请建设工程设计资质的主要专业技术人员，在资质审查时考核其专业技术职称条件，只考核其学历、从事工程设计实践年限、在台湾的注册资格工程设计业绩及信誉。台湾服务提供者在自贸试验区内设立的建设工程设计企业中，出任主要技术人员且持有台湾方面身份证明文件的自然人，不受每人每年在大陆累计居住时间应当不少于六个月的限制。台湾服务提供者在自贸试验区内设立的建筑业企业可以聘用台湾专业技术人员作为企业经理，但须具有相应的从事工程管理工作经历；可以聘用台湾建筑业专业人员作为工程技术和经济管理人员，但须满足相应的技术职称要求。台湾服务提供在自贸试验区内投资设立的建筑业企业申报资质应按大陆有关规定办理，取得建筑业企业资质后，可依规定在大陆参加工程投标。台湾服务提供者在自贸试验区内设立的建筑业企业中出任工程技术人员和经济管理人员且持有台湾方面身份证明文件的自然人，不受每人每年在大陆累计居住时间应当不少于三个月的限制。允许台湾建筑、规划等服务机构执业人员，持台湾相关机构颁发的证书，经批准在自贸试验区内开展业务。允许通过考试取得大陆注册结构工程师、注册土木工程师（港口与航道）、注册公用设备工程师、注册电气工程师资格的台湾专业人士在自贸试验区内执业，不受在台湾注册执业与否的限制，按照大陆有关规定作为福建省内工程设计企业申报企业资质时所要求的注册执业人员予以认定
专业技术服务	允许台湾会计师在自贸试验区内设立的符合《代理记账管理办法》规定的中介机构从事代理记账业务。从事代理记账业务的台湾会计师应取得大陆会计从业资格，主管代理记账业务的负责人应当具有大陆会计师以上（含会计师）专业技术资格。允许取得大陆注册会计师资格的台湾专业人士担任自贸试验区内合伙制会计师事务所合伙人，具体办法由福建省制订，报财政部批准后实施。允许符合规定的持台湾方面身份证明文件的自然人参加护士执业资格考试，考试成绩合格者发给相应的资格证书，在证书许可范围内开展业务。允许台湾地区其他医疗专业技术人员比照港澳相关医疗专业人员按照大陆执业管理规定在自贸试验区内从事医疗相关活动。允许取得台湾药剂师执照的持台湾方面身份证明文件的自然人在取得大陆《执业药师资格证书》后，按照大陆《执业药师注册管理暂行办法》等相关文件规定办理注册并执业

在产业布局方面，福建自贸区立足各片区已有产业基础，出台了《中国（福建）自由贸易试验区产业发展规划（2015—2019年）》，对国际商贸、航运服务、现代物流、金融服务、新兴服务、旅游服务等服务业重点领域进行了详细布局和规划，尤其侧重于对台湾地区的产业辐射和对接、要素流动自由化、开放先行先试等领域进行布局（见表6-7）。

表6-7 福建自贸区服务业发展重点

行业		发展重点
商贸服务业	商品交易	开展期货保税交割和贸易多元化业务
	保税展示交易	创新商品交易服务机制，采取"前展后贸"的商业模式，将自贸试验区内外有机融合，推动国际贸易全产业链的延伸与发展
	跨境电子商务	加快推进建设两岸跨境贸易电子商务基地和福州（平潭）海峡两岸电子商务合作试验区建设
	离岸和转口贸易	货物流在外，资金流、订单流在自贸试验区集聚的贸易
	国际企业总部	重点发展全球事业部、管理型总部、营运控制总部、投资类总部、研发类总部、贸易结算类总部、采购销售类总部

续表

行业		发展重点
航运 服务业	港口服务	积极建设智慧港口，推进自动化码头、深水泊位、航道扩建等基础设施项目建设，优化码头功能和岸线功能布局，改善航道锚地设施；改造提升集疏运系统，形成快速疏港通道；整合后方陆域空间，建设相适应的配套堆场，提高港口吞吐能力。加快港口尤其码头企业的转型升级，提升航运物流辐射功能，采用优化作业流程、提高装卸技术、提升管理水平和生产组织能力等手段，进一步提高码头堆场作业效率
	国内外中转服务	开展海运国际快件和台港澳中转集拼等航运服务，在福州保税港区设立汽车整车进口口岸，从事汽车整车进口，开展汽车平行进口。加强与台湾高雄、台中等口岸互联互通和信息共享，发展海峡滚装运输陆海联运。打造以远洋干线为骨干，以东南亚航线、对台支线为特色，以内贸线为补充的集装箱运输体系
	基础航运服务	发展对台船员外派服务，建立海员培养基地；建立和完善海峡两岸航运交易和运价信息发布及报备功能平台
	高端航运服务	重点发展国际船舶运输、国际船舶管理、国际航运经纪、船舶交易、航运咨询、信息服务等高端航运服务业，建设新造船、二手船、废船买卖及船舶租赁等业务的国际性交易平台；吸引国内外知名航运经纪公司、船级社、海事律师事务所等机构设立分支机构，开展航运经纪、船舶价值评估、技术咨询、船舶安全技术评估、航运融资、租赁、法律等咨询业务
	厦门空港综合服务	重点发展航空货运，航空快递，航材供应、分销、仓储、航空快件国际和台港澳中转集拼等航空运输服务，联动发展公务机服务、航空要素交易、航空信息服务、航空金融等高端航空服务业，建设东南沿海重要的集口岸通关、保税物流、进出口贸易、国际采购分销和配送、国际中转、展示展览商贸等多功能为一体的空港产业区。提高飞机结构维修、发动机、起落架、部附件等维修能力，拓展零部件维修、零部件制造、公务机维修及改装产业，发展高端航空维修产业，建立整合物流、贸易、结算等功能的营运中心，建设国际航空维修基地
现代 物流业	国际中转物流	重点发展零星集货、批量集货、整合出货、分批出货、简单加工等多种集货及送货模式；开展进口分拨、出口拼箱、多国拼箱、延迟转运、大宗物品仓库加工和仓储、期货交割等业务；开展国际和台港澳中转集拼业务，建设"国际中转集拼中心"
	港口综合物流	强化保税、堆存、配送、中转、交易、期货保税交割等综合物流功能；推进海运与航空、铁路、公路的物流网络建设，开展储存、装卸、搬运、包装、流通加工、配送和货物信息跟踪等多式联运服务；建设物流（配送）中心、物流公共信息平台、海运快件中心和对台邮件处理中心，构建临港物流产业链；引进台湾保鲜技术，推广高温冷藏、超低温冷冻等各类保鲜新技术，建设区域性国际港口冷链物流基地和进口冷链商品分拨中心
	对台专业物流	重点建设两岸冷链物流中心。实施快速通关模式，以台湾农产品、海产品和食品类为主的专业冷链物流为重点，开展加工、包装、储存、检测、运输和配送物流业务，构建集进口、国内定点采购、储存、交易、展示、配送一体化的冷链物流产业链。建设两岸货物中转中心。探索实施"在线监管、实时验放"的通关模式，加快发展对台生产物流，推进工业企业物流服务外包，大力发展以电子商务为依托、与腹地制造业发展相配套的供应链物流服务，实现闽台制造业与物流业联动发展

续表

行业		发展重点
金融服务业	跨境金融	推进人民币资本项目自由兑换，汇率和利率自由浮动，加强闽台金融合作，推进两岸社会保险等方面对接，开展社会保险、理财业务等
	航运物流金融	重点发展船舶融资、船运保险、资金结算和航运价格衍生产品和供应链金融。支持平潭、厦门和福州片区设立航运产业基金，对航运企业的在建船舶和购置船舶进行融资
	贸易金融	发展贸易结算、贸易信贷、信用担保、风险管理和财务管理服务
	互联网金融	重点发展支付结算、融资业务和投资理财及保险业务。培育第三方网络支付平台，力争发展成为类似"支付宝""财付通"等的综合性支付平台；发展P2P网贷、网络小额贷款公司以及众筹网等；发展金融产品与互联网特点相结合形成的投资理财产品及保险产品
	融资租赁	重点发展飞机、航空航材、船舶、大型设备、医疗器械等融资租赁，开展对台离岸租赁业务
新兴服务业	制造服务	强化与台湾地区技术人才合作，创新两岸产学研合作机制
	服务外包	推动闽台服务外包产业合作，积极探索"国外发包、台湾接单、自贸试验区服务"的模式；围绕增值电信领域的开放，重点发展电信服务、移动互联和互联网信息服务等，建设两岸数据存储和处理中心，推动设立"离岸云计算中心"，开展离岸呼叫中心业务。在业务流程外包方面，重点发展客户服务外包、供应链管理和人力资源职能外包等
	专业服务	重点发展海事仲裁、海事法律咨询等航运专业服务；技术评估、产权交易、成果转化、知识产权等科技服务；商务、管理、投资、IT、规划、工程等咨询专业服务；发展资产评估、会计、公证、鉴定、认证、仲裁、律'师、资信调查、人才、建筑业等中介服务；以及第三方产品检验检疫、检验检测服务，推动产品认证服务领域开放，争取设立国家质检中心、检验检疫中心等功能性机构
	文化创意	建设两岸文化产品展示交易中心
	会展服务	重点发展福建品牌展会，打造"海峡"会展品牌
	社会服务	促进台湾生技产品、保健食品、化妆品和科学中药（中药颗粒剂）、一二类医疗器械在福建自贸试验区销售，开展两岸中药材、中成药、新药、保健食品的相互认证
旅游服务业	邮轮旅游	开发"厦门+台湾环岛+香港"等海峡特色邮轮旅游，开发厦门、平潭经台湾至东南亚、日韩、大洋洲等地区的邮轮航线
	文化旅游、滨海旅游	开发特色文化旅游产品
	健康养生	重点发展海峡两岸高端休闲养生度假区，在厦门片区深化两岸养生保健、健康照护等合作，开展承担台湾地区保健食品、化妆品和科学中药、医疗器械进入大陆注册评审、检验、审批等试点工作，促进台湾地区生物技术产业在厦门投资聚集
	旅游商贸	发挥台湾允许马祖岛离岛开发国际旅游的政策优势，在琅岐生态旅游发展区设立口岸离境免税店和台湾小商品交易市场
	体育竞技	重点发展帆船竞技、国际风筝冲浪、横渡海峡、国际自行车赛、两岸马拉松赛、马术、网球职业巡回赛等国际旅游体育赛事

（2）外商投资相关管理制度和程序改革进展

根据《中国（福建）自由贸易试验区总体方案》（以下简称《福建自贸区总体方案》），在放宽外资准入方面，除了实施自贸试验区外商投资负面清单制度，还明确规定先行选择航运服务、商贸服务、专业服务、文化服务、社会服务及先进制造业等领域扩大对外开放，积极有效吸引外资。降低外商投资性公司准入条件。稳步推进外商投资商业保理、典当行试点。完善投资者权益保障机制，允许符合条件的境外投资者自由转移其合法投资收益。

福建自贸区的特色优势在于推进台商投资便利化，在福建自贸区内对台资实行"准入前国民待遇＋负面清单"管理模式，对台商投资负面清单之外的领域实行备案制，减少和取消对外商投资准入限制，提高开放度和透明度。简化放权，以商事登记制度改革为突破口，推出了一站式服务的商事主体审批"六个一"服务模式。对于台商投资，福建自贸区做了更为优惠的规定。

1）福建自贸区内注册的台商投资者在适用负面清单上：一是参照外商投资的相关规定，即适用国家《自贸区负面清单》规定。二是适用《福建自贸区总体方案》的相关规定。福建自贸区的台商投资者除了参照国家《目页区负面清单》执行外，还可以适用《福建自贸区总体方案》的特殊规定。《福建自贸区总体方案》中，对投资于福建自贸区的外商投资有特殊规足：对外商投资准入特别管理措施之外领域，按照内外资一致原则，外商仅备案制，由福建省办理；但是国务院规定对国内投资项目保留核准的陈外。二是适用《海峡两岸经济合作框架协议》的相关规定，即内地与百艼地入金署的《海峡两岸经济合作框架协议》，适用于自贸区并对符合条件的投资者有更优惠的开放措施的，按照相关协议的规定执行"。

2）总体看，对于台商投资者，福建自贸区各有关规足是更为优惠的。例如，从事公共国际船舶代理业务的台商持股比例放宽至51%；增值电信业务台资持股比例可以超过50%；允许台湾导游、领队经自贸区旅游主管部门培训认证后换发证件，在福州市、厦门市和平潭综合实验区执业等。在航运服务、商贸服务、文化服务、社会服务及先进制造业等领域，给予台商投资更加宽松的政策。

①在航运服务方面

允许设立台商独资国际船舶管理企业。为了提升航运服务功能，积极探索具有国际竞争力的航运发展制度和运作模式，《福建自贸区总体方案》规定，在福建自贸区允许台商独资设立国际船舶管理企业。国际船舶管理企业一般是管理国际船舶运营、船员配备、航线和货物运输等业务的企业。台商独资设立船舶管理企业，持有企业100%的股权，对企业享有绝对的控股权，有利于台商对企业的管理和获取收益。台商设立这类企业，应当依照中国《外商独资企业法》的规定申请设立。只是在自贸区内申请设立的，不须采用核准主义，只要采取准则主义。

台商合资设立国际船舶企业的持股比例放宽。持股比例放宽意味着台商投资国际船舶企业享有更大的权利，拥有更多的收益。在自贸区设立台商合资的国际船舶企业的台资持股比例，福建省和国家的规定是不相同的。根据《福建自贸区总体方案》规定："允许台商以合资、合作形式从事公共国际船舶代理业务，台商持股比例放宽至51%，将台商投资经营国际船舶管理业务的许可权限下放给福建省，简化国际船舶运输经营许可流程。"根据国家《白贸区负面清单》的规定，船舶代理外资比例不超过51%。这里的外资包括了台商投资。可见，《福建自贸区总体方案》的规定比国家《自贸区负面清单》的规定更具有投资灵活性和吸引力。

当然，设立国际船舶管理公司除了持股比例规定外，还应当符合其他方面的规定。例如国际船舶管理公司的设立，要具备以下条件：高级业务管理人员中至少两人具有三年以上从事国际海上运输经营活动的经历；有持有与所管理船舶种类和航区相适应的船长、轮机长适任证书的人员；有与国际船舶管理业务相适应的设备、设施等规定。

台商设立水上运输公司的持股比例增加。与国家《自贸区负面清单》规定相比，《福建自贸区总体方案》规定准许设立的持股比例上升。《福建自贸区总体方案》规定：台商投资设立水上运输公司的持股比例放宽至51%。这样台商投资设立水上运输公司，可以做控股股东，也可以做小股东，加大了投资灵活度和自由度。

国家《自贸区负面清单》第22项规定，设立水上运输公司须由中方控股。这就意味着台商投资只能持有水上运输公司49%股份的权利。即台商投资设立水上运输公司只能做小股东，不能做控股股东，不利于鼓励台商投资水上运输公司。

②在商贸服务方面

自贸区内商贸服务行业包括扩大通信、运输、旅游、医疗等行业。在对台服务贸易方面，《福建自贸区总体方案》的规定有新的突破。台商符合条件投资自贸区内服务行业的，在资质、门槛的要求上，比照大陆企业的规定执行。同时，支持自贸区在框架协议下先行试点。

通信服务方面对台商投资的优惠措施。与国家《自贸区负面清单》规定比较，《福建自贸区总体方案》在通信服务方面给予台商更加优惠的投资政策。总体优惠政策：对符合条件的台商，投资自贸区内服务行业的资质、门槛要求比照大陆企业执行。具体优惠规定如下：开展增值电信业务的企业，台资投资比例可以超过50%；设立专门从事基础电信业务的公司，台商投资占有股权或者股份可以持有51%。设立专门从事基础电信业务公司的申请人，应当是从事基础电信业务经营者。如果仅仅适用国家《自贸区负面清单》规定，增值电信业务外资比例不超过50%，这意味着台商投资比例也不得超过50%。同时，还规定设立专门从事基础电信业务的公司，要求国有股权或者股份不少于51%。这样，台商投资电信业务公司，其持股比例最多只能49%。由此可见，《福建自贸区总体方案》规定给予台商更加优惠和更加灵活的投资政策。

投资旅游行业对台商开放的优惠措施。为了扩大旅游行业对台商开放，《福建自贸区总体方案》规定的旅游行业准入门槛和资质要求，原则上可以按照大陆企业的要求实施。其具体优惠措施包括：①有权经营福建居民赴台湾地区团队旅游业务；②台湾地区导游、领队可以在福建自贸区三个片区执业；③申请领取导游证后在大陆执业。值得强调的是，国家《自贸区负面清单》没有涉及上述的规定。

③降低两岸金融合作业务的准入门槛

闽台金融服务业是福建自贸区重点发展的七大产业之一。在三大片区中，福州、厦门市两片区分别明确打造两岸金融创新合作示范区、两岸区域性金融服务中心。台商在福建自贸区投资两岸金融合作业务的，《福建自贸区总体方案》规定了特殊的优惠待遇。

降低台商投资的银行设立条件。首先，支持在自贸区设立两岸合资银行。两岸合资银行是指由大陆企业和台商企业共同出资设立的银行。最早的两岸合资银行在深圳设立。2008年2月，中国首家由两岸共同出资成立的银行——华一银行正式进驻深圳。目前，福建还没有设立两岸合资银行。其次，支持台资银行在福建省设立分行。台资银行是指台湾地区的银行及其在大陆设立的法人银行，它们可以在福建省设立分行。最后，台商可以参照大陆关于申请设立支行的规定申请设立台资银行的支行。申请设立分行和支行应当按照中国《公司法》规定的程序办理。由于两岸金融合作降低了准入门槛，福建成为闽台金融合作持续深化的新高地，金融服务业已逐渐成为福建自贸区的投资新热点。福建台资银行从无到有，数量在大陆各省（区、市）中跃居第四位。特别是2014年12月至2015年5月，台资银行紧锣密鼓布局福建，在福建省设立分行，极大地促进台资进驻金融领域，成为一时的佳话。例如2014年12月，台湾合作金库银行福州分行在福州市揭牌；之后的5个月，另有三家台资银行相继在福州、厦门市开业。台资银行进驻的步伐突然提速，足以显示自贸区红利被看好。

启动对台跨境人民币贷款业务试点。对台跨境人民币贷款是指符合条件的境内企业从台湾地区经营人民币业务的银行借入人民币资金。符合条件的境内企业是指在自贸区注册成立并在自贸区实际经营或投资的企业。2015年7月，厦门市率先创新两岸金融改革，实现两岸金融合作的突破，启动对台跨境人民币贷款业务试点，设立在厦门市的企业和项目可以从台湾银行业金融机构借入人民币资金，融资成本比境内节约近2%。据统计，截至2015年8月底，厦门市银行机构通过跨境融资从台湾吸收人民币资金近80亿元。同年9月，兴业银行厦门分行与台湾上海商业储蓄银行合作，从台湾地区借入跨境人民币贷款1800万元，支持福建自贸区厦门片区内的"象屿集团"的经济建设。

降低两岸证券业务合作的准入门槛。《福建自贸区总体方案》在降低两岸证券业务合作的准入门槛方面，提出放宽投资规定的思路。其中，重点是放宽台资金融机构参股自贸区的证券机构股权比例限制。证券机构通常指证券公司，它是依照《公司法》和《证券法》的规定设立并经国务院证券监督管理机构审查批准而成立的专门经营证券业务的有限公司或者股份公司。证券机构的设立涉及证券交易行为和国内股份公司控股权问题，因此，对外资进入证券机构应持谨慎态度。放宽台资金融机构参股自贸区证券机构股权比例限制，也展示了中国对外开放的信心和决心。根据《福建自贸区总体方案》规定，允许符合条件的台资金融机构，按照国内有关规定，在自贸区内新设立两家两岸合资的全牌照证券公司。同时，对投资主体做出具体规定：大陆股东不限于证券公司；允许有两家台商投资企业参与投资。其中一家台资合并持股比例最高可达51%，另一家台资合并持股比例不超过49%。取消大陆单一股东须持股49%的限制。而国家《自贸区负面清单》对外资投资证券公司的规定比较严格，外资包括台资投资证券公司的持股比例不超过49%，并且单个境外投资者持有上市内资证券公司股份的比例不超过20%（包括直接持有和间接控制），全部境外投资者持有上市内资证券公司股份的比例不超过25%（包括直接持有和间接控制）。

此外，《福建自贸区总体方案》还规定，符合条件的台资金融机构按照大陆有关规定在自贸区内设立合资基金管理公司，台资持股比例可达50%以上。国家《自贸区负面清单》则没有这方面的规定。

④申请设立商事主体的条件放宽

根据《福建自贸区总体方案》规定，允许持台湾地区身份证明文件的自然人到自贸区注册个体工商户，不需要外资备案手续。但是，不包括特许经营，具体营业范围由工商总局会同福建省发布。但是，根据国家《自贸区负面清单》第120条规定："外商包括台商不得作为个体工商户开展经营活动。同时还规定，外商不得作为个人独资企业投资人、农民专业合作社成员，从事经营活动。"关于台商投资者是否可以为个人独资企业投资人、农民专业合作社成员从事经营活动，《福建自贸区总体方案》也没有明确规定根据商事主体的性质，台商既然可以注册个体工商户，也应当可以作为个人独资企业投资人，从事经营活动。2010年，福建省人大制定的《福建省实施〈台湾同胞投资保护法〉办法》第7条规定，台湾同胞投资者可以依法采取设立个体工商户、合伙企业的形式进行投资。既然可以采取合伙人的形式投资也应当可以采用个人独资企业形式投资，二者都可以是承担无限责任的投资主体。至于能否作为农民专业合作社成员进行商事活动，这需要研究。因为农民专业合作社成员必须具有农村居民的身份关系，否则不能成为农民专业合作社成员。

第七章 新常态背景下我国服务贸易的运行战略及政策选择

第一节 适应新常态的中国服务业开放战略选择

当前中国服务业总体呈现出非均衡发展特点，服务贸易进出口增速较快并伴随着服务贸易逆差年年增长。从细分行业看，部分高附加值行业尚处于竞争劣势，而服务业开放度与中国服务业竞争力之间存在正向相关性，从理论和实证方面为下一步继续扩大开放政策奠定了基础。而需要进一步考虑的是开放的路径、步伐和相应的管理体制改革路径等具体问题，以解决中国外资管理体制下一步如何与国际投资规则对接的问题，并在主动开放的过程中逐步掌握国际投资规则制定的话语权。

一、中国服务业竞争力现状

1. 中国服务贸易非均衡发展的现状

从中国服务贸易进出口结构看，运输、旅游、保险、专有权利使用费和特许费是逆差最大的四大行业，其中，位居逆差前二位的运输、旅游在服务贸易出口和进口中所占比重均较高，但进口比重相对高于出口比重。对于保险和专有权利使用费和特许费服务贸易而言，其在进出口构成中所占比重均较小，并且都呈持续上升趋势。但相对于出口构成而言，保险、专有权利使用费和特许费的进口所占比重不仅较高并且增速较快，反映了这两个行业的供给能力在中国处于逐步发展壮大阶段；但相应的需求增长更快，导致国内服务业企业供给缺口较大。

此外，逆差较大的行业服务业开放度也相对较高。中国服务业开放存在结构性问题，在一些行业外资开放度与其自身发展不匹配，开放不适度，在实际开放进程中经常给予外资企业更多的便利和优惠，外资公司在国内已经基本享有国民待遇，在某些方面甚至享受超国民待遇。从细分行业的层面来看，运输、旅游等行业服务贸易进口的比重相对高于其出口比重，意味着国内服务业需求增速相对较快，导致服务贸易逆差进一步扩大。

2. 中国服务业竞争力现状

通过对反映服务业竞争力的核心指标进行对比可以看出，中国服务业出口市场占有率提升较快，但同时服务贸易出口和进口均大幅提高，并且服务贸易进口增长相对更快，导致中国服务贸易逆差年年扩大。从服务业细分行业来看，中国服务业竞争力仍有待进一步提升，现阶段中国服务业优势集中于运输服务业、旅游、通信服务、建筑服务和政府服务，主要还是集中于资源密集型、劳动密集型、技术含量低和附加值小的传统服务业，技术密集型、附加值高的新兴服务业竞争力较弱，尤其是专利权使用方面劣势明显。与发达国家相比，中国服务业各细分行业中技术密集型领域的竞争力相对较弱。并且，往往服务业竞争力较高的国家，其拥有具竞争力优势的服务部门数量也较多。总体来看，中国服务业竞争力与发达国家相比仍处于明显弱势地位，而在新兴经济体中，中国在部分细分行业中优势较为明显，如建筑服务有发展潜力。

二、扩大服务业开放与提升服务业竞争力的关系

服务贸易开放和服务业外商直接投资、收入水平和经济总量对中国服务业竞争力的提升均具有正向的拉动作用，尤其是服务贸易开放程度、服务业外商直接投资对中国服务业竞争力具有相当显著的拉动作用，服务贸易和外商直接投资对促进本土企业技术引进和吸收方面起到了明显的作用，提升了企业出口市场占有率。因此，扩大服务业开放的政策基调是不容置疑的。

通过实证分析我们可以进一步看出，经济总量和收入水平对服务业竞争力的拉动作用较为微弱，收入水平与服务业竞争力的提升呈现出负相关性，说明现阶段中国居民收入的增长对促进本国服务业出口的增长作用不大，收入水平的增长可能在一定程度上刺激了对国外服务提供商的需求。这进一步说明，服务业市场开放必须是有序进行的，政策的最终目标必须有利于进一步扩大对本国服务提供商的市场占有率。因此，政策设计应尤其注重在扩大开放的过程中，有利于本国企业引进消化再吸收，提升本国企业自主创新能力适应不断变化的个性化服务需求，否则，扩大开放的政策目标最终将无法实现。

三、服务业负面清单的设计和服务业外资管理体制核心领域的改革方向

预估中国服务业开放中负面清单的涉及领域，总体思路大致可以从以下两方面进行设计：①根据服务业细分行业的竞争力国际比较结果看，中国具有优势的行业可以进一步扩大开放，对于处于弱势的行业而言，可以有序控制开放步伐，进行渐进式开放。②在对接国际规则方面，首先，需要考虑本国各细分行业竞争力、国家安全、产业安全等因素；其次，可以借鉴其他国家尤其是新兴经济体在服务业负面清单的设计方面的经验和做法，一般而言，各国均将关乎国家安全、经济命脉、产业安全的行业列入；再次，对于本国优先

发展的战略性新兴产业一般也纳入负面清单，以保护本国在相关产业领域率先形成竞争优势；最后，对于本国尚不具备产业基础又有大量需求的行业，则一般持较为开放和接纳的态度。

另外，从中国服务业开放的自身实践历程看，服务业开放经过 WTO、CEPA、ECFA、多双边投资协定和现阶段国内自贸区改革先行先试等阶段，具备了一定的改革经验，并取得了一定的成效。尤其在 CEPA 框架下，服务业各项开放举措的开放力度已经相对较高，并且在国内四大自贸区改革先行先试的框架下仍在继续推进。从多双边投资协定来看，中国与澳大利亚 FTA 已经采取了负面清单模式，这也奠定了未来中国与周边国家推进贸易投资便利化的基调，即充分与国际现行投资规则接轨，逐步转向负面清单和准入前国民待遇的框架内。

综上所述，未来中国服务业开放政策设计面临两大核心任务，①服务业外资市场准入负面清单的设计，②服务业外资管理体制的相应改革。在负面清单设计方面，一方面，从国际规则对接的视角出发，可以参照中国已有的 CEPA 框架下开放度较高的举措和做法，进一步将其推广至多双边投资协定或 FTA 的谈判和签订过程中；另一方面，在推动国内外资管理体制改革方面，当前国内四大自贸区改革已经形成了诸多可以推广复制的经验，可以进一步推广至全国范围，并与中国在构建周边国家自贸区网络和多双边投资协定体系中相互结合，在主动推进国内相关改革的基础上，逐步在新一轮国际投资规则重构中掌握话语权。

四、推进服务业更高水平对外开放的战略选择

党的十九届四中全会通过了《中共中央关于坚持和完善中国特色社会主义制度、推进国家治理体系和治理能力现代化若干重大问题的决定》，针对对外开放，明确提出了三个方面的要求，分别是："建设更高水平开放型经济新体制""推进合作共赢的开放体系建设""积极参与全球治理体系改革和建设"，为新时期我国对外开放指明了方向。这是中国作为全球第二大经济体继续保持对全球市场权重比和对世界经济贡献率的必然要求，也是承担更多维护国际多边贸易体制和经济全球化大局的客观要求，更是中国确保经济高质量发展和维护自身合法权益的必然选择。在这一对外开放基本框架的基础上，我们认为我国应对"逆全球化"的战略选择需要包括两个要点：短期"稳""保"结合，长期则要着力推进形成更高水平对外开放格局。

短期而言，基础的工作是稳定国内经济基本盘。由于"逆全球化"对全球分工格局的破坏加剧，叠加上内、外需求萎缩等的冲击，我国的当务之急是尽最大努力保持国内经济的稳定，切实保障民生，维持国民经济的正常运行和国内价值分工体系的稳定。稳定国内经济的基本盘，关键在于深刻领会"国内大循环为主体、国内国际双循环相互促进"的发展格局，切实落实中央"六稳"的工作精神，以保障经济基本盘来促进国内外经济的稳定，

在国内外经济稳定的基础上实现更高水平的发展，这要求首先保证国内就业和价值链不受太大破坏，保持并优化原有的分工格局，并逐渐和全球价值链进行恢复与对接，把握住全球经济复苏的新机遇，以更加积极主动的态势促进价值链升级。

长远来看，我们还需要充分考虑"逆全球化"下中国参与国际分工时的"脱钩"风险，以及全球价值链"软化""先进化"和"绿色化"的发展趋势。按照党的十九届四中全会的要求和部署，"十四五"时期，建设更高水平的大国开放格局，需要以高水平开放更好统筹国内、国际两个大局，推动从以制造业为主的开放转向以服务业为重点的开放，由此实现以服务贸易为重点的开放转型；推动从商品和要素流动型开放为主转向规则、规制、管理、标准等制度型开放为主，强化制度性、结构性安排，建设高标准市场经济，参与更高层次国际合作与竞争，更好服务国家发展大局。因此，更关键的是做好以下七个方面的长远谋划：

1.持续优化对外开放布局

坚持世界贸易体制、规则，坚持双边、多边、区域次区域开放合作，扩大同各国各地区利益汇合点。坚持通过磋商的方式，兼顾原则性与灵活性，妥善解决中美经贸合作中存在的突出问题；做好《区域全面经济伙伴关系协定》后续工作，推动中日韩自贸区、中欧投资协定谈判等早日达成，推进亚太自贸区建设。

大力实施区域协调发展战略，形成全方位对外开放新格局。加速推进长三角更高质量一体化、"一带一路"建设、京津冀协同发展、长江经济带发展、粤港澳大湾区建设等战略，协同沿海、内陆、沿边的对外开放，形成东部、中部、西部优势互补、分工协作以及均衡协调的全方位开放格局。切实打造沿海开放新高地，建设若干服务全国、面向世界的国际化大都市和城市群，建成具有更强国际影响力的沿海经济带。进一步完善内陆开放新机制，推动内陆贸易、投资、技术创新协调发展，创新加工贸易模式，形成有利于推动内陆产业集群发展的体制机制。积极培育沿边开放新支点，将沿边重点开发开放试验区、边境经济合作区建成我国与周边国家合作的重要平台，加快沿边开放步伐。

进一步优化国际市场布局。引导支持企业开拓多元化出口市场，稳定欧美等发达国家市场，积极拓展"一带一路"沿线国家市场，稳步提高自贸伙伴、新兴市场和发展中国家在我国对外贸易中的占比，扩大与周边国家贸易规模，巩固和提升中国在全球市场中的份额与影响力。

2.着力加快贸易强国建设

夯实贸易强国的产业基础。顺应新一轮科技革命和产业变革趋势，加快传统劳动密集型产业的智能化、绿色化和精细化改造，并加快提升核心技术的自主研发能力与创新"智造"水平，不断提高产品的科技含量和增加值。抓住全球价值链重构和产业分工格局重塑的机遇，推动我国产业向价值链中高端攀升。

积极扩大进口的规模和质量。高度重视出口与进口的合理平衡，以中国国际进口博览会为引领，利用多种正式或临时方式，持续降低我国进口关税整体水平，积极扩大国外优质商品和服务进口，进一步提升我国市场吸引力、影响力。优化进口结构，促进国内生产消费升级。加大对"一带一路"相关国家的进口力度，继续落实自最不发达国家进口货物及服务的优惠安排。

积极创新贸易方式。做强一般贸易，提升加工贸易，大力发展边境贸易。适应"互联网＋"和人工智能等新技术趋势，积极发展现代服务贸易。围绕高铁、核电等新的优势领域，建立和发展若干特色的品牌联盟并加强品牌的统一管理，加快培育一批有国际竞争力的中国品牌与跨国公司。

加快提升与外贸有关的国际标准制订能力。充分把握新产业、新技术和新产品的国际标准制订机遇，制订产品、技术、服务、标准配套走出去方案，牢固占据外贸发展和全球产业链的制高点。

构建高标准自贸区网络。不断扩大自贸区网络覆盖范围，积极推进同更多国家商签高标准自贸协定和区域贸易协定。加快环境保护、投资保护、政府采购、电子商务等新议题谈判，加快与有关经济体商谈高水平的双边投资条约以及各种形式的优惠贸易安排。

3. 积极扩大服务业对外开放

夯实服务业对外开放的基础。统筹对外资和对民资的开放，对各类所有制企业一视同仁、平等对待。探索更精简的服务业开放负面清单。加速向全国推广自贸试验区和服务业开放综合试点的经验。实现服务业领域从补贴个别企业、行业的产业补贴政策，向为需要支持的产业提供更好基础设施和市场环境等现代产业政策转变。对标国际先进规则，包括知识产权、法律、服务业的生产标准等，打造市场化、法治化、国际化的营商环境。

进一步推动服务贸易的自由化、便利化。进一步完善服务贸易管理体制和政策体系，创新发展模式与监管模式，提升服务贸易自由化与便利化水平。鼓励新兴服务出口和重点服务进口。推动重点服务贸易领域对外开放，逐步消除金融、运输、医疗、服务等领域的贸易壁垒，不断推进服务贸易领域开放的广度和深度。

尽快建立跨境服务贸易负面清单管理制度。完善跨境交付、境外消费、自然人移动等模式下服务贸易的市场准入制度，推进在服务业领域全面实行外资准入前国民待遇和负面清单制度建设。

提升东部地区、自贸试验区在扩大服务贸易开放中的引领作用。扩大以上地区在服务业开放中的先行先试作用，引进国际惯例和市场准入规则与经营管理方法，放宽准入门槛和经营范围限制、拓展开放领域等，不断对标高标准的国际服务业领域的经贸规则，推动全国服务业的进一步开放。

加快推进与更多国家建立服务贸易的合作机制。在多边、双边自贸谈判中进一步增加服务贸易内容，以扩大服务贸易开放为重点推进多边双边自由贸易进程，建立以负面清单模式进行服务贸易谈判的机制。加强与"一带一路"沿线国家和地区以教育、健康、医疗、旅游等为重点的服务业项下的自由贸易。通过中国国际进口博览会进一步扩大服务进口。

4. 不断提升利用外资质量

全面深入落实外资准入前国民待遇加负面清单管理制度。不断缩减全国和自贸试验区负面清单，允许更多领域实行独资经营。全面清理取消未纳入全国和自贸试验区外商投资准入负面清单的限制性措施，及时修订或者废止有关规章和规范性文件，及时完善有关办事程序。

加大对外资企业合法权益的保护力度。坚决贯彻外商投资法及其实施条例，强化监管政策执行规范性，提高行政规范性文件制定的透明度，保护外商投资企业的合法权益。加大对外资企业知识产权的保护力度，建立健全外资投诉机制，认真对待外资企业关切的各类问题，特别是加强对新制定法律法规和政策的公平竞争审查，敦促国内企业遵循"竞争中立"的原则。积极打造市场化、法治化和国际化的国际一流营商环境，进一步提升吸收外资的国际竞争力。

进一步优化外商直接投资的结构。引导鼓励并支持企业招商引资重点转向生产型服务业、现代医药业、电子信息产业、高端制造、智能制造、绿色制造等领域和价值链高端环节。鼓励外资企业投资设立地区性总部、研发中心、采购中心、财务管理中心等功能性机构。鼓励外资企业投资中西部地区，实现中西部地区外资经济的快速发展，优化外资区域分布格局。进一步深化改革招商引资工作评价体系，转向以质量和效益为主，逐步形成招商引资的正向引导机制。

加快双边和多边投资协定谈判。完善中欧投资协定，积极开展与韩国、日本、新加坡、美国等发达国家的双边、多边投资协定谈判，推动构建新的多边投资框架范本，更好推动双边和多边投资体系的建立。

5. 支持企业"走出去"参与全球产业链重构

推进国家产业链安全建设。从国家战略角度，加强顶层设计，加快具有全球影响力的关键引领型产业进口替代，加强高端制造产业创新投入，全面提升中国全球价值链水平。制定国家支持企业"走出去"参与全球产业链重构规划，支持更多企业更深更广地融入全球分工体系。依托我国经济规模和市场不断扩大的优势，通过建设世界级城市，打造吸收全球先进生产要素的平台，促进产业迈向中高端。

培育一批参与全球竞争和主导全球产业链的新领先主体。支持具有产业链上下游整合能力的跨国企业发展，发挥组织、整合、生产和服务功能，带动技术、标准、产品和服务"走出去"，增强对全球产业链的整合能力。鼓励有条件的企业通过参与跨国并购、股权合作等方式，建立健全全球研发、生产和营销体系，提升产业国际化布局水平和运营能力，积极打造中国企业主导的全球供应链，提升中国产业在全球价值链中的地位。激发国有企业、现代科研院所和新型研发机构创新活力，建立适应重大技术攻关和产业链主导企业培育的考核评价体系。同时，加大对"专精特新"中小企业的支持力度，鼓励中小企业参与产业关键共性技术研究开发。

通过国际合作实现产业链重构。围绕"一带一路"建设，加强沿线国家基础设施建设规划、技术标准体系对接，推动"一带一路"沿线国家和地区产业链融合，促使"一带一路"更多国家融入全球产业链网络体系，推动中国产业在全球的布局。

6. 全面深化"一带一路"建设

提高"一带一路"制度化水平。加强机制建设为高质量共建"一带一路"提供坚实支撑。完善"一带一路"项目发展机制，做好项目的遴选、建设、评估等，促进项目的持续发展。构建贸易畅通机制，与沿线国家缔结双边或多边自由贸易协定，为贸易自由化、便利化提供机制保障。强化安全保障机制，完善共建"一带一路"安全保障体系。

推动"一带一路"建设的绿色、可持续发展。开展"一带一路"绿色经济合作，推动构建绿色园区、绿色项目，共同推动基础设施、产品贸易等领域合作的绿色化。加快发展绿色金融，引导双边、多边开发资金参与绿色投融资，推动绿色债券市场快速发展，探索建立绿色金融标准，为绿色"一带一路"建设提供金融支持。强化"一带一路"沿线国家和地区可持续发展目标与规划的协调，促进生态环保政策法规对接，共同推进可持续发展进程。

7. 提升中国在国际社会中的声誉和地位

坚决维护联合国在国际体系中的核心地位，以及世界贸易组织在国际多边贸易体系的核心地位；同时，代表发展中国家的利益，推动全球治理体系改革，促使全球治理体系更加关注发展中国家权益，更加公平合理，提高发展中国家在全球话语权中的地位和作用，使得全球治理体系和全球经贸格局的变化相契合，同时提升我国推动全球治理的能力，将中国的理念传递给世界，推动人类命运共同体的建设。发挥人道主义精神和负责任大国的能力，充分利用"世界工厂"的角色，积极向全世界输送优质的产品和物资，帮助各国应对各种经济社会问题；继续加大在国际援助、国际维和领域的投入，尤其注重对发展中国家的支持与帮助，成为稳定国际秩序的维护者和国际公共产品的提供者。

第二节　新常态下中国服务业对外开放的基本政策框架

基于前文的分析与主要结论，经济新常态下推进中国服务业进一步扩大开放，需要在构建全方位对外开放新体制机制中做好顶层设计，制订扩大服务业开放的政策措施，并确定有序推进的实施路径。因此，必须进一步明确服务业开放的最终政策目标。当前中国供给侧结构性改革正在积极推进，相关的对外开放体制机制领域的改革也在不断深化，服务业也同样面临供给和需求结构优化问题，即：提升中国服务业企业竞争力，优化中国服务供给和需求结构，实现服务贸易均衡发展，形成开放有序的竞争环境，积极主动引进服务业外资，促进市场竞争和技术引进消化再吸收，提升企业自主创新能力，在一些高附加值的服务业细分行业取得突破。因此，中国服务业扩大开放的思路也可以按照供给侧结构性改革"三去一降一补"的核心任务着手推进：①一是要"去产能""去库存"，提升中国服务业供给能力，优化供给结构；②二是调整需求结构，促进中国服务提供者"补短板"，将更多的国外需求转向国内，实现服务贸易均衡发展；③三是进一步释放企业活力，规范各项管理，同时，为服务业企业提供更多财税金融支持，帮助企业"降成本"，在政策保障方面促进企业提升竞争力。

一、总体思路

中国服务业开放目标一方面要有利于提升本国企业竞争力，另一方面要在外资市场准入方面规范各项管理程序，为内外资企业创造良好的市场竞争秩序和规则，形成可预期的、稳定的、逐步开放的市场环境。因此，中国服务业扩大开放总体思路应从提升本国企业竞争力和对接国际投资规则两个方面来考虑：一方面要为本国服务业企业解除约束，向规范管理和改革创新要效率，并促进企业自身加快转型升级，向技术创新、管理创新等要动力；另一方面要深化改革，扩大开放，以开放倒逼市场化改革的继续深入，在市场配置资源起决定性作用和更好地发挥政府作用中，形成服务业发展的法律环境，促改革、促发展、促创新，坚定不移推进服务贸易自由化和便利化，打破制约服务业开放的体制机制和政策障碍，加大重点行业和关键领域的开放力度，对内开放与对外开放并重，自主开放与协议开放并举，探索"准入前国民待遇"和"负面清单"开放模式，"引进来"与"走出去"相结合，大力发展服务贸易，推进双边、多边、区域的服务业开放与合作，全面提升服务业核心竞争力。

经济新常态下扩大服务业开放应把握如下基本原则：

1. 在扩大开放的同时促进国内企业自主创新能力

提升本国服务提供者的供给能力并实现结构性调整，才能从根本上解决中国服务业企业竞争力不足的问题，并逐渐实现服务贸易均衡发展。

2. 在扩大开放的同时注重国内相关改革同时推进

通过开放倒逼国内相关改革，服务业开放在解决市场准入问题和为服务业发展注入外部活力的同时，还要加大国内服务业改革力度，破除制约服务业和服务贸易发展的国内规制，解决外资准入后各项事中、事后监管不到位的问题，唯有通过改革服务业发展的体制机制，把服务业开放转化为服务业改革的动力，才能激活服务业市场竞争活力。因此，必须把改革与开放结合起来，以开放推动服务业体制机制和管理创新，以开放促发展、促改革、促创新。

3. 逐步实现内外资一致

逐渐解决外资超国民待遇问题以及民营企业和国有企业待遇不一致问题，通过相关体制机制改革逐步实现内外资一致。首先，一些垄断性服务业细分行业要逐步向民营企业扩大开放，在中国企业内部形成公平竞争的良好市场环境，通过引人民营资本和外国资本进入服务业领域，打破服务业的所有制度壁垒，深化服务业改革，提升中国服务业国际竞争力；其次，逐步扩大对外资的开放程度，引入良性竞争，推动中国服务业新业态、新模式的发展。

4. 把握好开放步伐，实现渐进有序开放

一方面，扩大服务业自主开放，对开放行业先后顺序、开放程度、负面清单不符措施、过渡期设置等掌握自主权，根据本国产业竞争力现状和市场情况自主决定开放步伐；另一方面，通过多双边投资协定、FTA谈判等，先行先试，积累经验，相互开放市场，实现互利共赢、风险可控。首先，加快实施FTA战略和布局，稳步推进双边投资协定谈判，促进中国包括服务业开放在内的贸易投资自由化。其次，要在多边贸易体系框架内，积极参与多哈回合新议题谈判，特别是要更加积极主动地参与国际服务贸易协定（TISA）谈判，在新规则形成中取得更大话语权。

二、重点任务

首先，以中国服务业对外开放实施供给侧结构性改革"三去一降一补"的核心任务为主线，重点从供给和需求结构调整两方面入手，优化中国服务业企业供给结构，从"去产能""降成本"和"补短板"三方面入手，提升企业自主创新能力，提升供给能力和优化供给结构，发展服务贸易新业态；其次，重点从"补短板""去库存"入手，引导服务需求转向国内；最后，做好相关保障措施，尤其是加大对企业融资支持，同时注重防范金融风险，引导服务业企业"去杠杆"。

1. 提升企业自主创新能力

引进一批国际性跨国服务企业，在开放竞争中形成一批具有核心竞争力的本土大型服务企业集团，培育若干具有国际竞争力的跨国服务公司，应营造市场竞争环境，让所有资本平等参与竞争，破除对外国投资的优惠以及国有企业的垄断。在开放过程中，应减少直至取消对民营资本进人垄断服务业的限制，培育本土竞争者创建一批具有国际影响力的著名服务品牌，建设一批主体功能突出、辐射范围广、带动作用强的服务业和服务贸易发展示范区。

2. 发展服务贸易新业态

李克强总理在2015年政府工作报告中首次提出"互联网＋"的概念，精准概括了近两年来服务贸易发展中的新动向。在以互联网为首的技术进步浪潮中，服务贸易领域内的各

个细分部门边界开始模糊，逐渐发生交互与融合，从而产生了新兴的产业形式，即服务贸易的新业态，包括跨境电子商务、互联网金融、现代物流与国际快递等，同时具有技术密集型与知识密集型的特点。这些新业态的迅速发展将对中国服务贸易均衡发展、进一步释放企业活力产生巨大推动，要重点发展新型服务贸易，同时改造升级传统服务贸易；要营造大力促进服务贸易发展的政策环境。推动以技术、业务流程、管理和制度创新为主要内容的服务创新，通过模仿和学习，以及再创新掌握新业态的发展要领，通过新业态下各类新兴服务部门实现"进口替代"，甚至是进一步发挥"出口导向"的服务贸易优势，从而在中长期实现高端服务贸易与货物贸易协调发展。

3. 优化国内服务业消费环境

出台相关消费优惠政策，鼓励服务需求转向国内消费，培育消费热点，扩大消费领域，重视消费热点的培育，引导广大居民在服务消费领域形成更为合理的消费观念。要充分认识到精神、心理消费的合理性，要加大在文化教育方面的投入，要制订并完善有关环境保护和消费者权益保护的法律法规，营造一个良好的消费社会环境。

三、保障措施

1. 提升市场主体内生能力

（1）要加快培育市场主体

1）加快发展多样化的服务主体，放宽对部分服务领域企业组织形式种类的限制，加快通过税收、信贷等优惠政策，鼓励和引导适合行业发展特性的服务组织发展，加快形成多元化发展的新格局。

2）加快推进服务领域国有企业改革。加快推进服务领域所有制改革，优化国有经济布局和结构，推动跨地区、跨行业、跨所有制的资产重组和资源整合。垄断性行业在区分和剥离竞争性环节的基础上，逐步引入市场竞争机制，以有效竞争为目标导向，形成兼顾规模经济和竞争活力的市场格局。促进国有企业主辅分离、外包生产性服务业。

3）加快事业单位改革，促进公共服务与市场化服务并行发展。加快推进服务业市场化进程，将政府提供的公共服务与市场竞争业务进行拆分。

（2）要加大引进服务业先进外资，促进引进消化再吸收

鼓励企业与发达国家高端服务业企业的合作，依托中国工业园区等平台，构建良好的外商投资环境，吸引更高技术附加值的生产环节落户，从而形成良性循环，带动货物贸易与服务贸易结构共同优化，实现整体升级。

2. 推进相关体制机制改革

（1）深入推进自贸区改革，对接国际投资贸易规则新变化

推进国内自贸试验区深化服务业开放试验。上海等自贸试验区应围绕"准入前国民待

遇"和"负面清单"加大对服务开放的试验，加快制度创新和风险防范，全面实施外资项目备案制度，改革相应行业法律法规，全面提升政府事中、事后监管能力，积累经验，为今后双边、多边和区域谈判中进行更有针对性的开放创造条件。同时应抓紧在全国范围复制和推广上海自贸试验区在服务业开放方面积累的制度创新成果。未来还要结合各地的环境与条件进行差异化服务业开放试验，从而在全国范围内形成一批自主性的自由贸易园（港）区。推进内地对港澳基本实现服务贸易自由化。2014年12月，《关于内地在广东与香港基本实现服务贸易自由化的协议》和《关于内地在广东与澳门基本实现服务贸易自由化的协议》正式签署。按照"一国两制"原则和WTO规则，广东将采取"准入前国民待遇+负面清单"的模式进一步扩大和深化对港澳地区服务业开放，使广东对港澳地区服务业开放门类提高到153个，开放率达95.6%，通过粤港澳服务贸易合作的深入发展，为实现内地与港澳服务贸易自由化探索新路、积累经验、做出示范。同时，需要排除干扰，持续推动《海峡两岸经济合作框架协议》后续协商谈判，扩大和深化内地对台湾地区服务业的开放。

（2）提升中国在国际投资规则制订中的话语权和影响力

通过积极参与多双边投资协定谈判，提升中国对国际投资新规则制订的影响力，最终引领国际服务贸易新规则的制订。积极主动适应服务贸易自由化新趋势，尽早参与国际服务贸易协定谈判，促进中国服务贸易自由化和投资自由化水平与国际接轨。推动FTA谈判，通过中国服务市场的有序开放换取其他国家的对等开放，降低中国服务业企业"走出去"面临的市场准入障碍。加快中美和中欧BIT谈判，推动中国与发达国家双边领域的服务业开放取得实质性进展，尽快融入发达国家市场，创新服务业开放新模式。

（3）着力促进服务业监管体制改革与机制创新

1）要深化服务领域的监管主体及其监管方式改革。根据不同服务业发展的特点和要求，建立包括经济性规制、社会性规制及安全性规制的监管规范体系，最大限度减少行政性审批，重点加强合规性监管和执法力度。

2）强化政府公共服务。加强电子政务建设和推进网上办公，加大政府信息公开力度，完善服务业统计制度，加强对服务业发展状况的经常性调查，建立健全服务业发展的监测体系，为服务业和服务市场主体提供高效的政府管理和及时的信息发布。

3）积极推进监管主体改革。在转变政府监管部门改革的同时，加快推进行业协会、商会转型发展，在专业资质认定、服务资格认可、服务标准的制订、服务行为管理等方面，注重发挥行业协会等中介组织的行业管理作用，加快形成合理有效的社会化管理机制。

4）加强服务业监管立法，为服务业监管体制和监管方式改革提供强有力的法律保障。

（4）加快转变政府职能和加快推进行政管理体制改革

进一步明确政府的主要职能，使政府从过多、过度、过强介入微观经济领域中退出，从"全能型"政府转向服务型政府。在此基础上加快推进行政管理体制改革，重点推进机构改革，适当对职能进行整合，建立综合性职能的服务业管理机构；理清和整合相关部门职责，明确权力和责任，建立促进服务业发展部门协作和协调机制，理顺各部门之间、中央和地方之间的体制机制。

3. 完善相关政策体系

（1）进一步完善与服务业有关的法律法规体系

1）出台统一的规范管理外资的基本法，制定统一的《外国投资法》。通过法律明确对外商投资实行"准入前国民待遇＋负面清单"的管理模式，扩大中国对外开放尤其是服务业的进一步开放，同时强化政府投资促进职能和完善对外商投资的事中、事后监管手段。

2）梳理各项行业前置法律规章。对涉及相关服务行业的法律法规按照开放承诺进行，系统梳理和整理。修订行业前置审批环节涉及的法律法规，将其纳入事中、事后监管体系，而不是与外资市场准入相关审批环节进行混淆。废除和修订一些严重过时、不符合开放和发展需求的法律法规，同时根据产业发展制订出有利于服务业进一步开放并对服务业开放风险进行有效预警和监管的法律法规，最终形成符合多边规则的稳定、透明、可预期的法律政策环境。

（2）提高外资准入审批环节的行政效率

依照"权力清单""负面清单"和"责任清单"进一步创新管理体制和管理模式，简政放权，积极探索与国际贸易和投资规则接轨的管理体制，促进外商投资和对外投资管理体制由审批制向备案制转变，推动政府管理由事前审批向事中、事后监管转变，提高行政管理透明度，创造各类主体公平自由、竞争有序的经济运行环境。

（3）构建服务业开放财税金融支持政策体系

加大对重点服务贸易企业和"走出去"企业的支持。立足中国服务产业发展的比较优势和发展潜力，确定中国重点的服务出口行业，给予专门性的支持和促进。如为促进信息服务的发展，政府应在信息服务所需的人才培养和基础设施建设上给予更多的关注。大力发展国际服务外包，培育外贸发展的新增长点。重视对中小企业服务出口的促进。中小企业是服务产业发展的重要主体，中国应对中小企业服务出口促进体系建立给予足够重视，完善相关服务出口促进机构中中小企业服务出口促进职能或建立专门的中小企业服务出口促进机构，形成权威的、全国统一的中小企业服务出口信息服务平台，健全和完善中小企业服务出口促进体系。

参考文献

[1] 商务部网站.

[2][OL].（2019-12-12）[2020-03-01]http：//data.mofcom.gov.cn/fwmy/classificationannual.shtml.

[3] 中国服务贸易网 [OL].（2019-12-31）[2020-03-01]http：//www.catis.org.cn/.

[4] 国家统计局编.中国统计年鉴 2020.北京：中国统计出版社，2020.09.

[5] 王晓红，费娇艳，谢兰兰."十四五"时期我国服务贸易发展的国际国内环境 [J].服务外包，2020，（第 4 期）.

[6] 宁吉喆主编.新常态下的服务业理论与实践.北京：中国统计出版社，2017.04.

[7] 王晓红，费娇艳，谢兰兰."十四五"服务贸易高质量发展思路 [J].开放导报，2020，（第 2 期）.

[8] 杨馥蔚.我国服务贸易发展现状及对策分析 [J].中国市场，2019，（第 23 期）.

[9] 陈杨.我国服务贸易发展分析—现状与挑战 [J].对外经贸，2020，（第 11 期）.

[10] 刘东升.国际服务贸易概论 [M].北京：北京大学出版社，2014.

[11] 王绍媛，蓝天.国际服务贸易 [M].大连：东北财经大学出版社，2013.

[12] 中华人民共和国商务部.中国服务贸易发展报告 [M].北京：中国商务出版社，2014.

[13] 贾丽，陈军.国际服务贸易 [M].北京：中国人民大学出版社，2016.

[14] 魏巍.国际服务贸易 [M].大连：东北财经大学出版社，2016.

[15] 陈宪.国际服务贸易—原理、政策、产业 [M].上海：立信会计出版社，2000.

[16] 戴超平.国际服务贸易概论 [M].北京：中国金融出版社，2000.

[17] 罗余才.国际服务贸易 [M].北京：中国财政经济出版社，1999.

[18] 卢进勇.国际服务贸易与跨国公司 [M].北京：对外经济贸易大学出版社，2001.

[19] 汪素芹.国际服务贸易 [M].北京：机械工业出版社，2016.

[20] 黄建忠，刘莉.国际服务贸易教程 [M].北京：对外经济贸易大学出版社，2016.

[21] 李杨，蔡春林.国际服务贸易 [M].北京：人民邮电出版社，2011.

[22] 王佃凯.国际服务贸易 [M].北京：首都经济贸易大学出版社，2015.

[23] 海闻，P.林德特，王新奎.国际贸易 [M].上海：格致出版社，2012.

[24] 王佃凯.国际服务贸易 [M].北京：首都经济贸易大学出版社，2015.

[25] 贾丽，陈军.国际服务贸易 [M].北京：中国人民大学出版社，2016.

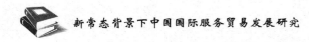

[26] 魏巍 . 国际服务贸易 [M]. 大连：东北财经大学出版社，2016.

[27] 黄建忠，刘莉 . 国际服务贸易教程 [M]. 北京：对外经济贸易大学出版社，2016.